BASTEI
LÜBBE

Von Ephraim Kishon erschienen bei BASTEI-LÜBBE:

12016 Kishon für alle Fälle
12032 Kishon für Steuerzahler
12265 Der Fuchs im Hühnerstall
12299 Drehn Sie sich um, Frau Lot!
12331 Mein Freund Jossele und andere Satiren
12432 Der seekranke Walfisch
12452 Nicht zu lachen
12466 Wie unfair, David!
12554 Ein Apfel ist an allem Schuld
12742 Total verkabelt
12786 Paradies neu zu vermieten
12824 Kishons beste Reisegeschichten
12877 Es war die Lerche
12936 Kishon für Kenner – ABC der Heiterkeit
12957 In Sachen Kain und Abel
14248 Mein Kamm

Ephraim

# Kishon

# Mein Kamm

Satirischer Roman

Ins Deutsche übertragen von
Brigitte Sinhuber-Harenberg
Géza Deréky
und Ephraim Kishon

BASTEI
LÜBBE

BASTEI-LÜBBE-TASCHENBUCH
Band 14 248

1.–2. Auflage November 1999


Umschlaggestaltung: Roland Winkler
unter Verwendung einer Illustration von Heinz Weise
Druck und Verarbeitung: Ebner Ulm
Printed in Germany
ISBN 3-404-14248-9

Sie finden uns im Internet unter
http://www.luebbe.de

Der Preis dieses Bandes versteht sich einschließlich
der gesetzlichen Mehrwertsteuer.

# Inhalt

# *Die Geburt einer siegreichen Schnapsidee*

Daß ausgerechnet Politzer schuld an allem war, das hätte später wohl niemand mehr vermutet.

Zweifellos gibt es Menschen, denen das Schicksal Besonderes zugedacht hat und deren Lebenslauf Falte für Falte vom Gesicht abzulesen ist, aber ausgerechnet Politzer, dieser unscheinbare Glatzkopf und Restpostenhändler, schien bestimmt nicht für eine Heldenrolle ausersehen.

Womit ich natürlich nicht sagen will, daß nicht auch Glatzköpfe und Ramscher ein gewisses Recht auf ein Schicksal haben. Politzer jedoch wäre wirklich der letzte gewesen, an den ich in diesem Zusammenhang gedacht hätte.

Es lag gerade einen Monat zurück, daß ich mich in die Dienste der zweitklassigen Textilfirma Alexander Politzer begeben hatte, den finanziellen Umständen und der eigenen Not gehorchend. Die 35 überschritten, ohne in das Rad der Weltgeschichte eingegriffen zu haben, ernährte ich mich bereits seit Wochen von Rohkost. Gurkenscheiben, Karottenschnitzel und blanchierte Kohlköpfe waren mein täglich Brot.

Dabei hatte ich, im Gegensatz zu Politzer, zweifellos das Zeug zu Großem in mir. Ich gehörte zu jenen, über die in Gedenkartikeln später steht, sie wären im Laufe ihres Lebens »Schwertschlucker, Universitätsprofessor, kanadischer Holzfäller, Gitarrenvirtuose und Hundefänger in Kopenhagen« gewesen. Bislang allerdings hatte ich noch nichts Derartiges geleistet, obwohl ich zur rechten Zeit das Abitur beinahe geschafft hatte, hochgewachsen und schlank war und über einen unwiderstehlichen Charme verfügte, der meine Umgebung auf der Stelle betörte. Außerdem konnte ich, wenn ich nur wollte, so treuherzig dreinschauen, als wüßte ich kein Wässerchen zu trüben, was im Notfall auch recht nützlich sein kann.

Noch aber schwebte ich im luftleeren Raum wie ein unbedrucktes Flugblatt, das schließlich auf Alexander Politzers Schreibtisch landete. Und auch das nur wegen eines höchst gehaltvollen Inserats: »Bilanzfäh. Buchhalt. mit exz. Bürokennt. Ab Mon.erst. Ale. Politz.«

Ein Monat war inzwischen ins Land gegangen bis zu jenem schicksalhaften Morgen, an dem ich auf leisen Sohlen meinen angestammten Platz hinter dem Schreibtisch einnahm. Ich spürte an meinen gesträubten Nackenhaaren, daß Politzer bereits an den Worten feilte, die er für mich in petto hatte.

Nur wenig später öffnete sich dann auch die Tür des Direktionsbüros, und Lizzi, Politzers zierliche Sekretärin, ließ mich im Vorbeigehen wissen:

»Rudolf, der Chef läßt bitten.«

Ich sprang auf und eilte mit meinem gewinnendsten

Lächeln in das Zimmer des Alten. Politzer erwartete mich in der vorgeschriebenen Pose, das Trommeln seiner Finger eiferte mit dem Ticken der Uhr um die Wette, während er sich um eine möglichst herablassende Miene bemühte.

»Warum sind Sie heute schon wieder eine halbe Stunde zu spät zum Dienst angetreten, Herr Flinta?«

Die Frage überraschte mich keineswegs. Ich dachte scharf nach. Heute zum Beispiel war ich zu spät gekommen, weil der Bus mitten auf der Ringstraße seinen Geist aufgegeben hatte, der Fahrer das Vehikel trotz aller Wiederbelebungsversuche nicht mehr in Gang bringen konnte und ich den Rest des Weges zu Fuß gehen mußte. Zweifellos keine überzeugende Ausrede für einen Chef mit Vollglatze. Hier mußte eindeutig eine raffinierte Lüge her, die ich auch prompt aus dem Ärmel schüttelte.

»Meine Schwester mußte heute in aller Herrgottsfrüh wegen eines verschleppten Furunkels ins Krankenhaus«, antwortete ich bescheiden. »Die Arme ist mutterseelenallein. So blieb mir natürlich nichts anderes übrig …«

Politzer unterbrach mich:

»Hören Sie, Flinta, das kaufe ich Ihnen nicht ab. Ihre Schwester soll ihr Furunkel gefälligst auf den Feierabend legen.«

Ich hatte von ihm nichts anderes erwartet. Ein Einzelkind mit Haarproblemen kann keinen verstehen, der sich für eine Schwester vierteilen läßt.

»Wenn Sie behauptet hätten, mein Guter«, versetzte Politzer sarkastisch, »daß, sagen wir, Ihr Bus mitten auf der Ringstraße seinen Geist aufgegeben hat, hätte ich Ihnen vielleicht noch geglaubt. Aber ein Furunkel ...«

Natürlich hatte der Alte mit seinem pathologischen Spürsinn den Bus als die wahre Ursache sofort gerochen. Jeder Angestellte haßt seinen Chef, sogar der, der ihn liebt. Ich aber konnte Politzer nicht einmal leiden. Wie auch immer, meine Minuten und mein Lohn waren gezählt, das wurde mir schlagartig klar. Da überfiel mich eine derartige Wut, daß ich zu allem fähig war, außer zur Bilanz, von der ich nun leider wirklich nichts verstand.

Unsere Blicke kreuzten sich wie Stahlklingen. Politzer entwaffnete mich spielend:

»Rudolf Flinta, Ihre einmonatige Probezeit ist zu Ende. Sie sind gefeuert. Viel Glück.«

Er überreichte mir schäbige 400 Kronen, die mich über meine trostlose finanzielle Lage keineswegs hinwegtäuschten.

»Hören Sie«, protestierte ich, »Sie können eine Fachkraft doch nicht so mir nichts dir nichts hinauswerfen.«

»Und ob ich kann«, konterte mein Ex-Chef. »Ihre Bürokenntnisse stecken noch nicht einmal in den Kinderschuhen, und von Buchhaltung verstehen Sie so viel wie ein Känguruh.«

Wahrscheinlich fand der Alte seinen Humor auch noch großartig und genoß seine Macht als Sklavenhalter. Der Sklave aber probte den Aufstand:

»Jeder auch nur halbwegs anständige Mensch hätte Verständnis für einen Bruder mit einer pflegebedürftigen Schwester.«

»Sie haben doch gar keine Schwester.«

Er hatte mir also nachspioniert. Pfui Teufel. Diese unglaubliche Hinterhältigkeit gab mir die moralische Kraft zum Gegenschlag:

»Und Sie, Politzer, sind nichts als ein häßlicher Glatzkopf.«

Das saß. Instinktiv hatte ich Politzers wundeste Stelle getroffen. Von draußen war Lizzis schadenfrohes Kichern zu hören, während Politzer mir mit flammendem Blick wortlos die Tür wies.

Genau in diesem Augenblick aber nahm das Schicksal seinen Lauf.

Beschwingt von meinem mentalen Sieg verließ ich federnden Schrittes, vorbei an Lizzis bewundernden Blikken, die widerwärtige Stätte. Hatte ich doch ihren unantastbaren Folterknecht mit der schlichten Wahrheit völlig aus der Fassung gebracht. Welche Genugtuung für dieses entzückende Wesen, ihre Bewunderung war durchaus gerechtfertigt.

Als ich zu Hause eintraf, saß auf dem altersschwachen Leihsofa meines noblen Untermieterquartiers bereits mein bester Freund Pepi. Er war meiner drängenden telefonischen Einladung gefolgt, auch wenn er bereits ein wenig betrunken war. Eigentlich war Pepi immer ein wenig betrunken, denn er lebte nach der Devise, Alkohol erweitere den Horizont. Im Grunde aber war er ein begabter Journalist, wenn auch ungewöhnlich schlampig, ein echter kleiner Gauner eben. Mein Fall war er nicht. Trotzdem wollte ich meinen besten Freund nicht gleich beim ersten Besuch damit kränken, alle Wertsachen in Sicherheit zu bringen, obwohl ich wußte, daß er alles, was nicht niet- und nagelfest ist, sogleich mitgehen läßt. Ich gebe zu, dieses Problem belastete unser Verhältnis ein wenig.

Wir hatten uns vor zwei Jahren in einem Café kennengelernt, in dem sich Pepi als Poker-Kiebitz nützlich machte. Derjenige, hinter dem er saß, wurde wie von Zauberhand zum Verlierer, bis Pepi schließlich bei verräterischen Handzeichen ertappt und in einer mondlosen Nacht unmißverständlich aus dem Lokal befördert wurde. Pepi beteuerte verzweifelt seine Unschuld und gestand mir im Vertrauen, er hätte niemals irgendwelche Handzeichen gegeben. So etwas tut man nicht. Er hätte lediglich dem gegenübersitzenden Spieler ein wenig zugezwinkert, aber das wäre bestimmt nicht aufgefallen.

Auch er war, wie ich, seit diesem peinlichen Zwischenfall weder Schwertschlucker noch Universitätsprofessor geworden. Allerdings hatte sich das Blatt vor kurzem gewendet und der Zufall ihm einen Job bei der Familienpostille »Morgenstern« zugedacht. Dort komponierte er die Bildunterschriften, wobei seiner Phantasie keinerlei Grenzen gesetzt waren. So deutete er unter anderem einen Teller voller Makkaroni als Mafia-Kabel, die bei einem bekannten Börsenspekulanten in der Innenstadt gelegt worden waren. Das war zwar totaler Blödsinn, klang aber höchst geheimnisvoll und hatte die Auflage befördert. Pepi aber war nur deshalb nicht in den Genuß einer Gehaltserhöhung gekommen, weil der Zeitungsinhaber, ein gewisser Hugo Gonzalez, dies unnötig fand.

Pepi sah aus wie ein zu klein geratener Streithahn mit nach hinten frisiertem Kamm, hatte große, rotgeäderte Augen und trug einen gepflegten Dreitagebart.

»Du hast getrunken«, bemerkte ich zur Begrüßung.

»Natürlich habe ich getrunken«, antwortete Pepi. »Und dich hat man gefeuert.«

»Woher weißt du das?«

»Deine Probezeit ist heute abgelaufen.«

Pepi war nicht dumm, er kannte die Spielregeln. Ich setzte mich ihm gegenüber auf meinen Schemel und schilderte meinen Leidensweg in allen Details:

»Politzer ist ein Ungeheuer«, schloß ich meinen Bericht, »mir zu unterstellen, wie ein Känguruh zu rechnen ...«

»Wie ich dich kenne, hat er nicht unrecht.«

»Na und? Wenn du nur sehen könntest, wie kahl dieser Kerl ist. Nicht die Spur eines Haarflaums auf dem Kopf ...«

Die Witwe Schick machte sich im Nebenzimmer bemerkbar.

»Ruhe«, forderte sie energisch klopfend. »Ruhe!«

Meine Vermieterin war eine penetrante Person und nutzte jede Gelegenheit, mich als Untermieter zu demütigen, doch heute konnte sie klopfen, soviel sie wollte. Nach den ein, zwei oder drei Gläschen Marillenschnaps hatte der Alkohol seine wohltuende Wirkung getan, und ich fühlte mich stark wie ein Stier und beim Gedanken an Politzer wie ein Torero. Auch Pepi torkelte bereits ein wenig, obwohl er doch sonst durch jahrelange Übung recht trinkfest war. Vor meinem geistigen Auge aber torkelte nur Politzers Glatze.

»Wie wär's, Pepilein«, schlug ich ihm kichernd vor, »wenn du meinen widerlichen Ex-Chef in deine Zeitung bringst? Politzer kauft täglich den ›Morgenstern‹, ich würde ihm von Herzen gern einen Streich spielen.«

Pepi horchte auf, wie immer, wenn er Geld witterte: »Wie denn, im ›Morgenstern‹?«

»Nichts leichter als das. Such dir einfach das Bild eines besonders unsympathischen Typen mit Glatze aus dem Archiv und schreib unter das Photo: ›Dieser kahle Ramscher sucht verzweifelt einen neuen Buchhalter, weil sich die beiden Vorgänger über seine Glatze zu Tode gelacht haben.‹«

»Du bist verrückt geworden«, murmelte er. »So einen Schwachsinn druckt doch keiner. Wenn du mich ordentlich bezahlst, könnte ich eventuell schreiben, dieser Politzer hätte dich als das Oberhaupt einer vielköpfigen Familie in der bittersten Winterkälte auf die Straße gesetzt, weil du als aufrechter Mann nicht bereit gewesen bist, seine Steuerhinterziehungen zu decken.«

»Das ist billig«, unterbrach ich ihn. »Wozu lügen, wenn es nicht nötig ist. Daß Politzer eine Vollglatze hat, springt ins Auge. Das Beste im Leben ist immer der gerade Weg. So will ich dir als meinem Freund auch nicht verhehlen, daß ich von Politzer eine stattliche Abfindung bekommen habe ...«

Das wirkte. Pepi schwenkte auf meinen Vorschlag ein. Er verlangte lediglich eine Flasche polnischen Wodka für seine Anti-Politzer-Kampagne und die Hälfte meiner Abfindung bar auf die Hand. Ich willigte ein, weil ich voll Bitterkeit und Alkohol war, und Pepi hielt sicherheitshalber alles schriftlich fest: »Politzer Glatze. Rudi. Rache. 200 Kronen in bar.«

»Ich geh ums Eck noch einen heben«, sagte mein Freund, »dann bring ich's hinter mich, bevor ich wieder nüchtern werde. Ein Blödsinn, das Ganze. Und was geschieht, wenn mich mein Chef auch feuert? Wirst dann du für mich sorgen?«

»Kein Problem«, beruhigte ich ihn, »mein Geld wird für uns beide reichen. Leg los. Keine Gnade für Politzer.«

Pepi winkte mir auf dem Flur noch ein letztes Mal zu.

»Ich habe morgen im Feuilleton vier Spalten zur Verfügung«, murmelte er. »Aber ich hab auch so ein komisches Flattern im Bauch ...«

Erst später bemerkte ich, daß er aus meinem Nachttisch von meinen drei mühsam geschnorrten kubanischen Zigarren zwei hatte mitgehen lassen. Gauner bleibt Gauner.

Am nächsten Morgen erwachte ich in milder Stimmung. Barmherzigkeit erfüllte mein Herz, und ich entdeckte ganz neue, tiefmenschliche Seiten an mir. Sogar ein gewisses Verständnis für Politzer machte sich in meinem Inneren breit. Der ältliche Kahlkopf ertrug eben keinen kraftstrotzenden Jüngling neben sich, der mit seinem unwiderstehlichen Charme das gesamte weibliche Personal namens Lizzi betörte.

Ich streckte mich, daß meine Knochen knackten und blickte voller Optimismus in die Zukunft. Ich würde Politzer laufen lassen, denn im Grunde war er ein armes Würstchen, und der Himmel würde sich schon eine Strafe für ihn einfallen lassen.

Erst gegen Mittag erinnerte ich mich wieder an den Abend mit Pepi und den ganzen, vierspaltigen Schwachsinn.

Er wird diesen Artikel doch nicht wirklich geschrieben haben. Hoffentlich hat er wenigstens Politzer nicht namentlich erwähnt. Blinder Zorn hatte mich und der Alkohol Pepi benebelt. Ich beruhigte meine flatternden Nerven schließlich damit, daß der »Morgenstern« vermutlich auch ein paar vernünftige Redakteure hätte und die würden das Ärgste schon verhindern. Solch drittklassigem Journalismus muß schließlich das Handwerk gelegt werden.

Gegen Mittag schlenderte ich beim Zeitungskiosk vorbei und kaufte ganz zufällig den »Morgenstern«. Ich blätterte ihn flüchtig durch und blieb an der vorletzten Seite hängen. Mein Herz stand fast still, denn da prangte im

Feuilleton ein vier Spalten langer Artikel: »Über die Kahlköpfigkeit« von Josef Schomkuthy.

Eine mörderische Wut auf Pepi packte mich, der sich grundlos Schomkuthy nannte und sich für Alkohol und Geld zu jeder Schweinerei verleiten ließ. Mir wurde schon beim Titel schlecht. Welch grenzenlosen Unsinn würde er da wohl verbreiten, und das über eine Lappalie, wie es Haarprobleme nun einmal sind.

»Ein gut gekleideter junger Mann mit offenem Wesen und auffallend intelligentem Gesichtsausdruck stellte sich mir als R. F. vor«, begann der Artikel. »Er bat mich vor wenigen Tagen in einer dringenden Angelegenheit um meine Hilfe. Obwohl ich völlig überlastet war, wurde ich neugierig, wie wir Starjournalisten es von Berufs wegen nun einmal sind.

›Nehmen Sie Platz, Herr F.‹, lud ich ihn ein, und mein unerwarteter Gast machte es sich, mit zitternden Fingern nach einer meiner kubanischen Zigarren greifend, in der Ledersitzgarnitur meines Konferenzraumes bequem.

›Hochverehrter Herr Redakteur‹, begann er, und seine Stimme war von leiser Melancholie umschattet. ›Sie, als einzige anerkannte Autorität im Lande, sind mit ihrem untadeligen Ruf und ihrem unübertrefflichen Stil meine allerletzte Hoffnung …‹

Rasch unterbrach ich ihn, und R. F. kam zur

Sache. Er habe als mäßig bezahlter Büroangestellter in einem florierenden Textilunternehmen gearbeitet.

›Von morgens früh bis abends spät opferte ich mich auf, führte minutiös Buch und erstellte komplizierte Bilanzen‹, vertraute er mir an. ›Ich tat alles, um das Vertrauen meines Chefs, des Herrn A. P., zu gewinnen und seine Erwartungen noch zu übertreffen. Ich habe schließlich für eine pflegebedürftige Schwester, alte kranke Eltern und auch für mich selbst den Lebensunterhalt zu verdienen.

Eines Tages jedoch rief mich Herr A. P. in sein Büro.

Rudolf, teilte mir A. P. mit schneidender Stimme mit, nachdem Sie gegeben haben, was Sie konnten, brauchen wir Sie nicht mehr. Trotz hervorragender Qualifikationen sind wir gezwungen, auf Ihre Arbeitskraft zu verzichten. Ich brauche mein Geld schließlich selbst.

Der Boden schwankte unter meinen Füßen‹, fuhr R. F. fort. ›Ich brach lautlos zusammen. Auf Knien flehte ich den fiesen Zwerg an, doch nicht eine ganze Familie ins Elend zu stürzen. A. P. jedoch warf mir nur einige Kronen vor die Füße und wies mir die Tür.

Noch im Gehen übermannte mich eine undefinierbare Regung, und ich drehte mich um. Es fiel mir wie Schuppen von den Augen. Alexander Politzer war vollkommen kahl.‹

R. F. wirkte in diesem Augenblick wie ein Erleuchteter auf mich.

›Warum, hochverehrter Schomkuthy‹, klagte er an, ›warum sind es immer Glatzköpfe wie A. P., die Dinge zerstören und Menschen vernichten? Warum, ja, warum bloß immer nur diese ekelhaften Glatzköpfe?‹

Ich gestehe offen, seine Einsicht erschütterte mich. Wir verabschiedeten uns schweigend. Und noch lange, nachdem R. F. mich verlassen hatte, saß ich wie erstarrt und sann vor mich hin. Die sanften Konturen der Zigarrenringe lösten sich im rötlichen Abendlicht auf, und ihre kapriziösen Windungen fanden ihren Widerhall im Pulsieren meines aufgewühlten Inneren.

Der Sommer war noch nicht vorbei, aber es dämmerte bereits recht früh.«

Ich las den Artikel einmal, zweimal und ein weiteres Mal. Ich konnte mich nicht satt daran lesen. Hatte ich schon beim ersten Mal festgestellt, daß ein derart schwülstiger Schwachsinn niemals hätte gedruckt werden dürfen, fielen mir jetzt von Mal zu Mal neue abstruse Details auf. Ich erstürmte die nächste Telefonzelle und rief im Café »Hopp« an, wo Pepi gewöhnlich die Nachmittagsstunden mit dem Kippen des einen und auch anderen Gläschens totzuschlagen pflegte.

»Hallo«, meldete sich Pepi nach einigen endlosen Sekunden, »hier Chefredakteur Schomkuthy.«

»Bist du übergeschnappt?« brüllte ich in den Hörer. »Was soll das?«

»Den Artikel hast du selbst bestellt, mein Lieber.« Pepi schien überrascht. »Du hast doch ausdrücklich verlangt, daß ich über deinen kahlköpfigen Politzer schreibe ...«

»Das ist ja der Gipfel an Unverschämtheit. Ich bin doch nicht senil. Ich weiß genau, was ich gesagt habe. Du solltest mit geistreichen und humorvollen Andeutungen allgemeine Hinweise bringen, wie das kultivierte Menschen tun, das habe ich gemeint und nichts anderes. Und ich habe dir unzählige Male eingeschärft, auf keinen Fall Namen zu nennen.«

»Das hast du nicht gesagt.«

»Natürlich nicht, das versteht sich doch von selbst.«

Pepi schnappte nach Luft.

»Politzer wird dich verklagen, daß dir Hören und Sehen vergeht«, kündigte ich ihm an. »Wieso hat denn niemand in deiner Redaktion diesen Schmarrn verhindert?«

»Das verstehe ich auch nicht«, gab Pepi kleinlaut zu. »Ich war gestern doch nicht mehr ganz nüchtern, als ich den Artikel verfaßte. Ich habe ihn dann auch gar nicht mehr durchgelesen und ihn ganz einfach in der Zeitung abgegeben. Der Ressortchef ließ mir noch ausrichten, er würde höchstpersönlich verhindern, daß mein besoffenes Geschreibsel jemals wieder ins Blatt käme. Und daraufhin erschien der Artikel.«

»Warst du denn heute schon in der Redaktion?«

»Ich habe es versucht, aber der Portier versperrte mir

den Weg. Er hätte Anweisung, mich nicht hineinzulassen. Was meinst du, was das bedeutet?«

»Daß Politzer bereits Klage erhoben hat.«

»Na, wir werden schon irgendwie aus dem Schlamassel herauskommen.«

»Du kennst Politzer nicht.«

»Wir nehmen uns eben den besten Anwalt in der Stadt.«

»Und wer bezahlt das?«

»Du natürlich, wie vereinbart.«

Hier trennte uns plötzlich das Amt, denn ich hatte auf die Gabel gedrückt.

Ich lehnte mich an die Wand der Telefonzelle und atmete ein paar Mal tief durch. Ein wenig, wenn auch nur ganz schwach, regte sich mein Gewissen. War ich nicht mit schuld an Pepis Verhängnis? Hätte ich ihn nicht von seinem unsinnigen Plan abbringen müssen, um jeden Preis gegen Politzers Kahlköpfigkeit zu Feld zu ziehen? Ich hätte doch wissen müssen, Pepi, der kleine Dummkopf, würde mich völlig falsch verstehen. Der Arme hatte gehofft, ich würde seinen idiotischen Artikel gut finden. Jetzt wird der gute Pepi eine Klage an den Hals bekommen, die sich gewaschen hat. Ich weiß doch, wie jähzornig Politzer sein kann.

Dann beruhigte ich mich wieder. Schließlich hat er den Schmähartikel doch ganz allein geschrieben, der Pepi.

Niemand hat ihm die Feder geführt. Soll er doch ganz allein ausbaden, was er angerichtet hat. Wenn ihm nichts Gescheiteres einfällt, als seine Mitmenschen zu verleumden, nur weil sie zu wenig Haare haben, muß er auch ganz allein die Verantwortung dafür übernehmen.

Dieses und ähnliches ging mir auf dem Heimweg durch den Kopf, als ich meinen Nachbarn, Dr. Robert Schwanz, den tüchtigen Steuerexperten, traf, der im gleichen Stockwerk eine Tür weiter wohnte.

»Haben Sie heute schon den ›Morgenstern‹ gelesen?« fragte ich ihn mit maliziösem Lächeln.

»Sicher«, erwiderte mein Nachbar, »ich habe die Zeitung doch abonniert. Der Artikel über die Kahlköpfigkeit war recht originell, obwohl ich dem Verfasser nicht in allen Punkten zustimme.«

»Aha«, brummte ich. »Und in welchen nicht?«

»Meiner Meinung nach«, erläuterte Dr. Schwanz beflissen, »hat ein Chef das Recht, einen Angestellten zu entlassen, auch wenn dieser seine Arbeit in jeder Beziehung vorbildlich geleistet hat. Es gibt schließlich zwingende wirtschaftliche Gründe, die der betreffenden Firma dringende Einsparungen auferlegen. Gestiegene Produktionskosten zum Beispiel, Mehraufwand im Personalbereich ...«

»Zweifellos«, unterbrach ich ihn. »In dem Artikel gab es jedoch, wenn Sie sich erinnern, eine recht fragwürdige Tendenz, nämlich die, daß der Chef kahlköpfig war.«

»Ja«, bemerkte mein Nachbar nachdenklich, »ich erinnere mich. Alle Glatzköpfe wären ekelhaft, hieß es da, nicht wahr?«

Ich nickte vorsichtig. Bedauernd hob der Steuerfachmann die Hände.

»Davon verstehe ich nicht viel«, meinte er. »Allerdings muß man Verständnis für einen Vorgesetzten aufbringen, sinkendes Nettokapitalvermögen, höhere Sozialabgaben …«

Er warf mit weiteren Fachausdrücken um sich und ergoß seine Suada erbarmungslos über mich. Nach zehn quälenden Minuten verabschiedete er sich endlich. Ich blickte ihm hinterher und überlegte, ob er wohl nicht ganz bei Trost sei. Ich nahm mir Pepis Artikel noch einmal vor, ob ich vielleicht etwas übersehen hätte, und stellte endgültig fest, daß dieser haarsträubende Blödsinn nur aus der Feder eines Besoffenen stammen konnte.

Da ich mich ein wenig langweilte, ging ich nicht direkt auf mein Zimmer, sondern klopfte bei Elvira Schick an, die gerade kleine Heiligenfiguren in Mineralwasser badete. Die recht gut erhaltene Witwe hatte nämlich einen kleinen Verkaufsstand neben der Kapuzinerkirche, in dem sie den Gläubigen allerlei Krimskrams andrehte.

Offenbar hatte ich mich nicht deutlich ausgedrückt, als ich ihr vom »Morgenstern« und dem ominösen Feuilleton erzählte, denn die Witwe las den Artikel in meiner Anwesenheit gleich nach, weil sie annahm, ich hätte ihn großartig gefunden.

»Schön«, sagte sie gerührt, »wirklich schön, daß es

heutzutage noch Journalisten gibt, die in Not geratenen Mitmenschen beistehen.«

Schon lag mir auf der Zunge, ich selbst sei der Mitmensch in Not, doch mein Instinkt war wieder einmal klüger als ich.

»Jetzt ist dieser arme, stellenlose Junge mit seiner großen Familie ganz allein auf der Welt«, klagte die gute Seele. »Wer wird für ihn sorgen? Er wird im Elend enden, dieser bedauernswerte Mensch.«

»Wie wäre es, Gnädigste, wenn Sie ihm über die Zeitung ein wenig unter die Arme greifen würden?«

»Das will ich gerne tun«, begeisterte sich die Witwe, »aber erst, wenn Sie Ihre Miete endlich bezahlt haben, Herr Flinta. Dann überweise ich dem Ärmsten den Betrag bis auf den letzten Heller.«

»Das wollen Sie wirklich tun, liebe Frau Schick?«

»Darauf schwöre ich, beim Wohlergehen meines geliebten Mannes, Gott hab ihn selig.«

Und so händigte ich der verdutzten Witwe ganze 200 Kronen aus und reduzierte damit A. P.'s Abfindung auf Null, in der frohen Gewißheit, das Geld via »Morgenstern« baldigst zurückzubekommen.

»Übrigens«, fragte ich die Witwe auf dem Weg hinaus, »was halten Sie eigentlich von Glatzköpfen?«

Frau Schick bekreuzigte sich und wandte sich wieder ihren Heiligen zu.

»Wir alle sind gleich vor dem Richterstuhl Gottes. Auch unter Kahlköpfigen gibt es ehrbare Christen. Glauben Sie mir, Herr Flinta.«

In mein lausiges Zimmer zurückgekehrt, zog es mich magisch zu Pepis Artikel. Ich las ihn nun schon zum sechsten Mal. Ich atmete auf. Er ergab für mich noch immer keinen Sinn. Nichts als blödes Gequatsche.

Ich sollte an jenem schicksalhaften Tag jedoch nicht zur Ruhe kommen.

Ich hatte mich gerade ein wenig hingelegt, da holte mich das Hausmädchen der Molnars ans Telefon. Es würde dringend nach mir verlangt. Ich fuhr mir nur rasch durch die Haare und eilte in den vierten Stock, weil damals im ganzen Haus nur die Molnars ein Telefon hatten.

Arthur Molnar kannte ich schon seit meiner Militärzeit. Ich war ein junger Gefreiter und er ein gemeiner Soldat, und ich ließ den armen Kerl Tag für Tag durch den Schlamm robben. Das machte uns allen Spaß, denn sein Bauch war so schön rund, daß er wie auf einer Wippe, mal mit den Schuhspitzen, mal mit der Nase im Dreck steckte. Als ich dann Jahre später Witwe Schicks Untermieter geworden war und Arthur Molnar zum ersten Mal im Treppenhaus traf, wollte er schon über mich herfallen, besann sich aber dann mitten im Sprung. Offenbar dachte er an die nächsten Militärübungen. Seit damals verstanden wir uns recht gut.

Am Telefon hörte ich Lizzis aufgeregte Simme:

»Um Gottes willen, Rudolf, was haben Sie da angerichtet? Politzer ist außer sich, seit er den ›Morgenstern‹ gelesen hat.«

»Was hat er denn jetzt vor?«

»Der Alte schwört Stein und Bein, er werde Sie hinter Gitter bringen, und wenn dabei sein ganzes Vermögen draufgehen sollte.«

Ich hatte gewußt, daß es so kommen würde. Ich hatte es gewußt. Ich setzte mich. Meine Knie zitterten.

»Ich habe nichts damit zu tun«, beteuerte ich in Schweiß gebadet. »Ich habe Pepi angefleht, den Artikel nicht zu schreiben, ich habe ihn vor einer Klage gewarnt.«

»Woher kannte er denn die Geschichte, wenn nicht von Ihnen?«

»Ich habe sie ihm doch nur von Freund zu Freund erzählt. Nicht im Traum wäre mir eingefallen, daß dieser hirnkranke Trunkenbold daraus einen Artikel macht. Kennen Sie Pepi denn eigentlich?«

»Ich glaube, ich habe ihn einmal vor dem Büro getroffen. Das war doch dieses unscheinbare Kerlchen, das mich in den Popo kneifen wollte und dem ich eine Ohrfeige gab. Er schlug gleich zurück ...«

»Dann war es Pepi.«

»Ich mache mir Sorgen um Sie, Rudolf. Politzer tobt, und um eine Verleumdungsklage kommen Sie nicht herum. Woher wollen Sie denn das Geld für einen Anwalt nehmen?«

Ja, auf Lizzi war Verlaß. Sie machte sich Sorgen um mich. Ein liebenswürdiges Geschöpf, ein süßes Ding, gebildet und mit Tiefgang. Ihre Hüften könnten zwar etwas schmaler sein, dafür hat sie herrliche Beine. Und wie sie mich bewundert. Zweifellos eine höchst intelligente Person.

»Lizzi«, gurrte ich sanft in den Hörer, »hätten Sie nicht Lust, heute abend mit mir essen zu gehen?«

»Gerne, Rudolf.«

»Warten Sie, ich muß in meinem Kalender nachsehen.«

Mir war nämlich eingefallen, daß man ein Abendessen üblicherweise nur gegen Bezahlung erhält, was bei zwei Personen nicht billiger wird. Ich bereute zutiefst, mein Umlaufkapital in eine Witwe investiert zu haben, doch nun war es zu spät.

»Sagen Sie, Lizzi«, fragte ich vorsichtig, »muß es unbedingt heute abend sein?«

Mir war, als klang ihr »Nein« ein wenig enttäuscht.

»Gut, dann eben ein anderes Mal«, sagte ich munter. »Wenn Sie in der Gegend sind, rufen Sie mich doch einfach an.«

Es tat mir leid um den Abend. Ich beschloß, ihr fünfzig dunkelrote Rosen zu schicken, doch dann kam irgend etwas dazwischen.

✿

Am frühen Morgen des nächsten Tages platzte Pepi zur Tür herein. Eine Frechheit, nach allem, was er mir angetan hatte. Er warf sich erschöpft auf mein Leihsofa, zündete sich eine meiner Zigarren an und sagte nur:

»Du hast mich ruiniert.«

Ich setzte mich ihm gegenüber.

»Schieß los. Erzähl, wie du hinausgeflogen bist.«

Mit einem Blick, der mir durch Mark und Bein ging, begann Pepi seine Geschichte:

»Mein Artikel ist statt im Papierkorb versehentlich in der Druckerei gelandet, wo er anstandslos gesetzt wurde. Der zuständige Redakteur hatte das Büro wegen einer jungen Dame in unaufschiebbarer Angelegenheit verlassen und übergab den Umbruch seinem Stellvertreter, der kurz darauf Bauchweh bekam. So las niemand mehr Korrektur und … und …«

Es war alles gesagt. Wir schwiegen beide.

»Das Tragische an der Sache ist nur«, krächzte Pepi, »daß der alte Gonzalez, der Zeitungsinhaber, vollkommen kahl ist.«

Er überreichte mir die Frühausgabe des »Morgenstern«. Auf der zweiten Seite stand in fetten Lettern:

> »An unsere Leser. Wir bedauern, daß durch ein unverzeihliches Versehen in unserer gestrigen Ausgabe ein Artikel erschienen ist, der nicht der Gesinnung des Blattes entspricht. Der Essay ›Über die Kahlköpfigkeit‹ ist ein in jeder Hinsicht abzulehnendes Machwerk. Dem Verfasser, Josef Schomkuthy, wurde sofort fristlos gekündigt.
>
> Wir bitten unsere geschätzten Abonnenten und Leser um Verständnis.
>
> Die Redaktion«

Genugtuung erfüllte mich. Ich gab Pepi die Zeitung zurück.

»Recht haben sie. Du solltest endlich zu trinken aufhören.«

»Ich verstehe«, grinste Pepi boshaft. »Und was ist mit deinem Versprechen, für mich zu sorgen?«

»Sorg doch für dich selbst. Gott schütze mich vor Schreibtischtätern.«

Da sprang Pepi auf wie eine zu klein geratene Kobra und starrte mich mit funkelnden Augen an. Ich wich zurück. Menschen wie ich sind leider nur allzu oft minderwertigen Subjekten ausgeliefert.

»Macht nichts, lieber Rudi«, zischte Pepi durch die Zähne. »Politzer wird dich verklagen, daß dir Hören und Sehen vergeht. Heute morgen war ich gemeinsam mit ihm bei Gericht und gab zu Protokoll, daß du mir den Artikel praktisch diktiert hast, den ich dann folgsam an die Redaktion weitergeleitet habe. So gescheit wie du bin ich allemal.«

Höchste Zeit zurückzuschlagen.

»Du lügst also auch noch! Dieses Ammenmärchen wird dir keiner abnehmen.«

»Und wie man es mir abnehmen wird! Politzer erkannte zweifelsfrei deinen Stil. Außerdem habe ich unter Eid ausgesagt.«

»Du Scheusal«, schrie ich, während ich ihn in die Ecke trieb. Ich war um mindestens fünfzehn Kilo schwerer als er und noch viel zorniger. »Du undankbares Ungeziefer, ich war es, der aus dir überhaupt erst einen Menschen gemacht hat. Wer hat dir denn literweise Marillenschnaps beschafft?«

»Und ich weiß noch ganz genau«, kreischte Pepi, »wie du dich nur durch tägliches Stehlen von Fußabtretern über Wasser gehalten hast.«

»Das war doch deine Idee, du Jammergestalt.«

»Weil ich immer schon der Gewieftere war.«

Mit einer geschickten Körperwendung kniff ich ihn ins Ohr, woraüf er mir gegen das Schienbein trat.

»Faß mich ja nicht an«, brüllte Pepi. »Hilfe!«

Ich überwältigte ihn, warf ihn zu Boden und schlug seine Nase gegen meine Knie. Diesen Griff hatte ich von meinem Cousin gelernt, der Profiboxer geworden war, weil in seiner Kindheit der Wäschetrockner auf ihn niedersauste und seine Nase so verunstaltete, daß er seitdem ohnehin für einen Boxer gehalten wurde.

Pepi röchelte und zappelte in meinem eisernen Griff. Ich war nah daran, ihm den Gnadentritt zu versetzen, als die Witwe Schick ins Zimmer platzte.

»Heilige Mutter Gottes«, schrie sie auf, als sie uns am Parkettboden liegen sah. »Was machen Sie denn da?«

»Wir raufen«, versetzte ich. »Er hat angefangen.«

Pepi nutzte die Feuerpause und schlüpfte zur Tür hinaus, wobei er demonstrativ mein leeres Portemonnaie mitgehen ließ.

»Versuchen Sie doch einmal, sich wie ein Mensch zu benehmen, Herr Flinta«, ermahnte mich meine Vermieterin. »Sehen Sie, während Sie sich hier mit diesem anderen Schurken prügelten, habe ich, getreu meinem

Gelübde, Ihre Miete an Herrn Chefredakteur Schomkuthy vom ›Morgenstern‹ überwiesen.«

»Nein!«

Mein Schreckensschrei vertrieb die dämliche Person endgültig aus dem Zimmer. Eigentlich konnte ich ihr gar nicht übelnehmen, daß sie in dem Sauf- und Raufbold Pepi nicht den Herrn Chefredakteur Schomkuthy erkannt hatte.

Ich aber verspürte nur noch Lust, meinen Kopf gegen die Wand zu schlagen, obwohl man doch weiß, wie wenig das hilft.

Meine Lage war mit wenigen Worten beschrieben: Da stand ich, ohne Anstellung, ohne Geld, ohne Pepi und ohne Hoffnung. Wenige Jahre zuvor hätte ich in ähnlicher Situation noch auf alles gepfiffen und Karten gespielt, hätte Pferderennen besucht und aus dem Stegreif unsichere Wett-Tips an den Mann gebracht. Ich hätte von Tür zu Tür bedeutende enzyklopädische Werke angeboten und dann die Auslieferung der Bücher vergessen oder gegen eine gewisse Gebühr Toilettenpapier und Glühbirnen aus den eleganteren Hoteltoiletten an zuverlässige Hehler weitervermittelt, von den Fußabtretern ganz zu schweigen, die Pepi erwähnte.

Mit den Jahren aber war ich leider anspruchsvoller geworden. Alle erdenklichen Wechselfälle des Lebens lagen hinter mir, kurz, ich war, wenn auch ungern, zum

Mann gereift. Die einstige Abenteuerlust war der Sehnsucht nach Muße gewichen.

Ich beschloß also, mich nach einer Position umzusehen, die meinen neuen Fähigkeiten entsprach und bei der mir für emsige Arbeit eine einmonatige Probezeit und eine zweiwöchige Abfindung zustanden.

In meiner Not erinnerte ich mich plötzlich eines Ingenieurs. Wir waren uns vor kurzem in einem Hallenbad begegnet. Er gestand mir, ich machte auf ihn einen vertrauenswürdigen Eindruck, und ob ich wohl kurz auf seine Geldbörse aufpassen könnte, während er im Wasser seine Runden drehte. So kam ich ihm und seiner Börse näher. Er meinte schließlich, ich sollte mich als stellungsloser Buchhalter im Ernstfall auf ihn berufen. Er sei sehr gut mit dem einflußreichen Direktor Elmar Watzek von der Ersten Inländischen Dwaschek GmbH bekannt. Der würde mir sicher weiterhelfen.

Den ganzen Vormittag zermarterte ich mir den Kopf nach dem Namen des Ingenieurs. Aber ich hatte ihn einfach vergessen. Ob mit oder ohne Ingenieur, ich war pleite. Die Erste Inländische Dwaschek war meine letzte Hoffnung.

Nach anderthalbstündigem Warten betrat ich Herrn Watzeks Allerheiligstes, blickte tapfer in seine dicke Hornbrille und stellte mich vor:

»Ich komme auf Empfehlung eines guten gemeinsamen Freundes, Herr Direktor.«

»Welchen Freundes?«

»Ein Schwarzhaariger«, antwortete ich. »Trägt eine

Brille, geht oft ins Hallenbad und hat immer ein Portemonnaie mit großen Scheinen bei sich …«

Watzek blinzelte ratlos. Ich nutzte die Gunst der Stunde und erwähnte meine fünfzehnjährige Praxis als Buchhalter. Soeben wäre ich freiwillig aus einem der größten Textilkonzerne des Landes ausgeschieden, um mich als Führungskraft zu bewerben. Meine angenehme Stimme und mein offener Blick zeigten wie immer ihre Wirkung. Direktor Watzek taute allmählich auf, stellte mir eine Reihe von Fragen privater und beruflicher Natur, die ich nach bestem Wissen und mit lebhafter Phantasie beantwortete.

Da fiel mir durch eine eigenartige Fügung des Himmels gerade in dem Augenblick, als Watzek seine Hand freundlich auf meine Schulter legte, der Name des Ingenieurs aus dem Hallenbad ein. Erleichtert nannte ich ihn dem Direktor.

Watzek nahm augenblicklich die Hand von meiner Schulter, und sein Gesicht versteinerte sich.

»Wir mußten Ihren Freund vor wenigen Tagen wegen Veruntreuung entlassen«, sagte er kühl. »Wir haben leider keine Verwendung für Sie.«

Gedemütigt schlich ich zur Polstertür. Noch im Gehen, übermannte mich eine undefinierbare Regung, und ich drehte mich um.

Es fiel mir wie Schuppen von den Augen. Er war ja fast kahl, der ekelhafte Typ.

Ekelhaft? Natürlich, das war er, der Glatzkopf.

Ich brauche wohl nicht zu wiederholen, wie sehr ich meine Schnapsidee bereute, Frau Schick meine Miete gezahlt zu haben. Nun arbeitete mein Geld in der Kasse des »Morgenstern«, und es war kaum anzunehmen, daß Pepi sich in die Höhle des Löwen wagen würde, um das Geld abzuholen.

Zwei Tage und zwei Nächte strapazierte ich meinen vielgerühmten Einfallsreichtum, um an mein wohlverdientes Geld zu kommen. Endlich kam mir, ich erinnere mich ganz genau, es war Donnerstag nach dem Nachmittagsschläfchen, der rettende Einfall.

In meinem einzigen, leidlich eleganten dunkelgrauen Sakko begab ich mich in die Redaktion des »Morgenstern«.

»Mein Name ist Gregor Schick«, stellte ich mich der Chefsekretärin vor. »Küß die Hand, gnädige Frau. Meine Gattin hat vor einigen Tagen Herrn Schomkuthy einen kleinen Betrag zugunsten dieses armen stellenlosen Jungen aus dem Kahlkopfartikel überwiesen. Jetzt aber würde meine Frau die Summe, wenn irgend möglich, doch lieber persönlich überreichen.«

»Einen Augenblick«, sagte die Sekretärin, verschwand hinter der gepolsterten Tür, kam aber schon nach kurzer Zeit wieder. »Zu unserem größten Bedauern«, teilte sie mir ein wenig streng mit, »retournieren wir Spenden prinzipiell nicht. Wir sind jedoch bereit, den Begünstigten davon zu unterrichten, daß es sich um eine Unterstützung Ihrer werten Gattin, der Witwe Elvira Schick, handelt …«

Hier hielt die Sekretärin vielsagend inne, und auch ich war inzwischen am Witwenstand meiner Gattin ein wenig irre geworden.

In dieser delikaten Lage öffnete sich die Polstertür, und der Chefredakteur erlöste mich:

»Mir fällt gerade ein, Schomkuthy hat das Geld schon bekommen.«

»Wie«, stammelte ich, »ich dachte, er arbeitet nicht mehr bei Ihnen.«

»Er ist seit kurzem Vollmitglied der Chefredaktion«, korrigierte mich die Sekretärin. »Herr Schick, Sie lesen anscheinend den ›Morgenstern‹ nicht.«

Damit drückte sie mir ein Exemplar der jüngsten Ausgabe in die Hand. In fetten Lettern stach mir auf der Titelseite ins Auge:

> »An unsere Leser. Wir bedauern, daß wir vor wenigen Tagen eine in jeder Hinsicht unwürdige Stellungnahme zum Artikel ›Über die Kahlköpfigkeit‹ veröffentlicht haben.
>
> Zur Veröffentlichung dieser Erklärung wurden wir durch gesellschaftspolitische Entwicklungen gezwungen, zu deren Deutung wir uns in der aktuellen Wirtschaftslage nicht befugt fühlen. Der Verfasser des Artikels, Dr. Josef Schomkuthy, bleibt selbstverständlich Mitglied der Redaktion und hat es sich zur Aufgabe gemacht, unsere verehrten Leser auf dem laufenden zu halten. Bereits in der heutigen Ausgabe werden seine sachver-

ständigen Ausführungen zur Glatzkopfproblematik fortgesetzt.

Die irrtümlich veröffentlichte Entschuldigung ist durch diese Richtigstellung null und nichtig.

Wir bitten um das Verständnis unserer geschätzten Abonnenten und Leser.

Die Redaktion

Ich betrat das Café »Hopp« und stellte mich ganz bescheiden vor die Schnapsflasche, hinter der sich mein geliebter Freund verbarg.

»Pepi«, sagte ich, so sanft ich nur konnte, »Pepi, hier bin ich.«

Pepi blickte kurz auf und wandte sich dann angewidert ab.

»Pepi«, wiederholte ich und senkte den Blick, »verzeih mir. Ich habe dich schlecht behandelt. So geht man mit seinem besten Freund nicht um. Aber ich will alles wieder gutmachen und dich auch reichlich entschädigen. Du sollst deine Entlassung nicht bereuen. Was mein ist, soll auch dir gehören.«

»Mach dich nicht lächerlich«, grinste Pepi, »du weißt doch ganz genau, daß ich wieder in Amt und Würden bin.«

»Was sagst du da«, ich schlug mir an die Stirn, »das darf doch nicht wahr sein. Was ist geschehen? Erzähl, spann mich nicht auf die Folter.«

»Laß das Theater«, winkte Pepi ab. »Was willst du von mir?«

Sein barscher Ton empörte mich. Am liebsten hätte ich auf der Stelle kehrt gemacht, aber das konnte ich mir nicht leisten. Ich wollte schließlich meine Miete wiederhaben.

»Ich wollte dir wenigstens gratulieren.«

»Also gut.«

Wir umarmten einander wie verloren geglaubte Brüder, und ich setzte mich zu ihm hinter den Marillenschnaps. Pepi begann zu erzählen und löste das Rätsel um die mysteriöse Richtigstellung.

Unmittelbar nachdem der alte Glatzkopf Gonzalez meinen Pepi gefeuert hatte, wurde der »Morgenstern« von einer Flut von Briefen und Telegrammen geradezu überschwemmt. Aus allen Gesellschaftsschichten bezeugten Menschen ihre Sympathie. Die Auflage stieg sprunghaft in eine Höhe, wie sie weder die Chefredaktion noch Gonzalez jemals erlebt hatten.

Pepi griff in seine neue Aktentasche und holte zum Beweis einen Brief nach dem anderen heraus.

*»Lieber Redaktör«*, schrieb da zum Beispiel ein Leser, *»ich weiß nicht wer sie sind oder was sie sind aber eines sag ich ihnen jetzt sie haben den Glatzköpfen ordentlich eins drüber gebraten Himmelherrgott ich war zwar noch nie kahl aber sie Mordskerl möchte ich unheimlich abküssen.«*

Ein anderer Brief in ältlicher Damenhandschrift roch penetrant nach Veilchen:

*»Die Vorsehung hat Ihnen, Herr Redakteur, die Feder in die Hand gedrückt, ich wünsche Ihnen*

*und Ihrer lieben Familie Gottes reichen Segen, denn mein Hausherr, der widerliche Kerl, ist auch ein Kahlkopf. Erst jetzt weiß ich, warum er mich so schikaniert. Dabei müßte Schechter mir jeden Tag die Hand küssen, denn wer, so frage ich, wer außer mir ist mit siebzig Jahren bereit, denn wissen Sie, Ende Juli werde ich, so Gott will, das siebzigste Jahr vollenden, die schmutzige Bruchbude Schechters Tag für Tag sauber zu machen. Wer ist er denn eigentlich. Nichts als ein Glatzkopf und wie.«*

Auch einige anonyme Schreiber waren darunter:

»*Sehr geehrter Herr Journalist*«, schrieb ein Unbekannter. »*Ich halte es für meine Pflicht, Ihnen mitzuteilen, daß Dr. Bruno Willer, Rechtsanwalt, wohnhaft im XIV. Bez., Schnurstraße 8/b, Erdgesch.1, vollkommen kahl ist. Für Ihre Liebenswürdigkeit im voraus dankend, verbleibe ich mit vaterländischem Gruß,*

*ein Drogist aus Stuhlweißenburg.*«

Und so ging es ohne Unterlaß fort. In Dutzenden von Schreiben beglückwünschte man Pepi, begrüßte seine Einstellung, pries seine mutige Erkenntnis. Da war sogar die Ehefrau eines Glatzkopfes, die den Visionär in ihm entdeckte, »*dessen mutiges Auftreten in der Finsternis der Scheinheiligkeit und Dummheit wie eine Fackel aufleuchtet*«.

Pepi lachte so sehr, daß er mich damit ansteckte und uns beiden schließlich die Tränen herunterliefen. Als er wieder Luft bekam, erzählte er mir, wie es in der Redaktion weitergegangen war.

Der spontane Beifallssturm der »Morgenstern«-Leser hatte dem alten Gonzalez zu denken gegeben. Er schickte Pepi einen Boten mit der Nachricht, er sei ab sofort wieder Mitglied der Redaktion, und übertrug ihm persönlich die Aufgabe, sich ausschließlich auf das Thema »Kahlköpfigkeit« zu spezialisieren, das offenbar auf ein nationales Bedürfnis stoße.

»Meine skeptischen Blicke«, fuhr Pepi fort, »parierte der Kahlkopf, ohne zu zögern. ›Denken Sie, was Sie wollen‹, sagte er, ›mir geht es einzig und allein um die Auflage, um nichts sonst.‹«

»Und du willst dich weiter mit diesem Schmarrn befassen, Pepi?«

»Warum nicht? Das Thema ist noch nicht ausgereizt. Aus vertraulicher Quelle weiß ich, daß der renommierte Professor Wind mich in der nächsten Ausgabe des Magazins ›Scheibe‹ in der Luft zerreißen wird.«

Er rieb sich genüßlich die Hände. Ich wunderte mich darüber, daß der Verriß eines weltberühmten Wissenschaftlers in einer angesehenen Wochenzeitschrift ihn so glücklich machte.

»Der unschätzbare Vorteil ist«, belehrte mich Pepi herablassend, »daß die Intellektuellen im Lande auf mich aufmerksam werden. Das ist gut für mein Renommee und für meine Geldbörse. Der nächste logische Schritt ist eine Entgegnung aus meiner Feder. Die wird sich der verehrte Herr Professsor nicht hinter den Spiegel stecken.«

»Du weißt doch noch gar nicht, was er schreiben wird.«

»Was soll ein Glatzkopf schon groß schreiben?«

»Ich wußte gar nicht, daß Professor Wind eine Glatze hat.«

»Und wenn schon. Zumindest ist er ein Sympathisant.«

Abscheu erfüllte mich für diesen Zyniker, den ich einmal meinen Freund genannt hatte und der sich nicht genierte, seine Weltanschauung zu wechseln wie andere ihr Hemd. Und das sagte er mir ins Gesicht, mir, der ich wirklich, aber wirklich ...

»Mein guter Pepi«, ich legte meine Hand auf seine Schulter, »verzeih, daß ich dich jetzt mit solchen Lappalien belästige, aber du hast für mich eine bestimmte Summe kassiert.«

»Ich?«

»Ja, du. Ich meine die Spende der Witwe Elvira Schick an R. F., mit dem ja schließlich ich gemeint bin.«

Ich sah, wie Pepi sich fieberhaft bemühte herauszufinden, woher ich das wohl wußte.

»Das Geld gehört mir«, behauptete er schließlich. »Du wolltest ja mit meinem Artikel partout nichts zu tun haben.«

»Ich hab dir den Artikel doch selber diktiert, und das hast du bei Gericht auch so zu Protokoll gegeben.«

Das wirkte. Pepi zappelte wie ein Rotfuchs in der Falle.

»Fifty-fifty«, schlug er vor.

Jeden anderen hätte Pepi mit dieser Großzügigkeit womöglich beeindruckt, ich aber war wie immer nahezu unbestechlich. Nach einer halbstündigen Debatte, die um ein Haar handgreiflich geendet hätte, zahlte mir Pepi zähneknirschend die volle Witwenspende aus. Dabei stellte ich verbittert fest, daß Frau Schick trotz ihres heiligen Schwurs mir, dem bedürftigen Familienvater, nur die Hälfte meiner Miete hatte zukommen lassen.

»Besser als nichts«, sagte ich mir, und so nippten wir noch ein Stündchen an unseren Gläsern im Café »Hopp«, wobei ich Pepi davon zu überzeugen suchte, daß er seine Karriere ausschließlich mir verdankte. Hätte ich ihn nicht auf die brillante Idee mit dem kahlen Politzer gebracht, würde er heute noch Bildunterschriften basteln und käme nicht in die Vergünstigung, wohltätigen Freunden mit bescheidenen Summen auszuhelfen.

Am übernächsten Morgen brachte mir der Postbote einen Brief. In einem völlig neutralen, blauen Kuvert ließ Politzer mich per Einschreiben wissen:

> »Flinta!
> Hiermit teile ich Ihnen mit, daß ich alle nötigen rechtlichen Schritte unternommen habe, Sie als Anstifter eines empörenden Schmähartikels gegen mich sowie wegen Volksverhetzung vor Gericht zu bringen. Meine Rechtsberater zweifeln nicht daran, Sie für viele Jahre hinter Schloß und Riegel bringen zu können.
>
> Politzer«

Ich ließ mich auf mein Leihsofa fallen und labte mich an einem Glas frischen Leitungswassers. Die Ankündigung traf mich härter als erwartet. Was bis jetzt wie ein nettes kleines Spiel ausgesehen hatte, entpuppte sich als griechische Tragödie. Rasselnde Gittertore und drohende Schemen hohnlachender Gefängniswärter verwirrten meine Sinne …

Hysterisch krallte ich mich in meinen ehrwürdigen Fauteuil.

»Politzer«, winselte ich in glühendem Haß, »Politzer, du dreckiger Glatzkopf! Glatzkopf! Glatzkooopf!«

Der Ausbruch beruhigte mich ein wenig, und ich sondierte meine Chancen. Sich nur nicht von Politzer ins Bockshorn jagen lassen. Dieser miese Kerl wollte mir doch nur angst machen. Wegen eines läppischen Einschreibens werde ich noch lange nicht hysterisch. Da kann er lange warten. Dem werde ich schon zeigen, wie ein echter Vollblutkerl den Beweis antritt, daß schließlich nicht er, sondern Pepi den Artikel verfaßt hat.

Da fiel mir die reizende kleine Lizzi ein. Sie würde mich sicher getreulich über die finsteren Absichten Politzers auf dem laufenden halten. So beflügelt erklomm ich, immer zwei Stufen auf einmal, den vierten Stock. Frau Molnar war allein und bot mir sofort das Telefon an. Eine militärische Ausbildung hat auch ihr Gutes.

Ich rief in meiner ehemaligen Arbeitsstätte an und verlangte die Kleine.

»Fräulein Lizzi ist leider außer Haus«, teilte mir eine

verbindliche Männerstimme mit, »aber für einen Herrn Flinta hat sie eine Nachricht hinterlassen.«

»Ich höre. Wenn Sie so freundlich sind.«

»Herr Flinta soll sich gefälligst nicht mehr blicken lassen, denn Fräulein Lizzi hat nicht die geringste Lust, ihre knapp bemessene Freizeit an ausgemachte Schurken zu vergeuden. Gemäß meiner Anweisung hielte sich auch Fräulein Lizzis Mitleid in Grenzen, sollte Herr Flinta beabsichtigen, sich am nächstbesten Baum aufzuhängen.«

Nach dieser deutlichen Botschaft legte der verbindliche Mensch auf, und mir wurde mit einem Schlag klar, wie allein ich auf der Welt war. Einer nach dem anderen ließ mich im Stich, auf niemanden ist mehr Verlaß, nur noch auf mich selbst, und auch das immer seltener.

In welch gotterbärmliche Situation war ich nur geraten. Eine Handvoll Flinta gegen den Rest der Welt.

Nicht, daß ich dieser Lizzi nachtrauerte. Keineswegs. Sie war doch etwas ganz Gewöhnliches, dem man an jeder Ecke begegnete. Zu breite Hüften, zu schmale Beine. Als Informantin hätte ich sie zwar nicht verachtet, aber wenn sie die Beleidigte spielen will, von mir aus. Nur weil ich sie damals nicht zum Abendessen eingeladen habe. Eingebildete, dumme Gans. Andere Mütter haben auch hübsche Töchter. Schwamm drüber.

Als ich vom vierten Stock herunterkam, erwartete mich bereits eine aufgeregte kleine Runde. Arthur Molnar war da, der Steuerberater Doktor Schwanz persönlich und Gagay aus dem Erdgeschloß, Briefträger in Rente. Ihm sagte man nach, er hätte eines schönen Tages vom Briefeverteilen genug gehabt und sämtliche Sendungen in den nächstbesten Postkasten geworfen. Darauf hatte man ihn in Frührente geschickt. Das war sicher kein großer Schaden für die Volkswirtschaft, denn er war nicht der Hellste.

»Gut, daß Sie kommen«, begrüßte mich Arthur. »Haben Sie Professor Winds Erwiderung schon gelesen? Man spricht von nichts anderem mehr.«

Ich gestand, den Artikel noch nicht zu kennen, worauf er eilig ein Exemplar der »Scheibe« aus seiner Sakkotasche fischte.

»Ich lese vor«, erbot sich Arthur. »Drei intelligente Menschen können die Situation doch besser einschätzen als einer allein.«

Unser Briefträger, der keine Aufnahme in die Intellektuellenaufzählung gefunden hatte, brachte sich als vierter ins Spiel:

»Worum, bitte, geht es hier eigentlich?«

»Leben Sie auf dem Mond, Gagay?« fuhr ihn Schwanz an. »Um die Debatte über die Glatzenfrage, was sonst.«

Der Briefträger im Ruhestand blinzelte blöd:

»Was für eine Frage? Der eine hat eine Glatze, der andere hat keine, was gibt's da, bitte, zu debattieren?«

Hinter Gagays Rücken tippte sich Arthur Molnar an die Stirn. Danach machten wir es uns im Treppenhaus bequem, Frau Molnar servierte Espresso, und es erklang Arthurs sonore Stimme, die Entgegnung von Professor Wind verkündend.

»Von Urzeiten an, seit Menschen in Gemeinschaft miteinander leben«, schrieb der weltberühmte Wissenschaftler, »steht außer Frage, daß Macht und Besitz innerhalb der Gesellschaft ungleich verteilt sind. Dies ist eine natürliche Folge des Existenzkampfes, und in diesem natürlichen Wettstreit drängt jeder einzelne an die Spitze, um seinen Platz zu finden.

Das Leben aber ist nicht gerecht.

Jeder kann sein Ziel verfolgen, aber jeder beginnt seinen Weg auch unter anderen Bedingungen. Der eine Mensch ist intelligent, der andere dumm. Der eine ist Nachkomme wohlhabender Eltern, der andere ein besitzloser Bastard, der eine ist schön, der andere häßlich, der eine begabt, der andere unbegabt …

Was aber kann ein minderbemittelter Mensch tun, wenn ihm aufgeht, daß er mit den Begabten nicht mithalten kann?

Die Antwort liegt auf der Hand: Er versucht seine Konkurrenten mit unlauteren Mitteln aus dem Feld zu schlagen.

Schafft er dies allein?

Nein, denn dazu ist er zu schwach. Aber schließlich gehört er der Mehrheit an, dem ›Verein der Unbegabten‹. So kann er mit den anderen Unbegabten gemeinsame Sache machen, um der begabten Minderheit Steine in den Weg zu legen.

Wer aber ist ein Begabter? Ist er so ohne weiteres von den Unbegabten zu unterscheiden? Keineswegs. Denn Talent ist niemandem von der Stirn abzulesen, noch ist es in seiner Geburtsurkunde vermerkt.

Es muß daher ein äußeres Zeichen, irgendein gemeinsamer Nenner gefunden werden, der die eine Gruppe von der anderen unterscheidet, um dem ›Verein der Unbegabten‹ die Verfolgung der Beneideten zu ermöglichen.

Der Neid ist von jeher der mächtigste Antrieb für den Menschen. Es ist kein Zufall, daß das erste Menschenpaar seinen Schöpfer wegen seiner Weisheit beneidete und darum aus dem Paradies vertrieben wurde und der dritte Mensch, Kain, den vierten, seinen Bruder, tötete, weil dessen Feueropfer eine höhere Rauchsäule entfachte. Von den Zehn Geboten Moses behandeln zwei den Neid, doch haben die Menschen die Gebote eingehalten, haben sie daraus gelernt? Nein, der Neid war am Anfang und wird bleiben bis in alle Ewigkeit.

Der ›Verein der Unbegabten‹ hat heute eine neue Zielscheibe gefunden, eine Gruppe von Menschen, die sich einzig durch das Fehlen ihrer Haare auszeichnet. Es ist die primitivste Treibjagd in der an Verfolgungen reichen Geschichte des Homo sapiens, die dümmste und lächerlichste.

Die Glatze als Kainszeichen von Menschen für Menschen.

Ich schäme mich, ein Mensch zu sein.«

Arthur hatte zu Ende gelesen und musterte unsere kleine Gruppe nachdenklich. Keiner sagte etwas. Die lastende Stille wurde von Frau Molnar unterbrochen.

»Ist dieser Wind ein Jude?« fragte sie.

»Ich glaube nicht«, antwortete Schwanz. »Warum fragen Sie?«

»Nur so.«

Mir gefielen, wenn ich ehrlich sein sollte, Professor Winds Erläuterungen recht gut, und ich hielt nur deshalb mit meinem Kommentar hinter dem Berg, weil ich nicht wußte, wie die anderen darüber dachten. Auch hatte ich, ehrlich gesagt, nicht alles ganz genau verstanden.

»Na gut«, bemerkte Arthur schließlich. »Man kann die Glatzenfrage aber auch nicht ohne weiteres abtun.«

»Welche Frage, bitte«, brabbelte unser Briefträger schon wieder dazwischen, aber Frau Molnar schnitt ihm das Wort ab:

»Was geht Sie das an, Gagay? Ich wünschte, Arthur hätte so viele Haare wie Sie.«

»Seien Sie mir nicht böse, aber ich verstehe das alles nicht«, murmelte der Postrentner. »In unserer Familie sind wir alle so behaart, besonders meine arme selige Mutter …«

»Halten Sie den Mund, Gagay«, winkte Dr. Schwanz ab. »Meiner Meinung nach hat Professor Wind übers Ziel hinausgeschossen. Ich kann seiner Überlegung nicht folgen, wonach der eine Mensch hübsch und der andere häßlich auf die Welt kommt. Wenn ein Mann zum Beispiel nur um ein Quentchen schöner ist als ein Affe, so reicht das durchaus. Außerdem gibt es heute bereits unzählige Methoden auch für Männer, körperliche Mängel auszugleichen. Es gibt kosmetische Behandlungen, Heilgymnastik, regelmäßige Gewichtskontrollen, exquisites Rasierwasser ...«

»Ich kann mich nicht erinnern, daß Herr Professor Wind das geschrieben hat«, mischte sich schon wieder der senile Briefträger ein. »Wer kann sich heutzutage teures Rasierwasser leisten?«

»Gagay, um Himmels willen!«

»Ich verstehe das ganze Professorengejammer nicht«, bemerkte Arthur bissig. »Mag sein, daß der gute Wind ein hervorragender Geologe oder weiß der Kuckuck was ist, doch von solch heiklen Fragen hat er wirklich keine Ahnung. Was heißt, bitte schön, hier fände ein Wettrennen statt?«

»Du bist still, Arthur«, fuhr Frau Molnar auf und wandte sich an uns. »Mein Mann soll nur ja nicht auf die Idee kommen, auch noch zu Pferderennen zu gehen. Mir reicht schon, daß er ein passionierter Kartenspieler ist. Erst gestern war er wieder drauf und dran, bei den Weinrebs im ersten Stock einen Haufen Geld zu verlieren. Wenn er irgendwo ein Kartenspiel nur riecht, ist er schon ganz aus dem Häuschen.«

»Aus dem Häuschen bist du selbst, und vor allem

deine Mutter«, konterte Arthur, doch Schwanz fuhr beschwichtigend dazwischen:

»Professor Wind sprach keineswegs von Pferderennen, Herr Molnar. Glatzköpfige Professoren spielen doch lieber Schach, die Pferde kennen sie nur vom Schachbrett.«

Wir lachten herzhaft über diese treffende Beobachtung, bis auf den Briefträger, der erklärte, es gäbe auch kahlköpfige Jockeys, und den Pferden wäre das sowieso einerlei.

»Mein Großvater«, schloß Gagay, »ritt bis zu seinem 90. Lebensjahr und hatte noch immer keine Glatze.«

Wir achteten nicht mehr auf sein Geschwafel.

»Aus einem bestimmten Blickwinkel ist mir die Kahlköpfigkeit nichts Neues«, ergriff Arthur Molnar das Wort. »Ich mache meine Frau schon seit Jahren darauf aufmerksam, daß im Stadttheater auf den teuren Parkettplätzen hauptsächlich Glatzköpfe sitzen. Wir sehen das von unseren Galerieplätzen dort oben ganz genau. Nicht wahr, mein Schatz?«

»Daran kann ich mich nicht erinnern«, antwortete Frau Molnar. »Ich sitze im übrigen gar nicht gern auf der Galerie, die Stühle im Parkett sind viel bequemer, aber du kaufst immer nur, was billig ist, Arthur.«

Dr. Schwanz stierte mit hochgezogenen Augenbrauen in seine leere Kaffeetasse.

»Es ist schon was dran an den Glatzköpfen, meine Herren«, sagte er. »Zumindest bis zu einem gewissen Grad. Insbesondere in den Großstädten und drum herum …«

Wir nickten beiläufig und teilten im großen und ganzen seine Meinung.

»Also, ich bekenne ganz offen«, erhob Arthur die Stimme, »Kahlköpfigkeit ist in der Tat ein ungelöstes Problem.«

Ich hatte bisher nichts gesagt, weil ich nicht sicher war, ob ich Opfer eines Mißverständnisses oder einer optischen Täuschung war, aber eigentlich hatte der redselige Arthur Molnar doch selbst, wie soll ich nur sagen, nicht mehr allzu viel Haare auf dem Kopf. Genau genommen konnte man diesen Flaum auch gar nicht als Haar bezeichnen. Er sah eher aus wie das Model in einer Haarmittelwerbung »vor der Behandlung«. Ich beherrschte mich noch ein Weilchen, doch dann brach es aus mir heraus:

»Arthur, mein Lieber«, sagte ich, »auch Sie bekommen allmählich eine kleine Glatze, stimmt's?«

Gagay grinste über das ganze Gesicht, und Dr. Schwanz blickte verwundert auf Molnars Haupt. Arthur seinerseits wurde knallrot, und seine Gattin wand sich verlegen:

»Nein, nein, mein Arthur bekommt bestimmt keine Glatze. Er ist nur gerade in den Wechseljahren, so daß er jetzt auf ärztliches Anraten zur Haar-Regenerierung …«

Frau Molnar zeigte mit zitternden Fingern auf Arthurs Hinterkopf, den ein Restkranz säumte. Danach war die Stimmung zum Teufel.

»Meine Herren«, beschwor uns Arthur, »ich verspreche Ihnen bei meiner Ehre, ich behalte unter allen Umständen meine Haare.«

Wir zerstreuten uns rasch und unauffällig, jeder in seine Richtung.

»Verzeihen Sie, Herr Flinta«, Gagay war mir nachgeschlurft. »Sie sind doch Friseur von Beruf?«

»Nein«, antwortete ich, »ich lerne noch.«

Der Korb, den mir Lizzi gegeben hatte, traf mich härter als ich mir eingestand. Bisher hatten mich die Frauen immer verwöhnt, hatten unter meiner ein wenig rauhen Schale den nur allzu weichen Kern gespürt und waren meiner Neugier und meinem Liebesbedürfnis bereitwillig entgegengekommen. Ich griff dabei nicht etwa zu billigen Verführungsmethoden wie Blumen oder Parfum, nein, ich schenkte mich selbst. Ein Gentleman vom Scheitel bis zur Sohle, der ganz genau weiß, wo die Grenzen des Anstands liegen und wann er sie überschritten hat.

Und jetzt wagte es diese Lizzi, mich abblitzen zu lassen. Diese Kaltschnäuzigkeit hatte ich ihr gar nicht zugetraut. Aufhängen sollte ich mich. Und gleich am nächsten Baum. Wir sind doch nicht mehr im Mittelalter, als fahrende Ritter sich für ihre angebeteten Damen mit Wonne entleibten.

Beim Stichwort »entleiben« fiel mir Politzers Klage ein, und dieser Gedanke brachte mich schlagartig in die rauhe Wirklichkeit zurück. Ich blickte aus dem Fenster und stellte fest, daß sich auch da oben ein Gewitter zusammenbraute, und so beeilte ich mich, noch trockenen Fußes ins Café »Hopp« zu kommen.

In einer Nische entdeckte ich Pepi, der sich hinter dickleibigen Lexika und historischen Wälzern verschanzt hatte und eifrig vor sich hinkritzelte. Ich eilte auf ihn zu, aber Eugen, der Oberkellner, versperrte mir würdevoll den Weg.

»Erlauben Sie, gnädiger Herr«, sagte er höflich, aber bestimmt. »Ich habe strikte Anweisung, daß der Herr Chefredakteur nicht gestört werden darf. Von niemandem, und wenn es, so hat mir Herr Schomkuthy eingeschärft, der Papst höchstpersönlich wäre.«

»Dann, lieber Freund«, erwiderte ich ebenso bestimmt, »sagen Sie dem hochgeschätzten Herrn Chefredakteur, Rudolf Flinta wäre hier. Nicht der Papst, sondern einfach Flinta. Nicht mehr und nicht weniger.«

Eugen schlich auf Zehenspitzen zu Pepis Nische. Ich setzte mich an einen Tisch beim Fenster, beobachtete friedvoll das geschäftige Treiben und wartete. Wenig später kam Eugen zurück und teilte mir höflich mit:

»Es bleibt dabei.«

»Und was hat dieser Mistkerl gesagt?«

»Wenn Sie erlauben, würde ich das gerne für mich behalten. Herrn Chefredakteur Schomkuthys Reaktion war eher emotionaler Natur. Er empfiehlt Ihnen, sich im Sekretariat einen Termin geben zu lassen.«

»Und wo, zum Teufel, ist dieses Sekretariat?«

»Sie sind an Ort und Stelle. Ich bin es.«

Jetzt hatte ich endgültig die Nase voll. Wutentbrannt stieß ich Eugen zur Seite und baute mich vor Pepi auf.

»Was soll der Blödsinn?« fuhr ich ihn an. »Soll ich vielleicht untertänigst um Audienz bitten?«

Pepi legte den Kugelschreiber auf den Tisch und sah mich kühl an.

»Das ist nicht nötig«, sagte er, »ich werde Sprechstunden einführen. Dann kann kommen, wer will. Im übrigen bin ich derzeit wirklich unabkömmlich, ich verfasse gerade den Leitartikel des Jahrhunderts, einen offenen Brief an Professor Wind. Also, hau gefälligst ab.«

Ich setzte mich Pepi gegenüber und bestellte mir einen Magenbitter.

»Jetzt reicht's mir aber«, zischte ich ihn an. »Dir ist wohl diese alberne Glatzengeschichte zu Kopf gestiegen. Aber mich wirst du noch kennenlernen. Spätestens als Zeuge im Politzer-Prozeß.«

Pepi kippte meinen Magenbitter in einem Zug hinunter.

»Du hast recht«, sagte er. »Ich war nüchtern, und du weißt ja, da rede ich allerlei dummes Zeug.«

Wir verscheuchten den Oberkellner, der um unseren Tisch schlich, und ich malte Pepi in greulichsten Farben den bevorstehenden Prozeß aus. Dann hielt ich ihm Politzers Drohbrief unter die Nase. Es verschlug ihm den Atem. Er beschwor mich, die juristischen Angelegenheiten auf meine Kappe zu nehmen, damit er nicht am Höhepunkt seiner journalistischen Karriere im Gefängnis landete.

»Wie willst du mich für all diese Scherereien entschädigen«, fragte ich ihn, »wenn ich tatsächlich, was ich noch nicht weiß, die Schuld auf mich nehme?«

Pepi suchte krampfhaft nach einem Ausweg. Schließlich fand er ihn:

»300 Kronen in zwei Raten.«

»Wie du willst. Nichts liegt mir ferner als eine Erpressung«, ich faltete Politzers Brief sorgfältig zusammen und steckte ihn in meine Tasche. »Aber wenn du als Chefredakteur nicht einmal 500 Kronen locker machen kannst, dann lassen wir es lieber.«

»Gut«, lautete Pepis Antwort. »Dann entschuldige mich jetzt, ich habe zu tun.«

Damit nahm er seinen Kugelschreiber wieder auf. Ich erhob mich wortlos und ging in Richtung Ausgang. Da hatte ich plötzlich eine wunderbare Idee. Ich kehrte um.

»Du«, sagte ich zu Pepi. »Ich nehme die 300 Kronen. Gib mir die erste Rate.«

Pepi griff triumphierend nach seiner funkelnagelneuen Geldbörse und überreichte mir mit einem dreckigen Grinsen 150 Kronen. Schnell steckte ich die Scheine in meine Hosentasche, nicht ohne ihn daran zu erinnern, daß die Anwaltskosten seine Sache wären.

Als ich das »Hopp« endgültig verließ, sah ich noch, wie Pepi sich einen doppelten Kirsch bestellte und mit nichts als einem einzigen Kugelschreiber fortfuhr, sein epochales Jahrhundertwerk zu verfassen.

Von dem hart verdienten Geld leistete ich mir ein paar Kleinigkeiten, die ich mir schon lange gewünscht hatte, eine Kiste kubanische Zigarren und acht Flaschen portugiesischen Rosé. Das war recht verwegen, da mir die Witwe Schick, als ich bei ihr meine Zelte aufschlug, kategorisch erklärt hatte, in meinem Untermieterzimmer duldete sie dreierlei auf keinen Fall: Alkohol, Zigarettenqualm und Personen weiblichen Geschlechts. Sie war ein wenig gekränkt, als ich sie daraufhin des Raumes verwies, um wenigstens einer der drei Forderungen nachzukommen.

Allerdings drohte von ihr augenblicklich keine Gefahr, denn sie befand sich seit kurzem in einem Zustand religiöser Verzückung. Sogar ihr Kiosk blieb geschlossen, so sehr nahmen sie ihre inbrünstigen Gebete in Anspruch. Als ich mich erkundigte, was denn geschehen sei, murmelte sie nur verstört: »Ich habe schwer gesündigt, und der heilige Antonius erlegte mir eine Buße auf.«

Weitere Einzelheiten verriet sie mir nicht. Das war aber auch nicht nötig. Sie hatte nämlich gestern einen Brief erhalten:

> »Gnädigste«, hieß es in meinem Schreiben. »Gestatten Sie mir, Ihnen für die 100 Kronen, die Sie mir zukommen ließen, meinen innigsten Dank auszusprechen. Das Geld kam im letzten Augenblick und hat eine private Katastrophe verhindert. Hätte der Herr Ihnen gar eingegeben, mir sogar 200 Kronen zu überlassen, dann wäre

Ihnen auch der Segen des heiligen Antonius gewiß gewesen.

Ihnen ein Leben lang ergeben, Ihr R. F.

P.S. Wichtig! Weitere mildtätige Zahlungen an den ›Morgenstern‹ sind, um Gottes willen, nur an mich persönlich zu richten.«

Schon immer hatte ich der moralischen Kraft überirdischer Mächte vertraut. Auch diesmal zweifelte ich nicht, bald in den Genuß von weiteren 100 Kronen, es war ja schließlich mein Geld, zu gelangen.

In dieser berechtigten Hoffnung begab ich mich noch am selben Nachmittag zu Dr. Eberhard Schwarzkopf, seines Zeichens Staranwalt in Strafsachen, um ihn um Rechtsbeistand gegen Politzer zu bitten. Geld spielte keine Rolle. Pepi hatte schließlich versprochen, die Anwaltskosten zu tragen.

Mein Schicksal hatte mir bisher den Umgang mit Gerichten erspart. Mit Bedacht und ohne unnötig aufzufallen war ich stets meinen Pflichten als Staatsbürger nachgekommen, so daß mich die Strenge des Gesetzes jetzt völlig unvorbereitet traf. Ein einziges Mal hatte ich mich für zwei Tage in Untersuchungshaft befunden. Das war aber bereits acht Jahre her und ein klassischer Fall von Justizirrtum, denn ich hatte das Fahrrad längst zurückgebracht.

Dr. Eberhard Schwarzkopf war mir von einem guten Bekannten empfohlen worden, der seinerseits ein pfiffiger Kerl war und mit dem renommierten Juristen die besten Erfahrungen gemacht hatte. Mein Gewährsmann hatte nämlich eines schönen Abends der ältlichen Inhaberin einer nahe gelegenen Tabak-Trafik eine Spielzeugpistole vor die Brust gehalten und sie höflich zur Herausgabe der Tageseinnahmen aufgefordert. Die furchtsame alte Jungfer verlor daraufhin die Nerven und alarmierte mit den Rufen »Räuber! Räuber!« die Polizei. Mein Bekannter beauftragte den legendären Dr. Schwarzkopf mit seiner Verteidigung und kam mit zwei Wochen Haft auf Bewährung wegen nächtlicher Ruhestörung davon, während die Trafikantin drei Monate Gefängnis wegen Rufmords erhielt. Schließlich hatte sie einen Mann als Räuber verleumdet, den sie noch nie zuvor gesehen hatte.

Dr. Schwarzkopf empfing mich zuvorkommend und bot mir Platz an. Er war gedrungen, hatte dichtes schwarzes Haar und trug eine Brille. Er wirkte kühl und berechnend, besonders wenn er lächelte.

Ich erzählte ihm meine Geschichte, von meiner gewaltsamen Entfernung aus der Firma bis hin zu Politzers niederträchtigem Drohbrief. Ohne überflüssiges Gerede vertiefte sich der gewiefte Jurist in meine Unterlagen. Er war so konzentriert, daß er mich kaum beachtete. Dann erklärte er kurz und bündig: »Der Kläger ist von allen guten Geistern verlassen, wenn er diesen Prozeß zu gewinnen hofft. Das hat ihm sicherlich ein gewissenloser Advokat eingeredet. Das Ganze ist ein Kinderspiel für mich.«

Ein Seufzer der Erleichterung entrang sich meiner Brust. Wirklich, was hatte sich dieser Glatzkopf Politzer nur dabei gedacht?

»Wenn Sie Vertrauen zu mir haben und mir das Mandat erteilen«, fuhr Dr. Schwarzkopf fort, »dann können Sie ruhig schlafen. Zuallererst aber besprechen wir Schritt für Schritt, wie wir vorgehen wollen.«

»Sehr gern.«

»Der erste Schritt ist naturgemäß eine entsprechende Vorauszahlung. Nur so sehe ich, daß Sie mir vertrauen. Und Vertrauen ist die Grundlage meiner Geschäftspraxis.«

Ich stimmte ihm zu und sagte ihm jegliches Akonto zu. Dann wollte ich nur noch wissen, wie er den Prozeß gewinnen würde.

»Der sicherste Weg ist immer die Wahrheit«, klärte mich Dr. Schwarzkopf auf. »Wir werden vor Gericht beweisen, daß die Behauptungen im gerichtsanhängigen Verfahren jeder Prüfung standhalten.«

Mein Puls schlug schneller.

»Ja, denken Sie denn, daß sich das beweisen läßt?«

»Es läßt sich alles beweisen, mein Herr«, Dr. Schwarzkopf wurde ein wenig herablassend, »man muß nur wollen. Uns Juristen obliegt lediglich die Aufgabe, die nackte Wahrheit mit dem trockenen Gesetz in Einklang zu bringen. Ich halte es für eine unglaubliche Niedertracht, Kahlköpfigkeit als Charakterschwäche zu bezeichnen. Das ist ja lächerlich, lieber Herr Politzer, eine ganz abstruse Beleidigung.«

»Entschuldigen Sie«, unterbrach ich ihn, »nicht ich bin Politzer. Der Glatzkopf ist mein Prozeßgegner.«

»Das überrascht mich nicht im geringsten«, entgegnete der Staranwalt lässig. »Jedes Ding hat zwei Seiten, wenn nicht mehr. Persönlich sehe ich die Schädlichkeit der Glatzköpfe genau wie Sie. Immer wieder frage ich mich, warum so viele etablierte Winkeladvokaten glatzköpfig sind.«

Dr. Schwarzkopf fuhr sich durch seine dunkle Haarpracht und beendete die Audienz:

»Nach meiner privaten und beruflichen Einschätzung ist Politzers Lage aussichtslos. Mit wem habe ich übrigens die Ehre?«

»Rudolf Flinta. Die Ehre ist ganz meinerseits.«

Auf dem Heimweg ließ ich mir Dr. Schwarzkopfs Argumente noch einmal durch den Kopf gehen. Ich kam zu der Überzeugung, daß er nicht völlig recht hatte. Ich kannte eine ganze Reihe von Glatzköpfen, die gar nicht schädlich, sondern durchaus rechtschaffene Bürger waren. Es gibt auch solche, ja, es gibt wirklich ein paar wenige unter ihnen.

Es war erst 10 Uhr morgens, und die Zeitungsjungen boten nun schon die dritte Ausgabe des »Morgenstern« an. »Schomkuthy antwortet den Glatzköpfen«, riefen sie. »Schomkuthys offener Brief an Professor Wind.«

Die Menschen auf der Straße rissen den Kolporteuren

die Zeitung nur so aus den Händen. Auch Glatzköpfe waren darunter. Man sah ihnen deutlich an, wie unsicher sie waren, ob sie sich ärgern oder sich über den Quatsch lustig machen sollten.

Nichtsdestotrotz gab es den einen oder anderen erheiternden Zwischenfall. Als zum Beispiel ein soignierter älterer Herr, mit tief in die Stirn gedrücktem Hut, den »Morgenstern« erstand, rief ihm ein Student im Vorübereilen zu:

»Seht mal, der Opa hat bestimmt selber eine hübsche Glatze. Wie der wohl unter seinem Hut aussieht?«

Der alte Herr stieß seinen Stock auf das Trottoir.

»Unverschämter Flegel«, rief er. »Ich verbitte mir diesen Ton.«

»Schon gut, Alter«, versetzte der junge Mann kichernd. »Polier deinen Schädel nächstens mit Sandpapier, dann brauchst du in der Nacht kein Licht.«

Rasch hatte sich eine kleine Menschenansammlung gebildet, die das Schauspiel mit Pfeifen und Johlen begleitete, während sich der alte Herr auf die andere Straßenseite rettete. Dabei stolperte er über seinen Stock, schlug der Länge nach hin, sein Hut flog in hohem Bogen davon, und wir bogen uns vor Lachen.

Als ich wieder Luft bekam, holte ich mir am Kiosk den neuen »Morgenstern« und verzog mich mit dem Blatt in eine ruhige Ecke. Auf der Titelseite prangte in riesigen Lettern:

## Ich nehme den Kampf an

Offener Brief an Professor Wind

»Mein Leben als Journalist hat mir viele glückliche Stunden, aber auch manche herbe Enttäuschung bereitet.

Nie verlor ich jedoch meinen moralischen Grundsatz aus den Augen: ›Diene der Wahrheit und dem Wohlergehen deiner Mitmenschen‹. Zwangsläufig war ich Intrigen ausgesetzt, offenen wie versteckten Angriffen, doch was ich in diesen Tagen erdulden muß, stellt alle Prüfungen in den Schatten. Ich meine die Rufmordkampagne des renommierten Professor Wind, in der ich zwar nicht namentlich erwähnt werde, die aber eindeutig auf meine Vernichtung als Mensch und Publizist abzielt.

Ich respektiere und schätze Professor Wind nach wie vor. Um so mehr erschüttert mich der moralische Verfall dieses bisher unantastbaren Wissenschaftlers, der noch dazu ein Revolverblatt wie die ›Scheibe‹ benutzt, um mich mundtot zu machen. Mich, der mit seiner bahnbrechenden Arbeit über die Kahlköpfigkeit für das Wohl unserer Gesellschaft nur einen bescheidenen Beitrag leisten wollte, ja im Sinne seiner nationalen Verantwortung leisten mußte.

Auf das kleinkarierte Niveau des Herrn Wind werde ich mich keinesfalls begeben, das ist nicht der Stil, in dem zwei Geistesgrößen miteinander verkehren sollten. Aber schweigen kann und darf ich nicht.

Denn ich, werter Herr Professor, ja, ich habe die Kühnheit, die Wahrheit ans Licht zu bringen: Sie sind befangen. Ich will damit nicht etwa andeuten, Sie wären bestochen worden, obwohl man schon von der einen oder anderen folgenschweren Verfehlung gehört hat und Interpol nach Ihrem Zwillingsbruder, Dr. Andreas Wind, seit zwei Jahren wegen Urkundenfälschung fahndet. Aber das hat mit unserer Sache nichts zu tun und soll deshalb hier auch gar nicht erörtert werden.

Ich behaupte hingegen, daß es sich bei Ihnen um eine ererbte Befangenheit handelt, denn, wie hinlänglich bekannt, hat Ihr seliger Vater so gut wie haarlos das Zeitliche gesegnet, und auch bei Ihnen kann man nicht umhin, einen galoppierenden Haarschwund zu diagnostizieren.

Das aber nur am Rande, bevor ich zum Kern der Sache, nämlich zu Ihren aus der Luft gegriffenen Thesen komme. Mein Kronzeuge ist niemand anders als die Geschichte der Menschheit selbst. Denn, hochverehrter Herr Professor, unsere Geschichte ist auch die Geschichte des Haarschutzes.

Lassen Sie uns zum Beispiel einen Blick zurückwerfen ins Jahr 1107 v. Chr., und zwar in die

Maobiter Pergamenthandschriften. Darin haben die Annalen den grausamen assyrischen Tyrannen Tiglatpilesar I. als »haarlosen, häßlichen Barbaren« festgehalten.

Noch erhellender sind die vielfältigen Zeugnisse über die Sünden des Glatzentums in der Heiligen Schrift. Als Moses' hinterhältiger Neffe, Korah der Kahle, mit seinen Kriegern einen Aufruhr gegen Moses anzettelte, nur weil sein Onkel nicht bereit war, ihn als Hohepriester einzusetzen, griff der Allmächtige höchstpersönlich ein. Die ganze kahle Rotte wurde dem Erdboden gleichgemacht, und von da an ließ Moses kein gutes Haar mehr an irgendeinem Glatzkopf.

Das Kahlheitsverdikt der Bibel hatte naturgemäß tiefgreifende Auswirkungen auf die Ereignisse in der Antike. Obwohl Polydros, König von Sparta, das Söldnerheer von Argos in die Flucht schlug, war er zu einem jahrelangen Guerillakampf gegen die Einheimischen verdammt, einzig und allein, weil er seine Leibgarde kahl rasieren ließ und somit die behaarte Bevölkerung gegen sich aufbrachte.

Erst jüngste historische Forschungen haben zutage gebracht, daß die nur spärlich behaarte menschliche Bestie Caligula im Jahre 41 n. Chr. vom geheimen Haarschutzverband des Prätorianertribuns Cassius Chaerea beseitigt wurde.

Die beiden Söhne Konstantin des Großen, Konstantin II. und Constans, führten nur deshalb einen erbitterten Bruderkrieg, weil der eine dichtes Kopfhaar hatte, während der andere im Winter des Jahres 341 n. Chr. zum Glatzkopf geworden war. Die Fehde endete übrigens mit dem Triumph des lockigen Constans.

Bereits in der Grundschule lernt jedes Kind, daß Yusuf Aba Jakob in der Schlacht bei Santarem dem späteren portugiesischen Kurfürsten Sancho I. nur deshalb unterlag, weil er in der Hitze des Kampfgetümmels seine lederne Kopfbedeckung abnahm, worauf seine Soldaten angesichts der Kahlköpfigkeit ihres Anführers augenblicklich die Flucht ergriffen.

Vor allem in der Geschichte gilt: Gut Ding braucht Weile. Was bis dahin nur spontane, menschliche Reaktion war, formierte sich gegen Mitte des 16. Jahrhunderts zur Volksbewegung. Als erster erließ Papst Paul IV., der frühere Kardinal Caraffa, die schriftlichen Dekrete gegen das Glatzentum in der Toskana.

Zu Beginn des 18. Jahrhunderts schließlich erlebte die Bewegung ihren ersten Höhepunkt. Der gebürtige Thüringer Gustav von Ritterwald, Schatzmeister des letzten Dogen von Venedig, zog 1788 mit seinem Grundlagenwerk ›In den Kanal mit den Glatzköpfen‹ gegen die ›kahlen Blutegel‹ zu Felde. Die Schrift gilt bis heute als die Bibel des Haarschutzes.

Ja, Gustav von Ritterwald wies uns den Weg.

Erst danach erschienen in anderen europäischen Kulturnationen Broschüren und Streitschriften, die sich mit dem Problem befaßten und für kompromißlose Enteignung und Inhaftierung aller haarlosen Parasiten eintraten.

Natürlich blieben auch die Glatzköpfe nicht untätig und versuchten, um jeden Preis ihre Haut zu retten. So führte der Dänenkönig Erich VIII. auf Drängen seiner unerbittlichen kahlen Steuereintreiber bereits 1318 an seinem Hof den Perückenzwang ein. Diese durchsichtige Maßnahme wurde von allen abendländischen Herrschern nachgeäfft. So mußte Heinrich VIII. 1535 Thomas Morus köpfen lassen, weil der Lordkanzler sich weigerte, das Perückentragen zu legalisieren.

Die Kahlköpfe verkrochen sich aber nicht nur hinter Perücken, sie vermochten auch mit Beharrlichkeit und unter Einsatz aller Mittel den Volkszorn in andere Bahnen zu lenken. Und nur darum, verehrter Professor, einzig und allein darum hat man im Laufe der Geschichte Hugenotten, Indianer, Zigeuner und Juden erbarmungslos verfolgt und gejagt.

Warum, so frage ich, warum tragen heute noch englische Richter die altmodische Perücke. Warum hielt sich noch bis zu Beginn des 19. Jahrhunderts an allen Fürstenhöfen diese heiße und schwere Kopfbedeckung, ob als Allongeperücke, Staatsperücke oder Zopfperücke? Warum radierte der Feldherr der Bourbonen, der Herzog von Angoulême, die südspanische »yoguch-mile-Bewegung« aus, die nichts anderes gefordert hatte, als das Vermögen kahlköpfiger Händler zu beschlagnahmen und untereinander zu teilen. Und zu guter Letzt, warum sind bis heute Toupets so begehrt?

Herr Professor, wenn Sie nur einen Funken Ehre im Leibe hätten, dann gäben Sie sich geschlagen. Ihre naiven Hirngespinste, wie brillant sie auch formuliert sind, vermögen nichts gegen nüchterne historische Fakten.

Die Geschichte lügt nicht, Herr Wind. Bis heute ließen sich die Menschen betrügen, jetzt aber läßt sich das Volk nicht länger an der Nase herumführen.

Der fortschrittliche Mensch des 20. Jahrhunderts erkennt, daß die existentielle Frage für das weitere Bestehen unserer Demokratie die Lösung der Glatzenfrage ist.

Und so bekenne ich mich furchtlos zu meiner Verantwortung und öffne meinen Mitmenschen die Augen für die Tatsache, daß die Glatzköpfe arbeitsscheu sind. Ihr Gott ist und bleibt das Geld.

Denn wo finden wir sie, unsere Glatzköpfe? Unter den geschundenen, zu Tode erschöpften Fließbandkindern? Oder finden wir sie hinter dem Ladentisch oder gar bequem an ihrer gefüllten Kasse?

Ja, Professor, sollte ich auch in Acht und Bann fallen, für die Wahrheit bin ich bereit, alles zu opfern. Bis zum letzten Atemzug stehe ich zu meiner hohen Verantwortung.

An Sie, Herr Wind, ergeht die Warnung: Das Volk ist edel, aber wachsam, hüten Sie sich wohl vor seinem Zorn, denn wenn er einmal entfesselt ist, entgehen Sie ihm nicht. Ziehen Sie Ihr schütteres Haar aus der Schlinge, Wind, solange Sie noch können. Das Maß ist voll.

Mit vorzüglicher Hochachtung
Ihr Josef Schomkuthy jun.«

Soweit war ich gekommen, als mir jemand die Hand auf die Schulter legte. Es war Arthur Molnar mit dem »Morgenstern« unter dem Arm.

»Na«, sagte er strahlend, »habe ich es nicht gesagt? Ich predige doch seit Jahren, was Schomkuthy jetzt erst behauptet. Erinnern Sie sich, was ich Ihnen sagte, als wir uns das letzte Mal sahen?«

Ich erinnerte mich nicht.

»Ich sagte zu Ihnen, daß die Glatzköpfe der Fluch der Menschheit sind.«

Ich blickte verwirrt, nicht, weil ich keine Ahnung mehr hatte, was mir Arthur Molnar angeblich gesagt hatte, sondern weil ich mich sehr wohl erinnerte, daß Arthur noch vor wenigen Tagen auf dem Wege war, ein klassischer

Glatzkopf zu werden. Jetzt aber war sein Kopf recht ordentlich behaart, und ich wußte nicht, was ich davon halten sollte.

Während ich noch grübelte, stimmte Arthur bereits ein vollkommen überflüssiges Loblied auf Pepi an.

»Seine messerscharfe Logik hält jeder Prüfung stand«, schwärmte der Schwachkopf. »Und einmal abgesehen von der Tatsache, daß er Professor Winds Argumentation bis ins kleinste zerpflückt, beweist Schomkuthy bis zum Schluß bewundernswerte Haltung. Der Mann ist eine Geistesgröße.«

Geistesgröße? Vor meinen Augen erschien der Pepi aus den guten alten Zeiten, wie er nach drei geleerten Weinflaschen unter den Tisch fällt und da unten meine beiden Schnürsenkel zu einer kunstvollen Schleife bindet. Wahrlich, ein großer Geist, ein Geistesfürst, ein Großfürstgeist ohne Beispiel.

»Schomkuthy hat internationales Format«, steigerte sich Arthur Molnar in seiner Begeisterung. »Er kann jederzeit mit mir rechnen. Sind Sie, Herr Flinta, Herrn Dr. Schomkuthy denn schon einmal begegnet?«

»Natürlich bin ich ihm begegnet«, antwortete ich lässig. »Er ist doch mein bester Freund.«

Molnar wankte kurz unter der Wucht dieser Mitteilung, doch dann hellte sein Gesicht sich auf.

»Jetzt begreife ich erst«, seine Stimme überschlug sich. »Sie also sind der rätselhafte R. F. in seinem historischen Glatzenartikel. Mein Gott, ich war ja mit Blindheit geschlagen. Lassen Sie mich Ihnen von Herzen gratulieren.«

Er schüttelte meine Hände, hielt sich dann an meinen Mantelaufschlägen fest und klammerte sich flehentlich an mich.

»Sie sind mein Zeuge, nicht wahr? Sie erinnern sich ganz bestimmt daran, auch Dr. Schwanz war dabei, als ich zum besten gab, daß die Glatzköpfe im Theater immer nur in den ersten Reihen sitzen. Sie legen doch sicher ein paar gute Worte bei Schomkuthy für mich ein. Sie werden das doch tun, nicht wahr?«

Ich versprach ihm rasch, ein paar gute Worte für ihn einzulegen, und entfernte mich eilends. Seine schwärmerischen Blicke begleiteten mich noch bis zur nächsten Straßenecke, ich konnte sie kaum abschütteln.

Innerhalb von wenigen Stunden hatte Pepis offener Brief das ganze Land in einen Taumel versetzt. Überall auf der Straße bildeten sich kleinere und größere Menschengruppen, in Cafés und Restaurants wurde leidenschaftlich debattiert. Die Menschen hatten ein neues, hochbrisantes Thema. Viele gaben Pepi völlig recht, manche stimmten ihm nicht in allen Punkten zu, es gab sogar welche, die der Kahlkopffrage die Aktualität absprachen.

Das Glatzentum des Landes erholte sich nur langsam von seinem Schock. Einige hofften noch, das Ganze sei ein schlechter Scherz. In jedem Fall aber versuchten sie, die Reste ihrer Haare so kunstvoll wie möglich auf den Köpfen zu drapieren.

Auch der Generationskonflikt erhielt durch die Debatte neue Nahrung, denn die Jugend stellte sich geschlossen hinter Schomkuthy. In der älteren Generation herrschte nicht die gleiche Einmütigkeit. Doch auch die heftigsten Gegner der Glatzentheorie konnten Josef Schomkuthy den Rang eines bedeutenden Historikers und eine tiefe patriotische Gesinnung nicht absprechen. Sogar die Fachwelt zollte ihm Hochachtung, nicht mit billigen Phrasen hätte er überzeugt, sondern durch die Kraft seiner Argumente und den beeindruckenden ideologischen Gehalt.

Nicht so allerdings unser minderbemittelter Briefträger im Ruhestand.

»Wissen Sie, Herr Flinta«, der alte Herr hielt mich im Treppenhaus auf. »Von mir aus sollen die Herrschaften schreiben, was sie wollen, aber mir kommt diese ganze Glatzensache spanisch vor. ›Ist denn einer schuld daran, wenn er als Glatzkopf zur Welt kommt?‹ sagte ich gestern abend zu Herrn Dr. Schwanz. Er meinte zwar, nach dieser Logik könne selbst ein Mörder nicht verurteilt werden, weil auch er nichts dafür kann, wenn er als Mörder geboren wird. ›Entschuldigen Sie, Herr Doktor Schwanz‹, sagte ich ihm, ›das kann man doch gar nicht vergleichen, denn ein Mensch wird doch nicht als Mörder geboren, er wird doch erst später dazu. Ein Neugeborener hingegen ist meist völlig kahl, wenn er das Licht der Welt erblickt. Ist er denn schuld daran, bitte schön?‹ Da belehrte mich Dr. Schwanz, daß der Säugling sehr wohl das Böse des Glatzentums in sich trage, weil er schreit oder quietscht und greint, in die Windeln macht, spuckt, strampelt und Bauchweh hat. Ich frage Sie, Herr Flinta, ist denn das in Ordnung?«

Ich beruhigte Gagay mit einem klassischen »Wie man es nimmt«, und er zog brabbelnd seines Weges. Ich aber eilte zu Pepi ins Café »Hopp«. Glücklicherweise saß der kleine Angeber in seiner gewohnten Ecke, doch der Oberkellner bewachte ihn auch diesmal wie ein Bluthund die Blutwurst. Als Eugen mich erkannte, gab er dann aber doch grünes Licht. »Ausnahmsweise« ergänzte er hochnäsig.

Unser Medienstar war völlig neu eingekleidet mit Maßhemd, modischer Krawatte, funkelnagelneuem Sakko und neuen, aber wenig einnehmenden Manieren. Er musterte mich von oben herab: »Nimm Platz, wenn es sein muß, aber, bitte, fasse dich kurz.«

Ich schlug ihm auf die Hand, daß er mein Feuerzeug fallen ließ.

»Hör zu, du Erfolgsmensch«, zischte ich ihn an, »spiel nicht den Helden, denn eh du dich versiehst, bist du wieder ein Pokerkiebitz.«

Pepi fuhr empört auf, denn er wurde neuerdings nicht mehr gern an seine Vergangenheit erinnert. Als er sich wieder beruhigt hatte, erzählte er mir, daß er sich sein aristokratisches Gehabe von Staatssekretär Bernd Dorfhauser von und zu Dorfhauser abgeschaut hätte, der vor einer halben Stunde heimlich zu ihm in die Redaktion gekommen war.

Pepi sah um sich:

»Ich gab ihm mein Ehrenwort, die Angelegenheit vertraulich zu behandeln.«

»In Ordnung«, ich rückte meinen Stuhl näher, »schieß los.«

Pepi bestellte eine halbe Tasse Rum.

»Staatssekretär Dorfhauser von und zu Dorfhauser kam wegen meines offenen Briefes, inkognito, damit nichts an die Öffentlichkeit dringt. Er teilte mir im Auftrag der Regierung mit, daß man höheren Orts die Glatzenfrage nicht gutheiße, zumal Funktionäre in höchster Position betroffen seien. Man ersuche mich also, meine Aktivitäten einzustellen.«

»Und was hast du darauf geantwortet?«

»Das einzige, was ein Mann von Charakter erwidern kann. Daß ich mich natürlich nicht davon abbringen lasse, um die Durchsetzung meiner Idee zu kämpfen. Und, lieber Rudolf, ganz unter uns, wenn die Herren so bescheuert sind, mir nicht wenigstens eine kleine Entschädigung anzubieten, dann sollen sie sich gefälligst nicht wundern, daß ich Rückgrat zeige.«

»Und wie reagierte dieser von und zu auf dein Rückgrat?«

»Er ließ mich diskret wissen, daß er persönlich meine Meinung zur Glatzenfrage durchaus teile. Schon deshalb, weil ein gewissenloser Bankdirektor mit Vollglatze seine Villa am Rosenhügel mit 40 000 Kronen Hypothek belastet habe. Als Privatmann könnte ich jederzeit mit ihm rechnen.«

Nachdenklich schlürfte ich Pepis Rum.

»Du«, fragte ich ihn. »Stimmt es, daß man nach Professor Winds Zwillingsbruder wegen Urkundenfälschung fahndet?«

»Glaube ich nicht«, meinte Pepi gleichgültig. »Der Professor ist ein Einzelkind.«

»Aber er bekommt doch eine Glatze?«

»Woher soll ich das wissen«, Pepi wischte sich ein Stäubchen vom Anzug, »ich hab ihn noch nie gesehen.«

»Und diese Unmenge von historischen Daten?«

»Allgemeinbildung. Diabolische Intuition und ein Haufen Enzyklopädien.«

Im Laufe des Abends plauderte er dann noch so allerhand aus, unter anderem daß die Auflage des »Morgenstern« die halbe Million überschritten habe. Er gestand mir unvorsichtigerweise, daß der alte Gonzalez sein Gehalt verdreifacht hätte, aus Angst, andere Zeitungen könnten ihn als den nationalen Glatzenexperten abwerben. Ich gratulierte Pepi und hatte den Eindruck, daß unsere Freundschaft noch nie zuvor so innig gewesen war.

Ich trat durch die Drehtür des Café »Hopp« ins Freie und machte mich fröhlich pfeifend auf den Weg, denn Pepi hatte mir brüderlich einen Teil seiner Gehaltserhöhung versprochen. Diese noble Geste ehrte ihn, wenn ich seinem Angebot auch durch einen symbolischen Würgegriff ein wenig auf die Sprünge helfen mußte.

Ich schmiedete gerade Pläne, was ich von meinem neuerlichen Verdienst alles kaufen könnte, da merkte ich, daß man mich verfolgte. Schon im Café, während ich mit Pepi schwatzte, war mir ein Schnurrbärtiger aufgefallen, der mich so komisch anglotzte. Pepi, den ich darauf aufmerksam gemacht hatte, beruhigte mich, das sei jetzt an der Tagesordnung. Er werde neuerdings von begeisterten Anhängern direkt verfolgt.

Jetzt war der begeisterte Anhänger aber eindeutig hinter mir her. Ich durchforschte mein Gewissen: War ich vielleicht dem Auge des Gesetzes unangenehm aufgefallen? Das Ergebnis meiner Einkehr ließ mich schneller gehen. Immerhin hatte ich eine Zeitlang gewissermaßen ein Doppelleben als kleiner Hochstapler und großer Gauner geführt.

Von Zeit zu Zeit drehte ich mich unauffällig um, so, als schaute ich schönen Frauenbeinen nach, aber mein Verfolger rückte immer dichter auf. Ich bog in die nächste Seitengasse ein, aber auch spielerisch eingelegte Sprünge brachten mich nicht recht voran. Nun trennten uns nur noch ein paar Dutzend Schritte.

Mein Atem flog und mein Puls raste. Den Kerl niederschlagen, durchfuhr mich der rettende Gedanke. Über die Grenze, in Australien ein neues Leben beginnen, kleiner Bauernhof, Hühnerfarm, Bio-Gärtnerei ...

Gerade als ich mich stellen wollte, hörte ich hinter mir eine Stimme:

»Halt, bleiben Sie stehen!«

Zu meinem Glück erinnerte ich mich der vielen

Kriminalromane, die ich als Junge gelesen hatte, und der Verfolgungen, in denen immer wieder Durchgangshäuser die Rettung des Helden waren. Vor dem nächsten Häuserblock machte ich von meinem Wissen Gebrauch. Vorne hinein, den Hof entlang, erreichte ich schnaufend den hinteren Ausgang, wo mich mein Verfolger bereits erwartete.

»Ich gebe auf«, keuchte ich, »machen Sie mit mir, was Sie wollen.«

Der Schnurrbärtige zog den Hut:

»Habe die Ehre«, stieß er schnaufend hervor, »gestatten Sie, daß ich mich vorstelle. Ich komme von der Genossenschaft der Perückenhersteller ...«

Das Leben überrascht uns immer wieder aufs neue und geht dabei auch manchmal zu weit. Diesmal dauerte es ein Weilchen, bis ich die Sachlage begriffen hatte. Nachdem die Formalitäten geklärt waren, lud mich mein neuer Freund in ein nahe gelegenes Café ein, wo er sich als André Trowitsch, geschäftsführender Vorstand gleichnamiger Firma, zu erkennen gab.

Der aufmerksame Perückenmacher hatte Pepis Anti-Glatzenartikel im »Morgenstern« mit großer Anteilnahme gelesen, teils, weil das nationale Haarschutzproblem auch ihn seit längerem beschäftigte, teils, weil die neue Ideologie sich äußerst wohltuend auf die Perückennachfrage auswirkte.

»So etwas ist noch nicht dagewesen«, erklärte der Vorstand. »Früher wurden monatlich einige Dutzend Perükken bestellt, heute sind wir nicht mehr in der Lage, neue Bestellungen anzunehmen. Da meine Firma nur aus zwei Gesellschaftern besteht, dem Laufburschen und meiner Wenigkeit, weiß ich einfach nicht mehr ein noch aus.«

Ich ahnte, worauf er hinauswollte.

»Sie würden staunen, mein Herr, wer alles zu uns kommt. Aus den höchsten Kreisen gibt es Aufträge«, verriet Trowitsch. »Ich kann heute bereits jeden Preis für eine lebensechte graumelierte Perücke verlangen. Ein Riesengeschäft, denn es gibt zu viele erbärmliche Glatzköpfe in diesem unglücklichen Land.«

Jetzt mußte ich klug sein, denn eine solche Chance bietet sich nur zwei- oder dreimal im Leben. Mein Freund Trowitsch dürfte ähnliche Visionen gehabt haben, bevor er versuchte, mit Pepi Kontakt aufzunehmen. Bis ins Café »Hopp«, wo der Große Schomkuthy residierte, war er zwar vorgedrungen, doch dann war er vom unüberwindlichen Oberkellner gestoppt worden.

»Außerdem wagte ich nicht«, gestand mir der Perükkenmacher, »einen glühenden Idealisten wie den Herrn Chefredakteur mit Fragen des schnöden Mammons zu behelligen. Er hätte mich doch glatt vor die Tür gesetzt.«

»Sie haben völlig richtig gehandelt«, versicherte ich dem taktvollen Unternehmer. »Ein Schöngeist wie mein Freund hätte Sie ohne zu zögern aus dem Lokal werfen lassen. Der Mann schwebt in höheren Sphären.«

»Gewiß«, gab Trowitsch zu. »Aber Sie, Herr Flinta, Sie

können mir in dieser heiklen Angelegenheit vielleicht helfen. Betrachten Sie das bitte, bei Gott, nicht als Bestechung.«

Ich versuchte es, doch gelang es mir nicht so recht. Wie auch immer, ich hatte plötzlich das Gefühl, einen Freund gewonnen zu haben.

»Ich werde mit Schomkuthy sprechen, lieber André«, sagte ich. »Aber ich kann dir noch gar nichts versprechen.«

»Ich bitte dich«, beschwichtigte Trowitsch. »Herr Chefredakteur Schomkuthy darf in seiner Kampagne gegen die glatzköpfigen Schufte nur ja nicht gestört werden. Solange jedoch die Konjunktur anhält, wird meine Firma sich für deine Hilfe erkenntlich zeigen.«

Nach einer langwierigen, aber sehr offen geführten Verhandlung kamen wir dann überein, daß mir mit einer Probezeit von sechs Monaten 12,5 Prozent der Bruttoeinnahmen des Perückenunternehmens ausbezahlt würden, bar auf die Hand, auf Treu und Glauben und nach Steuern, versteht sich.

Vorstand Trowitsch war ein aufrichter und selbstloser Mann, es tat richtig gut, mit ihm Geschäfte zu machen. Wir besiegelten den Abschluß mit einem Handschlag und nahmen herzlich Abschied voneinander.

»Laß das alles nur meine Sorge sein«, sagte ich, während ich den bescheidenen Vorschuß einsteckte. »Aber zu niemandem auch nur ein Wort über unsere Übereinkunft. Und schon gar nicht zu meinem Freund Schomkuthy. Sonst schlägt er dich kurz und klein mit seinen sauberen Händen.«

Damit entließ ich ihn aus meiner väterlichen Obhut.

Es war ein besonders erfreuliches Rendezvous gewesen.

Allmählich kam die Sache in Fahrt.

Mein grandioser Einfall, daß Pepi dem kahlen Politzer eins auswischen sollte, trug erste Früchte, finanzielle wie moralische.

In dieser Zeit reifte ich aber auch geistig. Ich hatte zwar wie das blinde Huhn mein Körnchen gefunden, aber ein Körnchen an Wahrheit steckte auch in der Glatzenfrage. Es gibt keinen blinden Zufall.

Die Faustregeln der Haarfrage beherrschten die meisten Bürger inzwischen im Schlaf, dank Pepi und dank der freien Presse. Ich aber hatte mir nach wie vor meine eigene Objektivität bewahrt. Nicht alle Glatzköpfe sind gleich widerwärtig, dachte ich, es gibt auch welche, die ganz in Ordnung sind, vor allem jene, die noch ein paar Haare auf dem Kopf hatten.

Trotz der glatzenfeindlichen Stimmung im Land waren insgeheim viele der gleichen objektiven Meinung wie ich, und nach dem ersten Sturm versiegten die endlosen Diskussionen allmählich. Es machte sich langsam eine gewisse Gleichgültigkeit breit.

Dann aber geschah etwas, das den Gegnern des Glatzentums in die Hände spielte.

Es war ein strahlend schöner Vormittag.

Ich war gerade fertig angezogen und sorgfältig gekämmt, als an der Wohnungstür Sturm geläutet wurde. Ich öffnete selbst, denn die Witwe sprach zur Zeit nicht mit mir. Die Klatschbase Arthur Molnar hatte ihr nämlich im Hausflur gesteckt, daß der gefeuerte R. F. des denkwürdigen Feuilletons in Wahrheit ihr geschätzter Untermieter sei.

»So nicht, Herr Flinta«, war Frau Schick daraufhin in meine schlichte Stube gestürzt. »Schämen Sie sich nicht, sich von einer Dame aushalten zu lassen? Warum haben Sie mir das nicht gesagt?«

»Weil Sie mich nicht danach gefragt haben, Gnädigste«, antwortete ich wahrheitsgemäß. »Und eigentlich haben Sie mir ja mein eigenes Geld gespendet, und davon auch nur die Hälfte.«

Die Witwe strafte mich mit einem verächtlichen Blick, war aber sichtlich erleichtert, daß sie ihren Konflikt mit dem heiligen Antonius friedlich beilegen und den Rest meiner Miete behalten konnte.

Inzwischen wurde die Eingangstür fast eingetreten. Ich öffnete und erstarrte vor Schreck. Vor mir stand ein junger Hüne mit dem Gesichtsausdruck eines Boxers, der gerade die zwölfte Runde erreicht hat.

»Sind Sie Rudolf Flinta?« erkundigte sich der junge Mann, was ich hilfslos bejahte. Daraufhin bohrte er mir zwei Finger in die Brust und schubste mich in mein Zimmer, ohne daß ich ihn hereingebeten hätte.

Ich protestierte, so gut es ging.

»Schnauze«, winkte der Eindringling ab. »Ich bin Lizzis großer Bruder.«

Daß er groß war, hatte ich schon bemerkt, aber es freute mich ganz und gar nicht. In der Schule hatten wir einander zwar gern mit der Drohung geschreckt »Warte nur, ich sag's meinem großen Bruder«, daß es diesen großen Bruder aber wirklich gab, darauf wäre ich nie gekommen.

»Hören Sie«, sagte ich mannhaft, »Ihre Schwester hat mir immerhin empfohlen, mich am nächstbesten Baum aufzuhängen.«

»Meine Schwester? Wann haben Sie denn mit ihr gesprochen?«

»Nicht mit ihr …«

»Mit wem dann?«

Ich Dummkopf! Natürlich, ich hatte mit dem hinterhältigen Glatzkopf gesprochen. Wie hatte ich nur annehmen können, daß die sanfte, reizende Schwester dieses aufrechten Jünglings …

Mir stockte der Atem. Das war gründlich daneben gegangen. Nach dem denkwürdigen Telefongespräch hatte ich mich nämlich dermaßen über das Mädchen geärgert, daß ich ihr einen Brief zukommen ließ. »Meine Gute«, hatte ich mir darin Luft gemacht, »ein verhungertes Suppenhuhn wie Sie bekomme ich noch alle Tage.«

Noch ein Glück, daß das unschuldige Mädchen mir nur einen einzigen Bruder auf den Hals schickte.

Der junge Mann schüttelte mich aus meiner Jacke.

»Ich werde dir beibringen, Elender, wie man Briefe schreibt«, schmetterte er mir entgegen und stemmte mich in die Höhe. »Niemand nennt meine Schwester ungestraft ein verhungertes Suppenhuhn!«

Ich nahm meinen ganzen Mut zusammen, entschlossen, meine Ehre bis zum letzten Atemzug zu verteidigen.

»Ich habe Ihrer verehrten Schwester nie im Leben auch nur eine Zeile geschrieben«, behauptete ich kühn.

Ich dankte meinem Schutzengel, daß er mich davor bewahrt hatte, den Brief zu unterschreiben.

Der Bruder hob seine buschigen Brauen, ohne mich loszulassen.

»Du hast diesen Brief also nicht geschrieben. Wer dann?«

»Keine Ahnung.«

Er schüttelte mich von neuem.

»Der Pepi war es«, schrie es da aus mir heraus. »Er wollte Ihre reizende Schwester in den entzückenden Popo kneifen, da hat sie ihn natürlich abgewiesen, und nun wollte der Schuft sich rächen ...«

Ich hatte nur Gerechtigkeit geübt. Auch Pepi hatte schließlich ganz schön gelogen, als er vor Gericht angab, ich hätte den Hetzartikel gegen Politzer verfaßt. Er hat schließlich angefangen. Jetzt waren wir quitt.

Der junge Mann stellte mich langsam auf meine Füße.

»Pepi«, wiederholte er nachdenklich. »Das könnte stimmen, Lizzi hat da irgend etwas erzählt ...«

»Er hat sogar damit geprahlt, daß Lizzi sich den Brief nicht hinter den Spiegel stecken würde.«

Jetzt konnte ich meinem Freund nicht mehr helfen. Jeder ist schließlich selbst seines Glückes Schmied. Und so einem großen Bruder muß man einfach die Wahrheit sagen.

»Und wo finde ich diesen Pepi?« insistierte der junge Hüne. »Raus mit der Sprache.«

Er regte sich schon wieder so schrecklich auf. Ich ließ ihn aus sicherer Entfernung wissen, daß Pepi seine Vormittage als Josef Schomkuthy hinter einer Schnapsflasche im Café »Hopp« totzuschlagen pflege.

Der große Bruder bat mich noch um Verzeihung, die ich ihm gnädig gewährte, und zog ab wie eine Rakete.

Und so nahmen die Dinge ihren natürlichen Lauf.

Sobald dieser Alptraum auf zwei Beinen mein trautes Heim verlassen hatte, klaubte ich mich zusammen und eilte hinauf zum Molnarschen Telefon. Ich konnte doch meinen besten Freund nicht ins Unglück laufen lassen.

»Rasch, bring dich in Sicherheit«, würde ich Pepi warnen. »Ein tobendes Ungeheuer ist dir auf den Fersen, er ist gerade aus dem Irrenhaus entkommen, redet wirres Zeug über irgendwelche Briefe, lauf, lieber Pepi, lauf ...«

Natürlich telefonierte die alberne Frau Molnar. Während einer geschlagenen viertel Stunde schnatterte sie mit irgendeiner blöden Freundin, obwohl ich voll Verzweiflung mit den Händen fuchtelte. Die gefühllose Person merkte rein gar nichts von der herannahenden menschlichen Tragödie. Endlich legte sie auf. Mit zitternden Fingern wählte ich die Nummer des Café »Hopp«. Es schien mir wie eine Ewigkeit, bis jemand abhob.

»Hallo«, brüllte ich in den Hörer. »Den Schomkuthy, sofort!«

»Das geht leider nicht«, antwortete man am anderen Ende. »Der Arzt ist bei ihm …«

Mein Gott, was war geschehen?

Nur mühsam vernahm ich den ganzen Sachverhalt, denn im »Hopp« war noch immer der Teufel los. Ungefähr drei Minuten vor meinem Anruf war ein hünenhafter junger Mann hereingestürmt, hatte vor dem Oberkellner haltgemacht und sich erkundigt, wo er einen gewissen Schomkuthy fände. Den nachfolgenden Wortwechsel beendete der junge Mann mit einem fulminanten Fausthieb, der den Oberkellner niederstreckte. Nun war der Weg zu Pepi frei. Mit dem Ausruf »Das für den Brief, du Perversling« versetzte besagter Hüne dem Chefredakteur rechts und links je zwei gewaltige Ohrfeigen und verließ das Café, ohne etwas konsumiert zu haben.

Pepi hatte zwei Zähne eingebüßt, die anderen wackelten ein wenig. Man lieferte ihn ins St. Jolantha-Krankenhaus ein.

Ich bedankte mich erleichtert für die freundliche Auskunft. Immerhin war mein Freund wider Erwarten recht glimpflich davongekommen. Daß von dem jungen Hünen jede Spur fehlte, beruhigte mich außerordentlich.

Noch am gleichen Nachmittag besuchte ich Pepi mit einem niedlichen kleinen Blumenstrauß. Den hatte er sich verdient. Im Nebenbett lag eine bandagierte Person, die sich bei meinem Eintritt mühevoll aufrichtete und mit ersterbender Stimme krächzte:

»Ich habe die Weisung ... jeden vom Herrn Chefredakteur ... fernzuhalten ...«

Da es sich offenbar um den Oberkellner handelte, ging ich ruhig weiter, woran er wiederum mich erkannte.

Der arme Pepi lag in seinem Bett, eingegangen wie eine Mohnblume im Hochsommer und schilderte mir immer wieder bis ins kleinste Detail, wie weh ihm alles täte, wie geschockt er wäre und um wie vieles größer, kräftiger und nüchterner sein Angreifer gewesen wäre. Er war mir sehr dankbar dafür, wie gut ich ihm seinen Leidensweg nachfühlen konnte.

»Das kann nur ein Racheakt gewesen sein«, zischte der alte Junge geschickt durch seine Zahnlücke. »Mein einziger Trost ist, daß der kahle Gonzalez das Attentat morgen ganz groß bringen will. Ach«, stöhnte mein Freund, »wenn ich bloß wüßte, wer dieses Miststück war ...«

Ich sag's ihm sicher nicht, hatte ich längst beschlossen. Ich nahm mir statt dessen vor, gleich nach meinem rührenden Abschied von Pepi, die kleine Lizzi anzurufen. Natürlich war wieder Politzer dran, doch diesmal ließ ich mich nicht reinlegen. Ich verstellte meine Stimme, und er holte brav das Mädchen ans Telefon.

»Rudi, ach Rudi«, schluchzte sie in den Hörer. »Gerade

habe ich erfahren, was Micha, dieser wilde Junge, mit Ihrem ordinären Freund gemacht hat. Ich habe ja gleich gesagt, so einen gemeinen Brief hätte ein Rudolf Flinta niemals geschrieben. Aber Sie waren doch wie vom Erdboden verschwunden, und die Schrift war so täuschend ähnlich ...«

»Lizzi«, sagte ich leise, »liebe kleine Lizzi.«

»Ich hätte Sie nicht im Traum verdächtigen dürfen«, flüsterte das Mädchen. »Doch sagen Sie mir, Rudolf, was wird Ihr Freund jetzt tun?«

»Das ist ja das Problem. Pepi kann sehr böse werden, wenn man ihn reizt. Micha soll sich so lange nicht zeigen, bis Gras über die Sache gewachsen ist.«

»Sie sind ein Schatz, Rudi«, hauchte Lizzi in den Hörer. »Wie Sie sich um meinen Bruder sorgen, das werde ich Ihnen nie vergessen. Unter Ihrer rauhen Schale steckt ein empfindsamer Kern.«

Es lohnt sich, Gutes zu tun. Ein nie gekanntes Gefühl der Wärme durchströmte mich, ich hatte plötzlich das dringende Verlangen, der Energiequelle ganz nahezukommen.

»Liebe Lizzi«, flötete ich. »Hätten Sie heute abend Zeit, mit mir zu speisen?«

»Wenn es Ihr Terminkalender erlaubt, komme ich gern, lieber Rudi.«

Dieses »lieber Rudi« klang in meinen Ohren wie Engelsmusik. Ich beschloß, mich sofort in sie zu verlieben und heute abend noch den Generalangriff zu wagen. Ich würde sie an mich ziehen und mit meinem männlichen, vielfach erprobten Schlafzimmerblick … ach, was soll's, schließlich mache ich das nicht zum ersten Mal.

Gegen Abend zog ich mein schönstes Sakko an und band mir die preiswerte Krawatte um, die ich am Nachmittag von meinem ersten Perückengeld gekauft hatte. Mein Wohlstand hatte inzwischen solche Ausmaße angenommen, daß ich mir erlauben konnte, vier nagelneue Schuhspanner zu kaufen, sogar mit Schuhen.

Als ich vor das Haus trat, spürte ich, es lag etwas in der Luft. Sonst war es um diese Zeit bereits ruhig auf der Straße, Familien und Paare saßen gemütlich beim Abendbrot zusammen. Heute aber bot sich ein völlig ungewohntes Bild. Die Straßen waren voll, erregte Passanten debattierten, laute Stimmen waren zu hören, und kein einziger Glatzkopf war zu sehen. Zeitungsjungen flitzten durch die Straßen und boten die Sonderausgabe des »Morgenstern« an:

»Riesenskandal! Heimtückischer Glatzenüberfall auf Schomkuthy im Café ›Hopp‹! Schomkuthy fiel Glatzenterror zum Opfer! Das Jahrhundertverbrechen!«

Der »Morgenstern« war in Sekundenschnelle ausverkauft. Ich hatte gerade noch eine Ausgabe ergattert und überflog die Titelseite.

> »Heute vormittag«, stand unter einem 20 Jahre alten Foto von Pepi, »haben sich Dinge ereignet, die jeden verantwortungsbewußten Patrioten aufrütteln müssen. Noch hält die Bevölkerung still, doch ein Wutschrei liegt unseren Bürgern bereits

auf den Lippen, und das Unheil braut sich über den Parasiten der Nation, den Glatzköpfen, zusammen.

Das Glatzentum, das bisher aus dem Hinterhalt listig beobachtet hat, wie unsere Kahlkopfforscher ihr wahres Gesicht enthüllten, hoffte auf die Gunst der Stunde. Jetzt meinten sie, jetzt sei der Zeitpunkt gekommen, den geistigen Führer einer haarreinen Gesellschaft, den Stolz unseres Landes und unserer Zeitung, die lebende Legende Josef Schomkuthy jun., kaltzustellen. Der Starjournalist, der landauf, landab zu einem Inbegriff geistiger Moral geworden ist, saß gerade über einen Artikel gebeugt bei seinem morgendlichen Fruchtsaft im Café ›Hopp‹, als aus einer geschlossenen Limousine fünf maskierte Banditen ins Café eindrangen. Das Glatzenkommando entdeckte Schomkuthy in einem Nebenraum und fiel über ihn her, ehe jemand zu Hilfe eilen konnte. Ein Koloß von einem Kahlkopf, offenbar der Boß der Bande, kreischte: ›Los Jungs, machen wir kurzen Prozeß mit dem buschigen Haarkünstler!‹

Mit einem kühnen Satz versuchte Eugen, ein Oberkellner, sein Idol mit dem eigenen Leib zu schützen, doch er konnte gegen die Übermacht nichts ausrichten und wurde mit einem Totschläger zu Boden gestreckt.

Inzwischen kämpfte Schomkuthy heroisch mit dem bewaffneten Glatzkopfkommando. Mit einem einzigen Schlag streckte er den Boß nieder, packte ihn beim Fuß, und ihn über seinen Kopf schwingend, gelang es ihm für eine kurze Weile, dem Gesindel Einhalt zu gebieten. Dann aber stürzte sich die Meute auf ihn und schlug ihn mit den Kolben ihrer Maschinenpistolen bewußtlos.

Nach seiner feigen Tat flüchtete das Glatzenkommando spurlos in einem gepanzerten Wagen. Josef Schomkuthy jun. und der heldenhafte Oberkellner wurden sofort ins Krankenhaus gebracht. Schomkuthy befindet sich zwar noch in Lebensgefahr, doch es besteht kein Grund zur Besorgnis. Der Zustand des Oberkellners Eugen dagegen ist ernst. Wir werden, sollte das Schlimmste geschehen, einen Märtyrer der Haarschutzidee betrauern.

Die Ermittlungen laufen inzwischen auf Hochtouren, doch das allein wird nicht reichen, die erregten Gemüter zu beschwichtigen. Der ›Morgenstern‹, der immer für Recht und Wahrheit eintrat, fordert alle ehrlichen Bürger auf, weitere Anschläge des Glatzentums zu vereiteln und im Ernstfall erbarmungslos zurückzuschlagen. Heute war Dr. Schomkuthy an der Reihe, morgen können Sie, verehrte Leser, es sein, wenn Sie, wie die Opfer des heutigen Tages, zu den Behaarten zählen.

Wer sich um die eigene Sicherheit und die seiner Nächsten sorgt, sollte ständig auf dem laufenden sein. Ein Abonnement des ›Morgenstern‹, des Zentralorgans der Haarschützer, macht es möglich. Das Abonnement kostet Sie nur 60 Kronen im Halbjahr, 118 Kronen im Jahr.

Wir fordern Rache für Schomkuthy!
Nieder mit dem verräterischen Glatzentum!«

Ich las den Bericht schmunzelnd. Anderen Passanten war offenbar nicht zum Lachen zumute.

»Das letzte Wort in der Glatzenfrage ist noch nicht gesprochen«, entrüstete sich ein blonder Jüngling neben mir. »Das Attentat hat mir die Augen geöffnet. Fünf gegen einen, das ist wirklich nicht fair.«

»Was haben Sie von Glatzköpfen denn anderes erwartet«, bemerkte ein Mann mit gerötetem Gesicht. »Anstatt still zu sein und sich zu verstecken, provozieren sie uns jetzt. Sind diese Leute noch zu retten?«

»Sie wagen sich gar nicht mehr auf die Straße«, frohlockte eine Oma und hielt ihr Enkelkind fest an der Hand. »Das sind vielleicht Helden.«

»Die sollen ja nicht aus ihren Löchern kriechen«, drohte der Blonde, »sonst schlag ich sie windelweich.«

Ich dachte an mein Perückenprojekt und daß ich endlich den Führerschein machen sollte, denn wenn sich die Dinge so weiter entwickelten, würde ich mir bald ein Auto leisten können. Ich beeilte mich, zur Straßenbahn zu kommen, um nicht das Rendezvous mit Lizzi zu versäumen, doch schon nach wenigen Schritten wurde ich von Dr. Schwanz aufgehalten. Mit Grabesstimme befand der Steuerexperte:

»Da hört jeder Spaß auf, Herr Flinta. Mein aufrichtiges Beileid zu dieser Tragödie, die Dr. Schomkuthy da widerfahren ist. Ich bin entrüstet.«

Ich nahm Anteilnahme wie Entrüstung eilig entgegen.

»Arthur Molnar und ich machten gerade gemeinsam unseren Abendspaziergang«, fuhr Dr. Schwanz fort, »um unsere erhitzten Köpfe ein wenig abzukühlen. Wir sprachen darüber, daß uns der Briefträger Sorgen macht. Stellen Sie sich nur vor, heute nachmittag haben wir Gagay dabei erwischt, wie er für Hawlitschek einkaufen ging.«

Hawlitschek, der von der Sozialhilfe lebte, war ein ausgedienter Unteroffizier, der im Dachgeschoß unseres Hauses ein Zimmer bewohnte. Er saß den ganzen Tag Pfeife rauchend vor seiner Fensterluke. Daß er überhaupt noch am Leben war, bemerkten wir nur, wenn er gegen Mittag zum Greißler trottete, um sich ein halbes Kilo Brot und ein Viertel Kilo Paprika zu kaufen. Heute hatte er es offenbar wegen der Stimmung auf der Straße nicht gewagt, sein Zimmer zu verlassen, schließlich besaß er fast kein Haar mehr. Vermutlich hatte er deswegen Gagay gebeten, die Besorgungen für ihn zu erledigen.

»Wir sahen also Gagay«, fuhr Dr. Schwanz fort, »wie er ohne Bedenken die Taschen von Hawlitschek schleppte. Da konnte ich mich nicht mehr beherrschen. ›Schämen Sie sich denn gar nicht, diese Glatzkopfterroristen auch noch zu bedienen?‹ rief ich ihm von der anderen Straßenseite her zu. Da grinste der alte Trottel und behauptete, gar nichts sei passiert, außer daß ein junger Mann dem Schomkuthy ein paar Ohrfeigen verpaßt hätte. Ich will Sie nicht weiter mit den Lügenmärchen des Alten langweilen, Herr Flinta, aber jetzt treiben die Glatzköpfe schon ungeniert ihr Spiel mit uns und mißbrauchen vor unseren Augen anständige Menschen für ihre schmutzigen Geschäfte.«

Wenig später ratterte die Straßenbahn mit mir und Lizzi zu einem kleinen Gasthaus im Grünen, das ich besonders gerne bei jedem ersten Rendezvous mit einer neuen Flamme aufsuchte. Die Straßenbahn war gesteckt voll, und so mußten wir uns dicht aneinanderdrängen, was mir angesichts meiner weiteren Pläne gar nicht unangenehm war. Lizzis strahlende Augen ruhten auf meiner männlichen Gestalt und meine Arme auf ihren weiblichen Hüften.

So eine Fahrt in der Straßenbahn kann die Lebensphilosophie eines Mannes binnen weniger Minuten völlig verändern. Ein Blick auf den Mund meines süßen Mädels machte mir schlagartig klar, wie schön das Leben manchmal sein konnte. Es ist alles nur eine Frage der geistigen Parameter, oder wie man das nennt.

Lizzi bemerkte sofort meine ungewohnte Eleganz und mein entschlossenes Auftreten. Ich deutete an, daß dies mit meiner wachsenden Bedeutung zusammenhing, zog ich doch aus dem Hintergrund die Fäden eines der größten Finanzunternehmen im Lande. Doch hütete ich mich, die Perückenbranche namentlich zu nennen, da ich nicht genau wußte, was sie von der Glatzenfrage hielt.

»Der Artikel über Politzer und Sie konnte noch als Dummerjungenstreich durchgehen«, schnitt Lizzi das heikle Thema an, »seit kurzem aber lügt der ›Morgenstern‹ so frech, daß man sich als anständiger Bürger dafür schämen muß.« Lizzi wurde plötzlich leiser. »Aus meinem Bruder macht Ihr lächerlicher Freund sogar fünf kahlköpfige Banditen. Ich sage Ihnen, Rudolf, die ganze Glatzenfrage ist ein großer Quatsch.«

Da drehte sich ein dicker Mann mit Dreitagebart und in blauem Arbeitskittel zu uns herum: »Na, na, meine Liebe«, zwinkerte er Lizzi zu, »nur kein leichtfertiges Vorurteil. So ein feines Fräulein wie Sie hat wahrscheinlich selten mit Glatzköpfen zu tun. Aber fragen Sie einmal jemanden, der sein täglich Brot mit seiner eigenen Hände Arbeit verdienen muß.«

Es war ganz still geworden im Waggon. Wer konnte, blickte angelegentlich aus dem Fenster.

»Anscheinend gibt es zu viele Glatzköpfe in dieser Straßenbahn«, der Stoppelbärtige blickte mißbilligend um sich und fuhr fort: »Nehmen Sie mich, Fräulein. Ich habe eine Mechanikerwerkstatt am Heumarkt, im ersten Stock, weil ich keine Werkstatt im Erdgeschoß bekomme. Jedes verdammte Motorrad muß ich eigenhändig hinaufschleppen, wenn ich daran arbeiten will. Ist das vielleicht ein Leben?«

»Nein«, antwortete ich, denn es schien mir nicht der rechte Moment, ihm zu widersprechen. »Gibt es denn keinen Aufzug im Haus?«

»Natürlich gibt es den, aber der Hausmeister verbietet mir, ihn zu benutzen«, ereiferte sich der Mechaniker. »Und warum? Weil er keine Haare hat.«

»Entschuldigen Sie«, sagte ich, »wir müssen aussteigen.«

Wir bahnten uns den Weg zur Tür und beeilten uns, die Straßenbahn zu verlassen, da uns der Unrasierte folgte. Lizzi, mitleidig wie sie nun einmal war, hatte sich seine Worte zu Herzen genommen.

»Warum schenkt man den armen Leute nicht reinen Wein ein«, fragte sie. »Gibt es denn niemanden, der endlich den Mund aufmacht und sagt, daß dieser Haarschutz der reine Schwachsinn ist?«

Darüber hatte ich mich auch schon gewundert. Bisher hatte nur der »Morgenstern« die Anti-Glatzenkampagne aufgegriffen, während die anderen Zeitungen sich nach wie vor in Schweigen hüllten. Nur in der »Scheibe« hatte Professor Wind von neuem protestiert und die Glatzenfrage als Ausgeburt der kranken Phantasie einer zerrütteten Gesellschaft bezeichnet. Doch die Ausgabe wurde auf Anordnung des Innenministeriums beschlagnahmt und eingestampft, angeblich weil ein anderer Artikel das harte Los der Landarbeiter beklagte und die Regierung dahinter einen Akt der Volksverhetzung vermutete.

Mit Lizzi sprach ich nicht mehr über die Glatzenfrage, obwohl mir klar war, daß ich sie eines Tages über meine

Rolle würde aufklären müssen. Aber im Augenblick lief alles zu gut zwischen uns.

Im Garten der Wirtschaft hatte man uns ein lauschiges Plätzchen reserviert. Die dicht bewachsene Laube schützte uns wie ein Chambre séparée vor neugierigen Augen und Ohren.

Schon nach dem ersten erfrischenden Bierchen löste sich Lizzis Zunge, und sie erzählte mir dieses und jenes aus ihrem Alltag. Sie beklagte sich über Politzer, der mit ihr nur das Nötigste spräche. Vermutlich hätte der Glatzkopf mitbekommen, daß wir uns trafen.

Im Laufe des Gesprächs waren wir einander immer näher gekommen, und ich konnte es wagen, ihre niedlichen kleinen Ohren zu küssen.

»Politzer kann uns den Buckel herunterrutschen«, flüsterte ich ihr zu. »Ich werde bald eine tüchtige Sekretärin brauchen ...«

Kurz vor dem ersten richtigen Kuß wurden wir durch ein heftiges Getümmel aufgeschreckt. Unter dem schwachen Lichtbogen einer der Laternen, die den Tanzboden in der Mitte des Gartens beleuchteten, rangen zwei Gestalten miteinander. Die eine war unser inzwischen volltrunkener Motorradmechaniker, die andere ein eleganter älterer Herr mit Glatze.

»Denkst du vielleicht, du kannst deinen Kahlkopf in der Laube verstecken«, brüllte der Mechaniker, während er dem alten Herrn ein Bein stellte, daß er hinfiel. »Wenn's nach dir ginge, sollte ich wohl mein Leben lang Motorräder hinaufschleppen, was?«

»Bitte«, winselte der alte Herr, »ich habe Sie noch nie gesehen. Zu Hilfe!«

»Ich soll Motorräder schleppen, nicht wahr?« steigerte sich der Stoppelbärtige immer mehr in Rage. »Schleppen, nicht wahr? Schleppen, schleppen, schleppen, nicht wahr?« Und jedesmal, wenn er »Schleppen, nicht wahr?« sagte, schlug er den kahlen Kopf des alten Herrn gegen das Tanzparkett.

Inzwischen hatte sich das ganze Lokal um die Raufenden geschart.

»Da hast du's«, griff ein junger Mann in das Getümmel ein und stieß den Glatzköpfigen, daß er einem schmächtigen Herrn mit Jagdhut vor die Füße rollte.

»Holla, Glatzköpfchen«, meckerte der Schmächtige. »Überfälle in Kaffeehäusern machen riesigen Spaß, was?«

Mit einem Stock versetzte er dem alten Herrn einen Hieb auf die Nase, worauf dieser mit einem heiseren Schrei nach der Polizei verlangte. In dieser Gegend gab es natürlich weit und breit keine Streife, und die Kellner hüteten sich einzugreifen. Und so verhallte das Gejammer ungestört in der lauen Sommernacht.

Lizzi schmiegte sich ängstlich an mich:

»Rudi«, flehte sie mich an, »tu doch etwas, ich bitte dich …«

Auch ich hatte schon daran gedacht, mich an dem Spaß zu beteiligen, aber der alte Herr hatte auch so schon genug. Ich war schließlich kein Unmensch. Beschwichtigend streichelte ich Lizzis Locken:

»Keine Angst, meine Kleine, uns kann nichts passieren. Wir sind ja keine Glatzköpfe.«

Doch das Mädchen weinte nur um so heftiger wie alle Frauen, wenn sie nicht weiter wissen. Vom Kampfplatz her ertönte ein letztes »Schleppen, nicht wahr?«, und der Kopf des Alten fiel leblos nach hinten. Die Sieger verließen die Stätte ihres Triumphes und kehrten zufrieden an ihre Tische zurück. Ein Kellner und ein freiwilliger Helfer erbarmten sich des bewußtlosen Alten und betteten ihn in die Laube neben uns.

»Wir müssen seine Angehörigen benachrichtigen«, hörten wir, »ein Arzt muß her. Wer ist denn eigentlich der Unglückliche?«

»Keine Ahnung«, antwortete der Kellner. »Er trifft sich hier öfter mit einer jungen Schauspielerin. Wahrscheinlich hat er auch heute auf sie gewartet.«

»Da ist ja seine Visitenkarte«, erscholl es aus der Laube. »Da steht Hugo Gonzalez, Herausgeber des ›Morgenstern‹.«

Am nächsten Vormittag hatte ich mir eine Besichtigung der Trowitschschen Perückenbetriebe vorgenommen, um die Bruttoeinnahmen, von denen mir bescheidene 12,5 Prozent gehörten, persönlich zu kontrollieren.

Als ich aus meinem Zimmer trat, stellte sich mir meine Vermieterin in den Weg.

»Mit Ihnen rede ich kein Wort«, sagte Frau Schick

eisig. »Ich möchte nur wissen, wie es dem Herrn Chefredakteur geht. Ich habe die ganze Nacht für ihn gebetet. Daß ein Gelehrter so enden muß«, schluchzte die gute Frau, »einer, der sich mit Leib und Seele für seine Nächsten eingesetzt hat. Unser Herr wird ihn dem Leben wiedergeben und nicht zulassen, daß die Schlechten recht bekommen. Ach, warum hat der Herr bloß die Glatzköpfe geschaffen.«

Ich beruhigte die Witwe, ihre Gebete würden schon Gehör finden und Pepi das Krankenhaus so frisch und munter verlassen, als wäre nichts passiert. Frau Schick überreichte mir daraufhin eine St. Livia-Medaille für Pepi, nickte kühl und ließ mich stehen.

Ich machte mich endlich auf den Weg und bog kurz darauf in die Mode-Passage ein, wo sich die Firma von Trowitsch befand. Zu meiner angenehmen Überraschung hatte sich der Betrieb inzwischen bis in die umliegenden Gebäude ausgebreitet. An der Häuserfront verkündeten frischgedruckte Plakate: »Lebensechte Perücken in nur 24 Stunden! Völlige Diskretion! Fertigung auch aus eigenem Material! Das Tragen von Perücken ist kein Luxus mehr, es ist erste Bürgerpflicht!«

Ich war gerade in die Bewunderung der Plakate versunken, als sich die Tür des Hauptgebäudes öffnete und mein lieber Nachbar Arthur Molnar heraustrat. Sein Kopfhaar war so üppig wie das der Loreley in ihrer Glanzzeit. Er wurde rot wie reifer Paprika.

»Wie geht es denn Schomkuthy?« fragte er im Vorbeieilen. »Ich mache mir große Sorgen um ihn, adieu.«

Dabei rückte er seine Perücke zurecht, die offenbar noch nicht so ganz perfekt saß.

Vergnügt betrat ich die Firma.

Ich plauderte eine Weile mit Trowitsch, der mir voll Enthusiasmus erzählte, daß er zehnmal soviel Arbeiter beschäftige wie in den trostlosen alten Zeiten, als ein einsamer Laufbursche noch ganz allein alles erledigte. André wurde nicht müde, Pepis bewundernswertes Engagement, die Wahrheitsliebe und überzeugende Logik in seinen glatzenkritischen Artikeln zu preisen.

»Noch ein paar Enthüllungen dieser Art, Rudolf«, versicherte er mir, »und wir sind am Ziel. Auch das schreckliche Attentat auf Herrn Schomkuthy kam uns wie gerufen. Und weißt du, was der neueste Schrei ist? Wir verkaufen jetzt nicht mehr eine Perücke allein, sondern gleich ganze Perückenfamilien mit spärlichem, dichterem und üppigem Haar. So erwecken unsere geschätzten Kunden den Eindruck, als wäre auf ihrem Kahlkopf neues Haar gewachsen.« Und er flüsterte mir grinsend ins Ohr: »Dafür, daß die Perücken nach einem halben Jahr die Haare verlieren, kann ich nun wirklich nichts. Unter uns gesagt, eine Perücke ist doch der reine Schwindel. Betrug muß schließlich bestraft werden, nicht wahr?«

Voller Optimismus machte ich mich an die Prüfung der Bücher. Dank meiner buchhalterischen Kenntnisse, die ich mir bei dem Glatzkopf Politzer angeeignet hatte, konnte ich André auf mehrere bedauerliche Rechenfehler aufmerksam machen. Dann zeichnete ich das Ergebnis ab und entnahm meinen wohlverdienten Anteil.

Noch nie zuvor hatte ich so wenig gearbeitet und so viel Geld verdient. Ich war zufrieden mit mir und meiner Geschäftstüchtigkeit. Nach einigen aufmunternden Worten für den geknickten Trowitsch, verließ ich die Stätte meines Wirkens und machte mich auf den Weg zu Dr. Schwarzkopf. Ich mußte mit ihm das weitere Vorgehen im Politzer-Prozeß besprechen und den Gewerbeschein für meinen Haarwasservertrieb abholen.

Auf der Ringstraße kam ich am Verlagshaus des »Morgenstern« vorbei. Eine große Menschenmenge hatte sich dort versammelt und drängte sich um eine überdimensionale schwarze Anschlagtafel. Ich stellte mich zu den Schaulustigen und las:

»Der Zustand von Dr. Josef Schomkuthy gibt noch immer zu Besorgnis Anlaß.
Fieber derzeit 39,9°.
Pulsschlag schwach.
Um die offene Wunde gangränöse Mortifikation.
Nieder mit dem verräterischen Glatzentum!
Abonnieren Sie den Morgenstern!«

Von den Umstehenden hörte ich, sie wären schon seit den frühen Morgenstunden hier und hätten auf das ärztliche Bulletin gewartet. Die Treue, die diese einfachen Menschen ihrem Haarschutz-Propheten bezeugten, rührte mich. Ihre Worte kamen von Herzen.

»Wenn der Typ im Spital abkratzt«, bemerkte ein junger Offizier vor mir, »dann geht die Jagd auf die Scheißglatzen erst richtig los.«

Jemand zog von hinten an meinem Mantel. Ich drehte mich um und erblickte den Haarschutzpropheten höchstpersönlich.

»Da schau her«, begrüßte ich Pepi, »wie geht es deinem Gebiß?«

»Danke der Nachfrage«, antwortete mein Freund.»Ich bekomme eine Porzellanbrücke auf Rechnung des Cafés. Was sagst du übrigens zu dem Menschenauflauf? Ich habe mich in das Herz des einfachen Mannes gestohlen.«

Ich konnte Pepi schlecht widersprechen, wenn vom Stehlen die Rede war, außerdem war ich erschöpft und wollte endlich nach Hause. Er bat mich jedoch noch zu bleiben, ich würde sonst eine kleine Sensation verpassen.

»Den Gonzalez haben die Haarschützer gestern halbtot geschlagen«, flüsterte Pepi mir zu, während ich auf die kleine Sensation wartete. »Als ich heute morgen entlassen wurde, brachte man ihn gerade zum Röntgen. Er feuerte mich an Ort und Stelle. ›Oh Gott, was habe ich nur getan‹, wimmerte der alte Glatzkopf. Ich tätschelte seine frischen Beulen. ›Gonzalez‹, sagte ich zu ihm. ›Zu spät. Das Rad der Geschichte ist nicht mehr zurückzudrehen.‹«

Pepi verstummte, denn in diesem Augenblick öffneten sich die Verlagstore, und Männer in grauen Overalls traten heraus. Sie nahmen das Bulletin von der Wand und verschwanden damit. Die Menge verharrte in Schweigen. Die Luft vibrierte vor Nervosität. Endlich kamen die Overalls wieder und schlugen eine neue Mitteilung an:

»An unsere Leser. Wir bedauern zutiefst, daß in der letzten Ausgabe unserer Zeitung eine Reihe verlogener Artikel abgedruckt wurde. Diese unerträglichen Pamphlete haben einige Mitbürger aufgeschreckt. Wir sahen uns jedoch durch unaufschiebbare kommunalpolitische Gründe zur Veröffentlichung veranlaßt. Dem Praktikanten Josef Schomkuthy wurde in der Zwischenzeit fristlos gekündigt, da seine Schmähschrift mit der Gesinnung dieses Blattes nicht vereinbar ist.

So bleibt uns nur, unsere Leser und Abonennten einmal mehr um Verständnis und Nachsicht zu bitten.

Die Redaktion«

Wenige Sekunden nur herrschte ratlose Stille. Dann aber erwachte das gesunde Volksempfinden, und ein kollektives Wutgeheul brach los. Die einfachen Leute fühlten sich getäuscht und verraten. Geballte Fäuste flogen in die Luft, und die Ringstraße hallte von Buhgeheul wider.

»Nieder mit den Halunken«, brüllte jemand hinter mir. »Jetzt lassen sie den schwerkranken Schomkuthy fallen. Nieder mit dem ›Morgenstern‹!«

»Bestechung«, schrillte eine mittelalterliche Dame. »Die sind von den Glatzköpfen gekauft!«

Schon flog der erste Ziegelstein in Richtung Verlagsgebäude und klirrte in ein Fenster. Aus allen Richtungen hagelte es schwere Gegenstände, und zu allem bereit strömte die aufgebrachte Menge zum Portal.

Der Verkehr war völlig zusammengebrochen, die Menschen hingen in Trauben an der wartenden Straßenbahn und genossen das kostenlose Schauspiel.

Ein junger Mann in kurzen Hosen löste sich aus der Menge, sprang auf eine Bank und formte seine Hand zum Trichter:

»Zu Schomkuthy ins Krankenhaus! Lassen wir unseren Helden in dieser schweren Stunde nicht allein! Nieder mit dem dreckigen Glatzenblatt!«

»Zu Schomkuthy ins Krankenhaus!« skandierte die Menge. »Wir zeigen es den Kahlköpfen. Ins Krankenhaus!«

Der junge Mann war inzwischen, ob vom Schnaps oder vor Begeisterung, von der Parkbank gefallen und blieb benommen auf dem Rasen sitzen. Die Menge feuerte noch einen letzten Steinhagel in Richtung »Morgenstern« und machte sich dann auf den Weg, ihrem Helden beizustehen.

»So ein Pech«, ärgerte sich Pepi. »Jetzt muß ich zurück ins Krankenhaus.«

»Reg dich nicht auf«, versuchte ich ihn zu beruhigen. »Laß doch diesen hysterischen Haufen tun, was er will.«

Aber Pepi war bereits in ein Taxi gesprungen.

»Hör mal«, rief er aus dem fahrenden Wagen, »sollten wir nicht vielleicht doch dieses Ding ins Leben rufen, von dem Professor Wind gesprochen hat?«

»Welches Ding?«

»Na, diese ›Vereinigung der Unbegabten‹ oder so ähnlich. Auf Haarschützerbasis. Machst du mit?«

Ich zuckte die Achseln:

»Von mir aus.«

# *Das Volk erwacht*

Bevor ich von meinen weiteren politischen Aktivitäten berichte, möchte ich die damalige Lage in meinem Vaterland skizzieren. Nur so können künftige Generationen verstehen, warum der Haarschutzidee ein so überwältigender Erfolg beschieden war.

Meine geliebte Heimat wurde zu jener Zeit von einer Art Oligarchie regiert. Einfacher ausgedrückt, die korrupte Regierung wurde zwar alle vier Jahre in freier demokratischer Wahl bestätigt, die abgetakelten Aristokraten besaßen aber trotz ihres spektakulären Sturzes immer noch das letzte Wort. Diese herrschende Schicht hatte zwar all ihre schönen Titel eingebüßt, nicht aber ihre riesigen Ländereien, Gruben und Banken und war nach wie vor voll des Stolzes auf die Porträts ihrer siegreichen Feldherren in ihren ungeheizten Ahnengalerien.

Wir waren schließlich weltweit berühmt für unsere militärische Tradition. Darum haben wir auch, wie in einschlägigen Geschichtswerken nachzulesen, fast jede bedeutsame Schlacht gewonnen. Wenn wir fast alle Kriege dann doch verloren haben, so lag das einzig und allein daran, daß hinter der Front die Moral der Zivilbevölkerung infolge der katastrophalen Niederlagen regelmäßig zusammenbrach.

Man kennt uns aber nicht wirklich, wenn man nicht weiß, daß der offizielle Schutzpatron unserer geliebten Heimat der heilige Antonius ist. Er steht uns bei von der Wiege bis zur Bahre und wird bei jeder nur erdenklichen Gelegenheit zu Hilfe gerufen. Ob jemand Oberregierungsrat werden will, das erklärte Lebensziel eines jeden erwachsenen Bürgers, oder ob er eine Gehaltserhöhung möchte, der heilige Antonius muß herhalten. Darum füllen wir als gute Christen auch brav unsere zahlreichen Kirchen, schließen uns voll Inbrunst den weihrauchgeschwängerten Prozessionen an und sind insgesamt ein Muster an Frömmigkeit und Nächstenliebe. Nur in diesem Geiste vermochte nämlich das Volk des heiligen Antonius die bittere Armut zu ertragen, besonders seit das Betteln strengstens verboten worden war.

Die christliche Nächstenliebe machte aber an den Grenzen unseres Landes unvermittelt halt, denn Patrioten sind wir ebenso leidenschaftliche wie wir tapfere Soldaten sind.

Die Regierenden taten das Ihre dazu, uns in Schulbüchern und Leitartikeln unermüdlich daran zu erinnern, daß jeder Fremde ein potentieller Feind war. Vor diesem Hintergrund war es kein Wunder, wenn die Fremden im In- und Ausland für alles herhalten mußten, was zu Hause schief lief.

Insgesamt ging es aber zu Hause ruhig und gemütlich zu, und wo man sich aufhielt, auf Galapartys, in den

Spielkasinos oder auf den Golfplätzen, herrschte eitel Sonnenschein. Und woanders verkehrten ohnehin keine besseren Leute.

Dies war die Stimmung in meinem geliebten Heimatland am Morgen der siegreichen Haarschutzbewegung.

Wo waren wir stehengeblieben?

Richtig, im Krankenhaus. Die aufgebrachte Menge nahm, nachdem die »Morgenstern«-Fenster eingeschlagen waren, direkten Kurs auf das St. Jolantha-Krankenhaus, um dem schändlich verratenen Josef Schomkuthy beizuspringen. Pepi selbst war inzwischen wieder wohlbehalten in seinem Krankenbett gelandet und in höchster Alarmbereitschaft.

Ich hatte mich von dem Menschenstrom mittragen lassen. Unterwegs sprangen einige Mitstreiter ab, aber unzählige, die das vielversprechende Spektakel nicht versäumen wollten, kamen hinzu. Die Polizei sah untätig zu und versuchte lediglich, die ärgsten Schreihälse davon abzuhalten, sich wie Kindsköpfe aufzuführen.

Direkt vor dem Krankenhaus kam es dann doch noch zu einem kleinen Zusammenstoß, als man einen Glatzkopf aus einer Toreinfahrt herauszerrte, in der er sich versteckt hielt. Man hörte noch seine Schreie, doch dann trampelte die Menge über den Feigling hinweg.

Der weitläufige Park des Krankenhauses war im Nu

überfüllt. Die Menschen waren sogar an den Zäunen des Parks hochgeklettert, um besser zu sehen.

»Schomkuthy«, ertönte es aus tausend Kehlen. »Wir wollen Schomkuthy!«

Da trat Pepi auch schon auf den Balkon im ersten Stock, von Kopf bis Fuß bandagiert und gestützt von zwei Krankenschwestern. In seinem bunten Pyjama, der offen an ihm herunterhing, wirkte er so gebrechlich, daß ich zuerst glaubte, er hätte – Gott weiß schließlich, was er tut – mit dem Taxi einen Unfall gehabt.

Pepi hob mühevoll einen bandagierten Arm. Die begeisterten Hochrufe verstummten abrupt, und verzückte Blicke richteten sich auf den neuen Volkshelden.

»Geliebte Landsleute«, begann Pepi seine Ansprache mit kraftvoller Stimme, die nicht ganz zu seinem lädierten Äußeren paßte. »Ich danke euch, daß ihr mit eurem mutigen Aufmarsch ein Bekenntnis zur hohen Idee des Haarschutzes abgelegt habt. Sicher gilt diese Demonstration nicht mir persönlich ...«

Pepi verbeugte sich solange, bis die Hochrufe von neuem erschallten und erst wieder verebbten, als auch der letzte genug davon hatte.

»Vielmehr«, fuhr der Umjubelte fort, »vielmehr ist diese spontane Versammlung ein deutliches Zeichen dafür, daß die Vaterlandstreuen statt des leeren Geredes endlich Taten sehen wollen. Das Maß ist voll. Wir fordern drakonische Maßnahmen gegen die glatzköpfigen Parasiten.«

Spontaner Beifall begleitete die wegweisenden Worte.

»Nieder mit dem ›Morgenstern‹!« donnerte die Menge.

»Nieder mit dem Herausgeber Gonzalez! Verrecken soll er! Wir fordern seine Auslieferung!«

Eine der Krankenschwestern flüsterte Pepi etwas ins Ohr. Er breitete feierlich die Arme aus, und die Menge verstummte.

»Die Strafe des Allmächtigen hat den alten Lumpen bereits ereilt«, verkündete Pepi. »In dem Augenblick, als ihr, meine braven Haarschützer, das Tor dieses Krankenhauses passiert habt, hat der glatzköpfige Herausgeber des Hetzblattes das Zeitliche gesegnet.«

Ehrfürchtiger Schauer ergriff die Menge.

»Der Herr wirkt Wunder«, hörte man murmeln. »Der heilige Antonius hat den Sündigen bestraft. So richtet Gott die Lakaien der Glatzköpfe. Wer weiß, was den verräterischen Glatzköpfen noch alles bevorsteht.«

Pepi hob von neuem die Arme.

»Bis hierher und keinen Schritt weiter«, verkündete er. »Das Maß ist voll. Und so frage ich euch, geliebte Landsleute, gibt es einen größeren Fluch als das Glatzentum?«

»Ja, den gibt es«, rief ein Mann mit Lederkappe von weit hinten. »Und ob es den gibt! Es ist die verdammte Armut in diesem Land.«

Sofort umringten ihn vier Zivilbeamte. Ein Polizist schlug mit dem Gummiknüppel auf den dreckigen Kommunisten ein, dann ergriffen ihn die Sicherheitskräfte, und er ward nicht mehr gesehen.

Pepi beschrieb den weiteren Weg des Glatzenfeldzuges, der zwar steinig sein würde, aber zum erhofften Ziel führen würde, wenn ihn alle Hand in Hand gingen.

»Wir werden dem Begehren des Volkes nachgeben und eine neue Partei gründen«, kündigte er an. »Eine Partei, die das akute Glatzenproblem demokratisch, aber endgültig löst. Bis dahin sollte sich jeder, aber auch jeder mit der Materie vertraut machen. Mutige Pioniere des Haarschutzes, das Maß ist voll! Vorwärts, die Zukunft gehört euch!«

Pepi beeilte sich jetzt, den Balkon zu verlassen, da sich die Bandagen durch das viele Herumfuchteln mit den Armen gelockert hatten und ihn bereits umflatterten.

Man hörte noch vereinzelte Hochrufe, dann brach die Menge zur Ringstraße auf, um dort Schaufenster einzuschlagen. Ich aber begab mich unverzüglich zu Pepi ins Krankenhaus, denn unsere Stunde, das spürte ich deutlich, war gekommen.

Das Krankenhaus wimmelte bereits von Schomkuthy-Fans, die sehnsüchtig darauf warteten, ihr leidendes Idol zu erspähen. Doch unser treuer Oberkellner spielte nach wie vor den Zerberus und schirmte das Krankenzimmer ab. Nur mich ließ er ungehindert passieren. Die Menge murrte neiderfüllt.

Pepi wickelte gerade seine Bandagen ab. Er warf das lästige Zeug angeekelt in eine Ecke und schlüpfte erleichtert in seine Straßenkleidung.

»Hallo«, begrüßte er mich. »Nett, daß du mitgejubelt hast.«

»Ich habe mehr gelacht als gejubelt.«

»Auf einen mehr oder weniger kommt es wirklich nicht an. Die Begeisterung kannte auch ohne dich keine Grenzen. Jetzt marschieren meine Leute zur Ringstraße, um den glatzköpfigen Kaufleuten eine Lektion zu erteilen, die sie so bald nicht vergessen werden. Ihre Schaufenster werden wohl daran glauben müssen.«

»Allerdings. Die Glaser werden sich noch eine goldene Nase verdienen ...«

Ich biß mir auf die Zunge, aber es war zu spät. Pepi blickte mich prüfend an und bemerkte nach einem peinlichen Schweigen:

»Halt dich gefälligst da raus, verstanden? Mit den Glasern verhandle ich. Wenn ich schon für dieses Gesindel den Kasperl spiele, dann will ich auch das Eintrittsgeld kassieren. Morgen nachmittag bin ich beim Verband der Glasgroßhändler.«

»Und was ist mit mir?«

»Du? Du hast doch mit der Glatzenfrage gar nichts zu tun.«

Erbost sprang ich auf.

»Fang doch nicht wieder damit an. Wie oft muß ich dich noch daran erinnern, daß ich und niemand anderer die ganze Glatzengeschichte erfunden hat. Gegen wen hat Politzer denn geklagt, gegen dich oder gegen mich? Und wer kennt all deine schmutzigen Geschäfte bis ins Detail und wird dich zu Kleinholz machen, Freundchen?«

Pepis Gesichtsfarbe zeigte mir, daß er sein taktloses

Benehmen längst bereute. Ich regte mich aber noch so lange auf, bis er bereit war, mir beim Leben seiner seligen Tante, die Hälfte der zu erwartenden Glaserprovisionen abzugeben. Wir überschlugen das Projekt und kamen, bei nur zwei Schaufenstern pro Tag und Straße, zu einem recht erfreulichen Ergebnis. Auch wenn die Glaser nur achteinhalb bis neuneinhalb Prozent pro Massenkundgebung herausrückten, wäre die Summe für den Anfang immer noch mehr als zufriedenstellend.

»Siehst du«, rief Pepi begeistert aus, »Politik ist eine feine Sache. Man weiß vorher nie, was dabei herausspringt. Und dabei haben wir gerade erst damit angefangen.«

Ich teilte seinen Überschwang nicht ganz.

»Wollen wir denn wirklich eine Partei gründen?«

Pepi setzte sich mir gegenüber und beschrieb mit prophetischem Feuer unser künftiges Wirken für das Wohl der Nation.

»Die Idee des Haarschutzes ist nicht mehr aufzuhalten«, beschwor er mich. »Die Massen warten nur darauf. Wir sind ihre ganze Hoffnung. Heute morgen wurde wieder ein kahler Eierhändler auf dem Gemüsemarkt verprügelt.

»Und wer hat ihn verprügelt?«

»Eierhändler. Behaarte Eierhändler natürlich. Bei Gott, alter Kumpel, langsam glaube ich selbst, daß den Glatzköpfen ganz recht geschieht.«

»Mir geht es genauso«, bestätigte ich ihm. »In letzter Zeit ertappe ich mich immer wieder dabei, daß ich die

Glatzköpfe gewissermaßen, na ja, für das halte, was sie sind.«

»Das kann kein Zufall sein, das Maß ist voll«, bestätigte Pepi. Dann fuhr er in seiner Vision fort: »Eine neue Partei hat mit der Glatzenfrage alle Voraussetzungen für einen fulminanten Start. Wir haben die Regierung gegen uns, was nur von Nutzen sein kann, und wir tun so, als wären wir strikt gegen alle radikalen Bewegungen. Das zieht immer. Es verschafft uns mir nichts, dir nichts ein fortschrittliches Image, und wir riskieren gar nichts, denn mit Gottes Hilfe wird keiner radikaler sein als wir. Dabei werden wir uns auch noch christlich gebärden, um vom Nimbus des heiligen Antonius zu profitieren.«

»Apropos, dabei fällt mir etwas ein«, ich überreichte ihm das St. Livia-Medaillon der Witwe Schick für seine Gesundung.

Pepi schnappte sich die Reliquie und bat mich, der braven Frau seinen innigen Dank zu übermitteln. Dann küßte er das Medaillon und steckte es in seine Hosentasche.

»Ist es echt?« fragte er.

»Natürlich. Echtes Kupfer.«

»Überlassen wir solch billige Scherze lieber den Glatzköpfen«, wies mich Pepi zurecht. »Wir haben andere Sorgen. Zum Beispiel die, daß wir beide, lieber Rudi, von Politik so gut wie nichts verstehen. Ein Parteiblatt könnte ich ja noch zusammenschustern, aber von Parteiorganisation habe ich keine Ahnung.«

»Ich auch nicht«, stellte ich fest. »Es fehlt uns leider eindeutig ein echter Polit-Profi als Dritter im Bunde.«

Pepi hielt zwar wenig davon, die Beute zu dritteln, doch erkannte er schließlich auch, daß wir wohl in den sauren Apfel würden beißen und einen erfahrenen, nicht allzu teuren, aber integren politischen Berater auftreiben müßten. Danach riefen wir unseren Oberkellner und ließen uns von ihm durch den Hintereingang aus dem Krankenhaus schleusen, um den begeisterten Haarschützern zu entkommen, die noch bis zum Morgengrauen auf der Lauer lagen.

Zu Hause angekommen, versuchte ich mich sogleich als Meinungsforscher. Eine Parteigründung kann schließlich nicht sorgfältig genug geplant werden. Frau Schick war die erste, die mir über den Weg lief.

»Ich lasse mich nur von meinem Glauben leiten«, belehrte mich die Witwe. »Politik hat mich noch nie sonderlich interessiert. Ich würde allerdings keine Partei wählen, die gottesfürchtige und ungläubige Glatzköpfe in einen Topf wirft.«

Ich gab ihr der Einfachheit halber recht.

»Ansonsten würde ich mich Ihrer Bewegung gerne anschließen, Herr Flinta. Hauptsächlich, um Herrn Chefredakteur Schomkuthy vor den heimtückischen Überfällen ungläubiger Glatzköpfe in Sicherheit zu wissen.«

Bei der Erwähnung von Pepi errötete Frau Schick heftig. »Haben Sie ihm mein Medaillon gegeben?« fragte sie.

»Selbstverständlich, gnädige Frau.«

»Und was hat er gesagt?«

»Er war außer sich vor Glück. Er trägt das Medaillon auf seinem Herzen. Von nun an, meinte er, könne er getrost ins Kaffeehaus gehen, denn das Medaillon würde mit Sicherheit jede Kugel abschmettern.«

Die Witwe lächelte selig und bekreuzigte sich, da gerade die 52 vorbeikam, jene Linie, die täglich an sechs Kirchen vorbeifährt.

»Wie sieht denn der Herr Chefredakteur eigentlich aus?« fragte Frau Schick und senkte den Blick. »Ich würde ihn so gerne kennenlernen.«

»Sie kennen ihn längst«, bemerkte ich genüßlich. »Das ist doch der Zwerg, mit dem ich mich unlängst hier geprügelt habe.«

Die Witwe Schick schlug die Hände über dem Kopf zusammen.

»Ich hab es geahnt! Er war es tatsächlich? Was für ein fescher junger Mann, und wie sympathisch er ist. Der hat es Ihnen aber gezeigt ...«

Der armen Frau hatte wohl die Leidenschaft das Gehirn verdreht. Ich ließ sie stehen und beschloß, auf einen Sprung bei Dr. Schwarzkopf vorbeizuschauen.

Der Anwalt war in Eile.

»Alles in bester Ordnung«, sagte er und blickte von einem Berg Akten auf. »Ihr niederträchtiger Verleumder hat keine Chance, lieber Herr Politzer, dieser Flinta ist jetzt schon ein toter Mann.«

»Dieser Flinta steht vor Ihnen«, bemerkte ich. »Politzer ist unser Prozeßgegner.«

»Wie auch immer. Auf jeden Fall läuft alles bestens.«

Dr. Schwarzkopf ließ keinen Zweifel daran, daß er jedes Detail genau kannte. Er erinnerte sich deutlich an den Vorschuß, mit dem ich ihm mein Vertrauen bezeugt hatte. Allerdings bekümmerte ihn, daß der gegnerische Anwalt zu Glatzköpfigkeit neigte. Den Rest könnte ich mir selbst zusammenreimen.

»Das kann doch nicht wahr sein?« brauste ich auf. »Kahlkopfkandidat und noch immer in Amt und Würden?«

»Sie leben wohl auf dem Mond«, lachte Dr. Schwarzkopf. »Glatzköpfe sitzen nach wie vor in Schlüsselpositionen, und die Öffentlichkeit tut, als wäre nichts geschehen. Keiner unternimmt etwas«, schloß er erbittert. »Bis es zu spät ist ...«

»Ein Grund mehr, Schwarzkopf, eine Partei zu gründen«, entfuhr es mir.

Der Anwalt rückte näher, und hinter seiner dicken Hornbrille blitzten neugierig seine Knopfaugen.

»Was haben Sie vor?«

»Wir wollen in die Politik, Schomkuthy und ich. Die Zeit ist reif für eine Haarschutzbewegung.«

Dr. Schwarzkopf erregte sich so sehr, daß er mir eine Zigarre anbot. Er hätte ähnliche Gedanken, vertraute er mir an. Die Zukunft gehörte der Glatzenfrage. Er stünde mit Leib und Seele zur Verfügung. »Ist denn die Parteispitze schon komplett?« wollte er wissen.

»Ein Posten ist noch frei«, beruhigte ich ihn. »Wir brauchen einen politischen Berater mit einschlägiger Erfahrung und größtmöglicher Flexibilität.«

Dr. Schwarzkopf schluckte, rückte ganz nahe heran und überschüttete mich mit einem Redeschwall ohne Punkt und Komma. Er hätte seit Jahrzehnten bei allen bedeutenden politischen Bewegungen des Landes Einfluß genommen, er sei hochbezahlter Wahlkampfhelfer der Regierungspartei, und im Landesverband der Hausbesitzer wäre er Geschäftsführender Vizepräsident auf Lebenszeit, kurz und gut, er wäre der geborene alte Fuchs, den wir bräuchten.

»Angesehenste Parlamentarier bedienen sich meiner Erfahrung im öffentlichen Leben, um Schmiergelder für Regierungsaufträge einzutreiben«, ergänzte er eifrig. »Ganz zu schweigen davon, daß ich erst vor wenigen Tagen einen Dreispalter mit dem Titel ›Auf, mein Volk, gegen die Armut!‹ für das Regierungsblatt verfaßt habe, was, Herr Politzer, doch gewiß für meine sozialpolitische Vision spricht.«

Ich lächelte nur und fuhr nach einer eindrucksvollen Kunstpause fort:

»Sie wollen sich also für den Posten bewerben, Schwarzkopf?«

Der geborene alte Fuchs keuchte gierig:

»Nichts wäre mir lieber.«

»Es geht Ihnen um nichts als um die Idee?«

»Ausschließlich.«

»In Ordnung«, sagte ich, »dann geben Sie mir einen

entsprechenden Vorschuß. Nur so sehe ich, daß Sie uns vertrauen. Ich erwarte von Ihnen großes Vertrauen, Schwarzkopf. Das ist die Grundlage meiner politischen Praxis, alles weitere kommt dann ganz von selbst.«

Der Jurist zappelte hilflos wie eine Spinne im eigenen Netz, gab mir aber dann meine gesamte Vorauszahlung inklusive Zinsen zurück. Wir vereinbarten, daß er eine Chance in der Partei bekäme, bei einem angemessenen Gehalt und mit Probezeit bis zum Monatsende.

»Seien Sie stolz und glücklich«, sagte ich, »daß Sie zu den Gründungsmitgliedern der Haarschutzbewegung gehören. Vielleicht wird man sich eines Tages daran erinnern, daß Sie die Gefahren des Glatzentums so früh durchschaut haben.«

Dr. Schwarzkopf glühte förmlich vor Haß.

»Am liebsten würde ich jeden Glatzkopf eigenhändig erwürgen«, stieß er hervor. »Und das ist keine leere Floskel, Herr Politzer, das ist meine volle Überzeugung.«

Wir begeisterten uns noch eine Weile daran, wie sehr wir in allem, von meinem Namen einmal abgesehen, übereinstimmten. Das angenehme Gespräch endete mit der Abmachung, Dr. Schwarzkopf würde endlich einen Gewerbeschein beschaffen, und wir wären fifty-fifty an einer längst fälligen Haarwasserproduktion beteiligt.

Und kein Wort davon zu Pepi.

Ungeahnte Perspektiven eröffneten sich mir. Mein Einstieg in die politische Arena markierte zweifellos einen Wendepunkt in meiner Laufbahn, wovon nicht nur meine Landsleute profitieren sollten, sondern auch ich.

Bisher hatte ich von der Politik so viel verstanden wie ein Känguruh. Politik bedeutete in meiner geliebten Heimat damals, alle vier Jahre irgendeinen anderen abenteuerlustigen Haudegen zum Abgeordneten zu wählen, weil er in seinem Wahlkreis versprochen hatte, die Einkommensteuer abzuschaffen oder den Bodenbesitz des Bischofs sobald als möglich aufzuteilen. Danach tranken sich alle auf seine Kosten den obligaten Rausch an und waren sicher, ihre Stimmen einem korrupten Gauner gegeben zu haben, aber, mein Gott, so ist nun mal der Lauf der Welt.

Ich selbst hatte kaum jemals ein Stimmrecht erhalten, weil ich keinen festen Wohnsitz besaß. Ein einziges Mal hatte ich einen Politiker gewählt, weil er mit Vornamen Eugen hieß und mich an meine Lieblingstante Eugenie erinnerte.

Natürlich kamen auch mir immer wieder Gerüchte von öffentlichen Skandalen und Bestechungsaffären zu Ohren. Ich kümmerte mich jedoch herzlich wenig darum, weil ich es für nur natürlich hielt, daß Politiker Kasse machten. Warum sonst hätten sie diesen Beruf ergriffen? Zwar gab es auch in dieser Branche ein paar Träumer, welche die Verbreitung altruistischer Gedanken für Politik hielten, anstatt sich um ihre eigene zerrüttete Finanzlage zu kümmern, doch man machte zumeist nicht viel

Federlesens um diese Sonderlinge, und so erledigte sich das Problem ganz von selbst.

Da ich extreme Ideologien jeglicher Couleur prinzipiell verabscheue, reizte mich also nur die andere Seite des Politikerberufes, der Zugang zu jenem Schlaraffenland, in dem einem die gebratenen Tauben freiwillig in den Mund fliegen. Allein beim Gedanken an die ungeahnten neuen Perspektiven wie Perückenproduktion, Schaufenster, Haarwasser wurde mir ganz schwindlig. Und noch war kein Ende jener Möglichkeiten abzusehen, die das nationale Glatzenprogramm eröffnete.

Nach diesem euphorischen Gedankenflug bereitete mir der nächste Nachmittag eine herbe Enttäuschung. Als ich Pepi auf seinem Heimweg vom Verband der Glasgroßhändler auf der Straße begegnete, gestand er mir, zu seinem großen Bedauern hätte der Vizepräsident sein großzügiges Angebot zur Zusammenarbeit kaltschnäuzig abgelehnt. Pepis Drohung, unsere haarschützenden Kämpfertrupps würden in diesem Fall kein einziges Schaufenster mehr einschlagen, beantwortete der Mann mit höhnischem Lachen. Keiner könnte die begeisterten Volksmassen mehr aufhalten, versicherte er dem enttäuschten Pepi.

»Verdammt«, fluchte ich. »Jetzt sind wir um eine zuverlässige Einnahmequelle ärmer.«

Um die Wahrheit zu sagen, ich tat betroffener, als ich tatsächlich war. Pepi sollte ganz sicher sein, daß ich jeden Heller dringend benötigte, und sich nicht etwa in seiner schmutzigen Phantasie zusammenreimen, ich wäre vor ihm bei den Glasgroßhändlern gewesen und hätte vielleicht eine geheime finanzielle Abmachung mit dem Vize getroffen, von der dieser versoffene Schomkuthy, um Gottes willen, niemals etwas erfahren dürfte. Im nächsten Punkt waren Pepi und ich uneins. Mein Freund hatte nämlich den fehlenden »Dritten«, einen guten alten Bekannten gefunden, mit dem er seit einem gemeinsamen Gefängnisaufenthalt in Verbindung stand. Ich beharrte aber auf Dr. Schwarzkopf, mit dem ich in Sachen Haarwasser ja bereits eines Sinnes war.

»Dr. Schwarzkopf«, klärte ich Pepi auf, »ist die Idealbesetzung schlechthin, ein erfahrener Politiker und im Haarschutz sehr engagiert. Wieviel verlangt dein Mann?«

»40 Prozent plus Spesen.«

»Na bitte«, triumphierte ich, »damit ist alles entschieden. Dr. Schwarzkopf ist bereits für ein lächerliches Fixum und wenige Prozente mit von der Partie.«

»Ja, aber ich habe doch schon mein Wort gegeben.«

Ich sah ihn stirnrunzelnd an.

»Sag mal, mein Guter, warum muß es denn unbedingt dein Zellengenosse sein? Du hast wohl gedacht, ich durchschaue dich nicht. Willst wohl ein kleines Geschäft an deinem treuen Partner vorbei machen, was?«

Pepi, der miese Kerl, wurde blaß und gab nach. Also hatte dieser geldgierige Fiesling wieder heimlich in die eigene Tasche gearbeitet. Bevor ich ihn mir jedoch ordentlich vornehmen konnte, schrie Pepi auf und zeigte auf einen kräftigen jungen Mann, der in einiger Entfernung vor uns dahinschlenderte.

»Da … Da … Der hat mich im Café überfallen …«

Natürlich erkannte ich Micha sofort. Ich hatte inzwischen nicht mehr an den Überfall gedacht, denn Pepi wirkte mit zwei prachtvollen neuen Porzellankronen wieder wie neu, aber jetzt schlug mein Herz beim Anblick von Lizzis Bruder doch schneller.

»Bist du ganz sicher, daß er es ist?« insistierte ich. »Du irrst dich nicht?«

»Bestimmt nicht. Dieser Kerl hat mir die Zähne ausgeschlagen.«

»Ihm nach«, schrie ich. »Rasch!«

Und wir, wie aus der Pistole geschossen, hinterher. Leider trat ich nach wenigen Schritten so unglücklich auf, daß ich mit meinem Fuß zwischen Pepis Beine geriet und der Arme der Länge nach hinschlug, mit dem Gesicht direkt auf das Pflaster.

Was war ich doch für ein Tolpatsch. Natürlich half ich meinem Freund sofort auf die Beine. Betrübt sah Pepi dem jungen Mann nach, während er geräuschvoll ausspuckte. Vor uns auf den Gehsteig rollten zwei schöne neue Porzellankronen.

Seit unserem denkwürdigen Ausflug in das kleine Gasthaus wartete ich Abend für Abend, sorgfältig vor Politzers Augen verborgen, auf meine Lizzi. Wir erlebten eine herrliche Zeit miteinander, schmiegten uns in kleinen, versteckten Konditoreien eng aneinander oder küßten uns leidenschaftlich, von allen anderen Wonnen des Liebesglücks ganz zu schweigen. Lizzis sanfte Zärtlichkeit und die wirtschaftlichen Annehmlichkeiten des Haarschutzes machten aus mir beinahe einen besseren Menschen. Nach den Stunden mit ihr erfasste mich jedesmal das Verlangen nach einem geregelten bürgerlichen Leben, in dem man sich ruhigen Gewissens nach jeder Gaunerei neben dem Mädchen seiner Wahl ins Bett legen kann und alle seine Sorgen vergißt.

Auch Lizzi blühte auf und wurde schön wie eine exotische Blume, die für ihre Wurzeln endlich den richtigen Boden gefunden hat. Wir waren jung, das Leben lag vor uns, wir waren einander zugetan, und es sprach noch so einiges für unsere zauberhafte Verbindung, woran ich mich aber nicht mehr so deutlich erinnere.

Der einzige dunkle Punkt in unserer Beziehung war der Haarschutz. Störrisch blieb sie dabei, die Haarschützer wären Hochstapler und ausgemachte Halunken. Und so mußte ich meine Kleine im dunkeln darüber lassen, daß ausgerechnet ihr Angebeteter einer der Drahtzieher der Bewegung war.

An jenem Abend aber konnte ich ihr einen Vorwurf nicht ersparen.

»Ich habe dir doch dringend geraten, deinen Bruder in Sicherheit zu bringen. Er sollte doch für eine Weile vom Erdboden verschwinden. Möchtest du ihn etwa im Gefängnis besuchen?«

Lizzi verschloß meinen Mund mit einem Kuß und versprach hoch und heilig, Micha eigenhändig in die

Speisekammer zu sperren. Dann aber erzählte sie mir das Neueste von Politzer. Er sei ein wenig nervös und wolle den Prozeß rasch hinter sich bringen. Offenbar hatte der alte Glatzkopf begriffen, daß die Zeit gegen ihn arbeitete.

Auf dem Weg zu unserem Lieblingspark mit den lauschigen Bänken trafen wir auf eine kleine Menschenansammlung. Da Frauen von Natur aus neugierig sind, ging ich der Sache auf den Grund.

Hinter einem kleinen Klapptisch stand ein lebhaft gestikulierender junger Mann und erklärte seinen aufmerksamen Zuhörern mit der Ausdauer eines Leierkastens, er sei im Besitz einer Weltsensation. Die Entfernung von Tintenflecken sei dank einer genialen Erfindung von nun an ein Kinderspiel. Der Jüngling übergoß ein weißes Handtuch mit Tinte, dann schüttete er die Weltsensation darüber und husch, weg war der Fleck, der Fleck hatte sich einfach verputzt.

»Und jetzt, meine Damen und Herren«, ließ der junge Mann uns flinkzüngig wissen, »jetzt kommt etwas noch nie Dagewesenes. Auch Ihre geliebten Enkelkinder werden diesen unvergeßlichen Augenblick preisen, wenn ich mich nun an dieses reizende junge Ehepaar wende, nur einen Augenblick, verzeihen Sie, mein Herr, ich darf Ihren Arm nehmen, so, danke sehr ...«

Und der sympathische junge Mann übergoß den Ärmel meines Sakkos mit Tinte, worauf mein cremefarbener Anzug um einen schrillen Farbklecks reicher wurde. Lizzi und ich starrten mit glasigen Augen auf das azurblaue

Ergebnis seines Attentats, doch der junge Mann nahm mit beruhigendem Lächeln den Ärmel meines Anzuges in die eine Hand, während er in der anderen die Flasche mit der Weltsensation hielt, um sie über den Fleck zu schütten.

»Und jetzt«, verkündete er in die atemlose Stille, »bitte ich Sie um Ihre Aufmerksamkeit. Sehen Sie selbst, der Tintenfleck auf dem neuen Anzug verschwindet, er löst sich auf, existiert einfach nicht mehr ...«

Wie auf Befehl ließ da aber ein anderer sympathischer junger Mann auf der gegenüberliegenden Straßenseite einen schrillen Pfiff ertönen, was den unseren dazu veranlaßte, innerhalb weniger Sekunden sein Klapptischchen einzupacken und mit dem Warnruf »Achtung, Bullen« zu verschwinden, sich aufzulösen, zu verputzen. Im Gegensatz zu meinem Tintenfleck, der sehr wohl da war, einfach existierte und sich immer deutlicher auf dem Ärmel meines neuen Sakkos ausbreitete.

Ich sah offenbar so verblüfft drein, daß sich Lizzi vor lauter Lachen an einen Baum lehnen mußte. Auch ich hatte mich an dem penetranten Tintenfleck noch nicht sattgesehen, als plötzlich ein grauhaariger Herr zu uns trat.

»Das ist ja eine schöne Bescherung«, sagte er. »Wer war denn dieser Kerl?«

»Keine Ahnung«, antwortete ich, »ich habe ihn nie vorher gesehen.«

»Hatte er vielleicht eine Glatze?«

Jetzt waren auch andere Passanten stehengeblieben.

Lizzi war abgedrängt worden und stand am Rande des Volksauflaufs.

»Ich glaube, er hatte keine Glatze«, sagte ich, »aber ich weiß es nicht genau.«

»Wieso wissen Sie das nicht?« erboste sich eine dickliche Dame. »Sie müssen doch gesehen haben, ob ein Glatzkopf Ihren Anzug ruiniert hat. Sie sind doch nicht blind, oder?«

»Typisch«, hörte ich von rechts, »das ist ganz typisch für Glatzköpfe. Die sehen, daß ein Behaarter neu eingekleidet ist, und schon bekleckern sie ihn.«

»Ja, die tragen neuerdings sogar Tintenfässer mit sich herum«, versetzte ein Mann neben mir und sah mich scharf an. »Er war also doch kahl?«

»Ich denke schon, aber ich sagte ja, ganz sicher bin ich nicht ...«

Empörte Rufe waren zu hören.

»Warum um Gottes willen«, röchelte eine Baßstimme, »nehmen Sie denn einen Dreckskerl von Kahlkopf in Schutz?«

»Sie sind doch verrückt«, hörte ich Lizzis flehentliche Stimme aus dem Hintergrund. »Lassen Sie ihn doch in Ruhe, was wollen Sie denn von ihm?«

»Gar nichts, gutes Fräulein«, antwortete der Grauhaarige. »Der Herr soll uns nur klipp und klar sagen, daß ihn ein Glatzkopf angegriffen hat.«

»Ich sagte ja bereits«, stotterte ich, »daß ich fast sicher bin ...«

»Er leugnet immer noch«, regte sich die dicke Dame

auf. »Solche Glatzenknechte wie der sind fast so schlimm wie Glatzköpfe.«

Ich blickte mich um. Nichts als Gerechtigkeitsfanatiker weit und breit. Noch ein kleiner Funke und das Pulverfaß würde explodieren.

»Er war ein Glatzkopf«, sagte ich rasch. »Ich bin jetzt ganz sicher, daß er völlig kahl war.«

»Endlich gibt er es zu«, freute sich der Grauhaarige. »Die elenden Kahlköpfe sind schuld an der Inflation.«

»Völlig richtig«, stimmte die Dicke zu, »eine Hand wäscht die andere.«

Ich nutzte die friedliche Pause und bahnte mir einen Weg durch die Menge. Lizzi zerrte ich hinter mir her. Das arme Mädchen stand unter Schock.

»Jetzt hast du mit eigenen Augen gesehen, mein Schatz«, sagte ich zu ihr, »in welche Gefahr man durch deine geliebten Glatzköpfe kommen kann.«

Der große Tag der Parteigründung war gekommen. Schauplatz des denkwürdigen Ereignisses war mein schlichtes Untermietzimmer. Ich bat die Witwe, den Staub diesmal besonders sorgfältig unter den Schrank zu kehren, Espresso zu servieren und den obligaten Marillenschnaps hinzustellen. Frau Schick verbat sich derlei niedrige Dienste. Als sie aber erfuhr, Josef Schomkuthy höchstpersönlich würde erwartet, machte sie sich mit Feuereifer an die Arbeit.

Pepi traf vor Dr. Schwarzkopf ein. Er war bester Stimmung, hochelegant angezogen und so beschwipst, daß er der Witwe die Hand küßte. Sie weinte fast vor Glück. Warum sie angesichts meiner charismatischen Ausstrahlung ausgerechnet diesen zahnlückigen Gnom anhimmelte, war mir ein Rätsel. Geschmack ist eben Geschmackssache.

Pepi und ich sondierten rasch die Lage. Mein Freund freute sich darauf, wieder als Journalist für unser geplantes Parteiblatt zu arbeiten, denn nachdem der »Morgenstern« das Handtuch geworfen hatte, gab es keine vernünftige Zeitung mehr, die sich ernsthaft mit der Glatzenfrage beschäftigte.

Gerührt gedachten wir der heroischen Vergangenheit unserer künftigen Bewegung.

»Erinnerst du dich«, sagte Pepi, und sein Blick schweifte in die Ferne, »wie ich schon in meinem allerersten Politzer-Artikel den Kampf gegen die Glatzköpfe aufnahm? Ich wollte ihn bis zum siegreichen Ende führen, wenn es sein müßte, ich ganz allein, nur mit meinen bescheidenen Kräften. War ich mir etwa damals schon meiner großen gesellschaftspolitischen Verantwortung bewußt? Keineswegs, lieber Rudi, ich war noch nicht so weit. Und doch habe ich intuitiv alles vorausgeahnt.«

Ich schob meinen Mietfauteuil näher.

»Ich muß dir etwas gestehen, mein guter Pepi«, vertraute ich ihm an, während ich nachdenklich auf mein schäbiges Parkett sah. »Politzer war in Wirklichkeit nur ein Vorwand für mich, der allerletzte Anstoß, meine historische Vision zu verwirklichen. Das Schicksal hatte mich zum Führer bestimmt, glaubte ich damals, und daß niemand anderer der wahre Prophet der Glatzenfrage sein könne. Heute lache ich darüber. Ich glaube es nicht mehr. Ich weiß es.«

Pepi kippte nervös zwei Gläschen Schnaps. Offenbar beantwortete er die Frage nach dem wahren Propheten etwas anders. Ich grinste in mich hinein. Fünfzehn Kilo mehr auf der Waage sind doch immer ein schlagkräftiges Argument. Aber noch gab Pepi nicht auf.

»Mein landesweiter Ruf verpflichtet mich«, betonte er. »Ich brauche einen kräftigen Leibwächter und denke da an Eugen, unseren Oberkellner.«

»Langsam, langsam«, bremste ich den kleinen Opportunisten. »Du bist nicht allein in der Bewegung. Ohne die Zustimmung der Parteispitze kannst du niemanden einstellen.«

Pepi schluckte und bat, Eugen aus der Parteikasse bezahlen zu dürfen. Ich stimmte zu. Ich wolle ihn ja wirklich nicht schikanieren, aber Dienstweg sei nun einmal Dienstweg. Auf diesem beschlossen wir dann noch gemeinsam, Dr. Schwarzkopf nicht in die finanziellen Belange der Partei einzuweihen. Zuviel Wissen würde ihn nur belasten und womöglich seine Tatkraft bremsen.

Da betrat Dr. Schwarzkopf auch schon das Zimmer, wohlbeleibt und federnden Schrittes, mit einer tragbaren Schreibmaschine, die er der Partei selbstlos zur Verfügung stellte. Ich machte Pepi mit dem Mann meiner

Wahl bekannt, worauf dieser Schwachkopf sich eine halbe Stunde lang in Lobeshymnen über Pepis journalistische Virtuosität ergoß. Ich forderte die zukünftige Parteispitze auf, Platz zu nehmen, und wir machten uns an die Arbeit, das Schicksal der Nation in die richtigen Bahnen zu lenken.

Dr. Schwarzkopf rückte die Schreibmaschine zurecht und spannte ein blütenweißes Blatt ein. Uns war feierlich zumute. Einige Minuten verharrten wir in der andächtigen Stille unseres Gipfeltreffens. Ergriffen blickte ich aus meinem Mietfauteuil auf den Anwalt, der noch immer mit dämlichem Grinsen Chefredakteur Schomkuthy anhimmelte. Pepi räkelte sich auf meinem Bett und stierte den Plafond an.

Dann legten wir endlich los, um festzustellen, daß es genau genommen gar nichts zu lenken gab.

»Eigentlich«, meinte Pepi nachdenklich, »haben wir bisher nur eine einzige Aufgabe, nämlich die Befreiung des Landes vom Glatzenjoch.«

»Genau die ist es aber«, bekräftigte ich, »welche die Nation zusammenschmiedet.«

»Die Idee ist großartig, zweifellos«, griff Dr. Schwarzkopf den Faden eilig auf. »Doch was machen wir, wenn wir den Endsieg über das Glatzentum errungen haben?«

Pepi und ich blickten uns ratlos an. Darüber hatten wir noch gar nicht nachgedacht.

»Glatzköpfe wird es immer geben«, sagte ich hoffnungsvoll. »Es wird immer Menschen geben, die kahl werden. Auch uns können eines Tages die Haare … ich meine …«

Da hatte ich aber einen Blödsinn zusammengeredet. Pepi sah mich schief an, doch der Anwalt sprang mir zur Seite.

»Gerade deshalb sollten wir das Konzept erweitern«, sagte er. »Das ist keine große Sache, ich habe für vier verschiedene Parteien gearbeitet und bin immer mit dem gleichen Programm ausgekommen.«

»Dann schießen Sie los«, sagte Pepi.

Dr. Schwarzkopf empfahl zunächst, ein Parteiemblem zu entwerfen, weil ohne so was gar nichts ginge. Jeder von uns sollte einen Vorschlag machen. Pepi schoß gleich beim ersten Versuch den Vogel ab, und wir entschieden uns einstimmig für seine zeichnerische Lösung: die unappetitlich gerundete Kontur eines kahlen Kopfes, durchbohrt von einer Art vierzackiger Harpune als Symbol unserer Kampfbereitschaft.

»Ein Kreis und ein Vierzack«, murmelte Dr. Schwarzkopf vor sich hin. Er kostete den Namen der neuen Schöpfung wie einen edlen Wein auf der Zunge. »Kreiszack. Nicht schlecht«, sagte er schließlich und nickte zufrieden. »Wir werden unsere Anhänger ›Kreiszackler‹ nennen. Jetzt sind wir bereits einen großen Schritt weiter. Und wie soll unsere Partei heißen?«

Es fiel mir nichts ein. Ich war eben noch neu in dem Gewerbe.

»Den Begriff ›Haarschützer‹ sollten wir unbedingt beibehalten«, meinte Pepi.

»Das versteht sich doch von selbst«, bestätigten Dr. Schwarzkopf und ich unisono. Es wurde langsam was draus. Zufrieden tippte Dr. Schwarzkopf in die Maschine:

**Erste Nationale Haarschützerpartei
Und Kreiszacklerfront (NHPKF)**

»So«, sagte der Anwalt aufgeräumt, »jetzt fehlt nur noch das Programm.« Und er tippte auf das immer noch ziemlich jungfräuliche Papier:

**Unser Programm**

Dann sah er mich fragend an, als wäre ich der Fachmann und nicht er. Auch den Gewerbeschein für das Haarwasser hatte er noch immer nicht beschafft, der faule Hund.

Dr. Schwarzkopf murmelte etwas von Zeitdruck und hämmerte ohne weiteren Aufschub in die Maschine:

> »Unser Ziel ist die völlige Gesundung unseres geliebten Vaterlandes im Namen jedes behaarten Bürgers sowie eine eventuelle Erweiterung der Landesgrenzen und die Vermehrung des Volksvermögens durch gesetzlichen Abbau des Glatzentumbesitzes bei strikter Wahrung von Rechtskontinuität.«

Gespannt beugte ich mich mit Pepi über »Unser Ziel« und machte Bekanntschaft mit unserer politischen Überzeugung. Ich war mit meiner Analyse zwar noch nicht am Ende, doch klang es recht gut.

Dr. Schwarzkopf kam jetzt erst so richtig in Schwung:

**Parteimitgliedschaft**

Er grinste. »Jeder, der genug Kleingeld hat kann problemlos beitreten.«

»Was soll das«, fuhr ich den Rechtsanwalt empört an, und das Grinsen fiel von seinen fetten Backen. »Wenn Sie nur aus Habgier Haarschützer geworden sind, können Sie sich zum Teufel scheren, Schwarzkopf.«

Das war auch dringend nötig gewesen. Der debile Anwalt sollte nur ja nicht vor Pepi das Haarwasser erwähnen ...

Pepi sah mich erstaunt an, dann pflichtete er mir bei:

»Wir müssen von Anfang an darauf achten, meine Herren, daß unsere Idee nicht für niedere materielle Zwecke mißbraucht wird.«

Dr. Schwarzkopf beteuerte, er hätte ja nur an die Parteispenden gedacht, ohne die schließlich noch keine bahnbrechende neue Bewegung etwas geworden wäre. Er formulierte noch einmal ins Reine:

> »Mitglied der Bewegung kann jeder Bürger werden, der Haare auf dem Kopf hat und regelmäßig Mitgliedsbeiträge zahlt.«

Das war geschafft. Nun mußten wir noch die wirtschaftliche Zielsetzung der Partei ausfeilen. Dank Dr. Schwarzkopfs Routine stand rasch fest:

»Das Bruttosozialprodukt muß in kürzester Frist verzehnfacht werden.«

Ich hatte nicht viel Ahnung von alledem, aber ein Blick auf Pepis verdutztes Gesicht zeigte mir, daß ich mir eine Frage an ihn sparen konnte. So nickten wir beide zustimmend. Dr. Schwarzkopf formulierte aufgekratzt weiter:

**Das neue bürgerliche Recht**

**§ 1** Dem als Glatzkopf registrierten Subjekt werden die staatsbürgerlichen Rechte für alle Zeiten aberkannt. Er kann sie auch nicht wieder erlangen, wenn er sich mit der Haarschutzidee restlos identifiziert und auch dann nicht, wenn er neue Haare bekommt.

**§ 2** Der patriotische Eid wird zum Schutz der nationalen Interessen innerhalb und außerhalb der Rahmenbedingungen der Schicksalsgemeinschaft eingeführt.

»Wozu brauchen wir denn diesen idiotischen Paragraphen«, raunzte Pepi.

»In jedem Parteiprogramm«, belehrte ihn unser Fachmann, »müssen einige unverständliche Parolen stehen, sonst nimmt es niemand ernst.«

»Wie soll man es denn ernst nehmen, wenn wir den einzigen wirklich wichtigen Begriff, nämlich ›Glatze‹ bisher erst dreimal verwendet haben. Nennen Sie das etwa professionelle Arbeit?«

Schwarzkopf blinzelte verwirrt und schrieb als nächstes:

**Die politische Ideologie des Haarschutzes**

»Grundlegende Gesetzesnovelle aus Anlaß der unerträglichen Ausbreitung des heimischen Glatzentums mit dem Ziel der radikalen Entfernung von Kahlköpfen und Personen mit Glatzkopfwurzeln aus den Schlüsselpositionen der Wirtschaft, aus den verantwortlichen Gremien des öffentlichen Lebens und allen sonstigen Tätigkeiten.«

»Verzeihen Sie«, unterbrach ich Schwarzkopfs emsiges Treiben, »was bedeutet ›mit Glatzkopfwurzeln‹?«

»So nennt man ein Subjekt, das einen Glatzkopf zum Vater hat«, erläuterte der Anwalt. Pepi und ich nickten anerkennend. Der Kerl war lernfähig.

Ich schlug vor, den magischen Begriff ›Soziales‹ einzubauen.

»Nichts leichter als das«, meinte Dr. Schwarzkopf und schon schrieb er:

**Sozialpolitik**

**§ 1** Gesetzesnovelle zur sozialen Zusatzrentenverordnung für Verdienste um soziales Gedankengut.

**§ 2** Umgehende Aufhebung sämtlicher Zölle und Geldstrafen sowie der Vinkulationsgebühr, sofortiges Verbot jedweden Konkurses, Zwangsausgleichs und jeglicher Zwangsversteigerung als grundsätzliche Manifestation für den bedingungslosen sozialen Kampf gegen die drückenden Glatzwucherlasten.

»Wenn das kein Erfolg wird«, bemerkte Pepi, »dann fresse ich einen Besen.«

»Vielen Dank«, unser Polit-Profi hielt an dieser Stelle inne. »Ich denke, meine Herren, fürs erste sollte das genügen. Jetzt muß die Parteiführung festgelegt werden. Wer soll die Bewegung Ihrer Meinung nach in die Zukunft führen?«

Wir beäugten uns mißtrauisch. Ich war nicht sonderlich scharf auf die Rolle des Parteichefs, denn als Schatzmeister würde ich meine vielfältigen Talente viel besser entfalten können.

»Ich bin sicher, Herr Flinta ist der richtige Mann dafür«, unterbrach der Advokat die beredte Stille. »Ich selbst strebe nicht nach Höherem und werde mich wohl mit dem Schatzmeisterposten zufriedengeben müssen.«

»Nicht so bescheiden, Herr Rechtsanwalt«, munterte

ihn Pepi auf. »Parteiorganisation ist doch bestimmt Ihre Sache. Wenn den Job keiner will, werde ich eben den Schatzmeister spielen.«

Ich widersprach ihm ungern, aber meine intensive einmonatige buchhalterische Ausbildung sollte doch wohl nicht umsonst gewesen sein. So würde ich mich eben für diesen mühseligen Job opfern. Meine Parteifreunde wollten jedoch keinesfalls zulassen, daß ich mein Charisma an eine Verwaltungsaufgabe verschwendete. Nach einer guten halben Stunde stand dann der Parteivorstand endgültig fest:

Parteichef und Schatzmeister: Rudolf Flinta
Leiter der Propaganda- und Medienabteilung und
Schatzmeister: Josef von Schomkuthy
Referent für innere Angelegenheiten und
Vize-Schatzmeister: Dr. Eberhard Schwarzkopf.

Nach der glücklichen Einigung wollte sich Pepi rasch verabschieden, weil nichts mehr zu trinken da war, aber ich bestand auf der feierlichen Angelobung meiner Mitarbeiter. Wenn schon, denn schon. Pepi sträubte sich heftig, weil er angeblich schon als Schulkind Feierlichkeiten gehaßt hatte, doch Schwarzkopf unterstützte mich lebhaft, nicht zuletzt wegen des fehlenden Gewerbescheins.

Es wurde dann doch noch ein würdiger Akt. Als frischgebackene Politiker stellten wir uns in Reih und Glied ans Tischende, hoben die Rechte und sprachen das Treuegelöbnis, das ich entworfen hatte:

»Ich schwöre der Haarschutzbewegung und meinem geliebten Führer unverbrüchliche Treue, selbstlose Loyalität und Verzicht auf jegliche persönliche Bereicherung.«

Der Wortlaut war zwar noch nicht ganz ins Reine formuliert, aber meine beiden Mitarbeiter wußten schließlich, was gemeint war. Schwarzkopf hatte während des Festaktes feuchte Augen hinter seinen dicken Gläsern und Pepi einen ganz roten Kopf bekommen. Mein Freund machte sichtlich zu schaffen, daß ich jetzt sein Führer war, sein geliebter noch dazu, aber, wie gesagt, 15 Kilo mehr auf der Waage sind kein Pappenstiel.

Jetzt mußte ich als designierter Parteiführer noch die Arbeit verteilen. Dr. Schwarzkopf sollte sich schnellstens nach einem geeigneten Parteilokal im Zentrum eines Vorortes umsehen, und Pepi wies ich an, unser Parteiorgan auf die Beine zu stellen. Kraft meiner hohen Position bevollmächtigte ich beide, anfallende Kosten bis zur Öffnung der Parteikasse aus eigener Tasche begleichen zu dürfen. Soweit war also alles geregelt. Blieb noch die Witwe. Ich ließ sie rufen und trug ihr den Posten einer Frauenbeauftragten des Haarschutzes an. Frau Schick schluckte vor Aufregung. Sie fände es zwar großartig, wenn das Glatzkopfproblem endlich gelöst würde, aber sie würde viel lieber die armen Seelen bekehren und die verirrten Glatzenschafe im Zeichen des Kreuzes erlösen.

Der Parteivorstand trat zur Beratung zusammen und ermächtigte die Witwe auch zur Bekehrung, was die dumme Kuh so glücklich machte, daß sie Pepi sofort um den Hals fiel, wobei sie sich tief bücken mußte.

Nun fehlten nur noch die Massen. Frau Schick trommelte alle Hausbewohner zusammen. Dr. Schwanz, Herr und Frau Molnar und Gagay wurden zur ersten Parteiversammlung gebeten.

Die künftigen Kreiszackler hatten sich dem Anlaß entsprechend gekleidet und gedeckte Kleidung gewählt. Nur Gagay tanzte wieder einmal aus der Reihe und wollte tatsächlich in Hemdsärmeln Mitglied werden.

Da standen sie nun, voll Enthusiasmus und mit leuchtenden Augen, Schulter an Schulter in meinem Zimmer. Der Propagandachef der Partei begrüßte sie als jenes Samenkorn, dem in nicht allzuferner Zukunft eine schönere, bessere und glatzenfreiere Welt entsprießen würde.

»Haarfrontgenossen«, schloß Pepi seine Ausführungen. »Dies ist unsere Stunde, das Maß ist voll.«

Ja, es war ein großer Tag gewesen.

Wir verteilten rasch noch die niedrigen Ämter. Dr. Schwanz wurde Verwaltungschef, Frau Molnar Stellvertretende Frauenbeauftragte, und Perückenträger Molnar erhielt den heiklen Auftrag, getarnte Glatzköpfe zu entlarven. Eugen, der Oberkellner, der vor dem Haus Wache stand, wurde in Abwesenheit offiziell als Gorilla bestätigt. Aber was sollte mit dem kümmerlichen Gagay geschehen, der in einem fort kicherte? Er wollte der Bewegung als einfacher Zuschauer dienen, schlug er vor, weil er »Kasperltheater schon als Kind so gern gehabt hätte«. Frau Molnar bot sich an, den pensionierten Briefträger im Auge zu behalten.

Bei all dem Verwaltungsaufwand durfte ich aber nicht vergessen, die wirtschaftliche Basis unserer jungen Partei zu sichern. Die Resonanz auf meinen Spendenaufruf übertraf alle Erwartungen. Allein die von mir in Aussicht gestellte Summe betrug das Doppelte dessen, was Dr. Schwanz und die Molnars in bar hinblätterten.

Froh gestimmt verabschiedeten wir uns mit dem neuen Parteigruß:

»Geduld! Wir siegen!«

»Es lebe Flinta!«

Und da war er wieder, jener seltsame Wonneschauer, den ich zum ersten Mal gespürt hatte, als die Menge vor dem Krankenhaus jubelte. Ich ließ den Tag noch einmal Revue passieren und war recht zufrieden mit mir. Die Gründung der Haarschutzpartei wäre ein voller Erfolg gewesen, wenn nicht Pepi während der Vereidigung meine versilberten Flaschenöffner hätte mitgehen lassen.

Daß wir erst am Anfang standen, zeigte der nächste Tag, denn wir mußten die Regierung davon in Kenntnis setzen, daß es eine neue Partei im Lande gab. Dr. Schwarzkopf übergab dem Innenminister zunächst ein entsprechendes Gesuch, das nicht gerade vor Bescheidenheit strotzte, aber immerhin erkennen ließ, wir Kreiszackler wären unter gewissen Umständen kooperationswillig.

Wir ließen allerdings keinen Zweifel daran, daß wir den undankbaren, aber heroischen Kampf im Zeichen der großen Idee unerbittlich bis zum siegreichen Ende führen würden.

Die Bestätigung des Innenministeriums kam prompt und fiel überraschend freundlich aus, und im Leitartikel der »Staatszeitung« stand: »Wir hoffen, daß die sympathische junge Partei die gewählte Regierung respektieren und sich mit allen Kräften für die großen Ziele des haarschützenden Patriotismus einsetzen wird.«

Nach Dr. Schwarzkopfs Erfahrung bedeutete das nicht mehr und nicht weniger, als daß der Staatsapparat Angst vor uns hatte. Tatsächlich arbeitete nicht nur die allgemeine Unzufriedenheit für uns, sondern auch das Chaos in der Außenpolitik. In den Nachbarländern waren nämlich fieberhafte militärische Vorbereitungen zu beobachten, und es sah nach Krieg aus. Die Regierung war in Panik, traf eine Fehlentscheidung nach der anderen und versuchte, durch vorgespiegelte Expansionsaussichten die schlechte Stimmung in der Bevölkerung zu heben.

Wir Haarschützer nutzten die Gunst der Stunde. Dr. Schwarzkopf stattete eine nette möblierte Mansarde als Parteizentrale aus, und ich überredete Trowitsch unter vier Augen, die Perückenproduktion von der Handarbeit auf Fließband umzustellen. Nur so wäre die eskalierende Nachfrage der kahlköpfigen Schwindler zu befriedigen.

Auch in der Öffentlichkeitsarbeit waren wir äußerst kreativ. Dr. Schwarzkopf setzte mit Recht voll und ganz auf den heiligen Antonius. Er gab genau vor, wer von uns welcher Messe beizuwohnen hatte, obwohl sich die Kirche bisher noch bedeckt hielt und einige hinterwäldlerische Dorfpfarrer sogar nachdrücklich vor unserem wachsenden Einfluß warnten. Mir hatte unsere Pressestelle die Betreuung der Synagogen übertragen, und so ging ich jeden Samstag in eine andere Sabbatandacht, solange das Oberrabbinat die haarschützende Idee auf ihre Übereinstimmung mit dem Alten Testament prüfte. Inzwischen enthielten sich die hartnäckigen Juden jeglichen Kommentars.

Unsere wirklichen Probleme waren aber ganz anderer Natur. Um ganz ehrlich zu sein, wir waren tief in den roten Zahlen. Es gab zwar eine Fülle hoffnungsvoller Ansätze und einige ernsthafte Versprechungen, aber noch kein festes Budget. Um Pepi nicht mißtrauisch zu machen, konnte ich den warmen Perückenregen nicht in die Parteikasse fließen lassen, und mein Haarwasser war ja leider auch eine reine Privatangelegenheit.

Auf unseren Parteizusammenkünften beklagte sich Dr. Schwarzkopf, es sei schlichtweg unmöglich, mit den Spenden von fünf Mitgliedern eine Zeitung herauszugeben oder gar die Parteimansarde in der offiziellen Farbe unserer Bewegung, nämlich in Lila, streichen zu lassen. Also entschloß ich mich, mein stattliches Privatvermögen der Partei zu borgen. Um die Genossen aber nicht auf dumme Gedanken zu bringen, faselte ich etwas von einem elenden Wucherer, der anonym bleiben wollte. Die horrenden Zinsen müßte ich ihm also ganz persönlich aus der Parteikasse zur Verfügung stellen. Da kam zu meiner Verblüffung auch Pepi mit einem anonymen Wucherer daher, der nur ihm zuliebe der Partei zu Spottzinsen dienstbar wäre. Ich war empört. Wußte ich doch nur allzu gut, daß weit und breit kein einziger Mensch, geschweige denn ein Wucherer, Pepi auch nur eine müde Krone leihen würde. Pepi wollte offensichtlich sein eigenes schmutziges Geld gut anlegen. Das paßte ins Bild. Schon seit geraumer Zeit nämlich führte mein guter Freund ein wahres Luxusleben und genierte sich nicht, sich recht häufig in Begleitung viel zu junger Damen mit kostspieligen Rundungen zu zeigen. Offenbar hatte der erbärmliche Kerl heimlich eine ergiebige Quelle angezapft, von der seine Partei nichts wußte. Sicherheitshalber beauftragte ich Dr. Schwarzkopf, beim Verband der Glasgroßhändler diskret zu ermitteln, ob Pepi nicht vielleicht doch eine kleine Unterstützung erhielte. Dr. Schwarzkopf ermittelte gewissenhaft, fand aber nichts heraus. Zu meiner völligen Überraschung stellte er fest, Pepi sei »sauber«, und das beunruhigte mich dann erst richtig.

Die Nachricht von unserer Parteigründung hatte natürlich auch alle unsere Feinde auf den Plan gerufen. Sie versuchten, uns zu schaden, wo sie konnten. Die wenigen noch übriggebliebenen Konkurrenzzeitungen, auch wenn sie inzwischen allen Einfluß verloren hatten, entfesselten eine orgiastische Hetzkampagne, und so mancher glatzenfreundliche Schreiberling spuckte Gift und Galle, um unsere große Idee in den Schmutz zu ziehen. »Der Wahnwitz des Haarschutzes«, schrieb zum Beispiel wieder einmal der berüchtigte Professor Wind, »mobilisiert die niedrigsten Instinkte und fördert jegliche Art von Sadismus. Er führt nicht nur die bürgerlichen Schichten auf Abwege, er bedient sich auch auf heimtückische Weise der sozial Schwachen, die sich an jeden Strohhalm klammern, der einen Ausweg verspricht. Der Haarschutz ist eine gefährliche Epidemie und verlangt das umgehende Einschreiten der Regierung.«

Auf das Einschreiten der Regierung aber sollte Herr Wind vergeblich warten, denn die hatte größere Probleme als die Volksgesundheit. »Die drohende Glatzenfrage läßt sich nicht durch billigen Journalismus lösen«, stand im Kommentar der »Staatszeitung«. »Machen wir nicht so viel Wind um die Sache.«

Die Hetzartikel der Glatzenlager ließen uns kalt, waren wir doch überzeugt, auf dem richtigen Weg zu sein. Das einzige, was mein angenehmes Leben ein wenig störte, war ein Zettel, den mir jemand eines Morgens durch den Briefschlitz geworfen hatte. Die Witwe Schick brachte mir den Wisch ins Zimmer und bemerkte mit einer Mischung aus Betroffenheit und Schadenfreude:

»Gott sieht eben alles.«

Auf dem Zettel stand in ungelenken Blockbuchstaben: »Verrecke, du geldgieriges, korruptes Schwein!«

Das Verrecken konnte ich ja noch verschmerzen. Aber die Geldgier? Und das Schwein? Ein korruptes noch dazu. Da fiel mir Pepi ein. Ich fuhr in sein neues Nobelappartement und legte ihm die Schmähschrift auf den Marmortisch. Er überflog sie und grinste frech.

»Mach dir nichts daraus«, sagte er. »Rein biologisch bist du ein Mensch und kein Schwein, da bin ich ganz sicher. Was hat dich denn so erschreckt?«

»Ich und erschreckt?« Ich rang mir ein Lachen ab. »Da muß schon Ärgeres passieren, mein Lieber.«

»Und was willst du dann von mir?«

»Eugen. Ab heute ist er mein Gorilla.«

»Kommt nicht in Frage«, empörte sich Pepi. »Auch ich erwarte in Kürze Drohbriefe.«

»Aber ich bin immerhin der Führer.«

Nachdem ich dem korrupten Schwein gründlich die Meinung gesagt hatte, waren wir uns rasch einig. Eugen würde uns künftig abwechselnd beschützen.

Inzwischen lief alles genau nach Plan.

Schwarzkopf richtete das Parteilokal mit dem Geld von Pepis Schattenwucherer geschmackvoll ein. Man fühlte sich richtig behaglich in den vier Parteiwänden, die in milder Fliederfarbe erstrahlten. Über meinem repräsentativen Schreibtisch prangte das riesige Kreiszackler-Banner, das fröhlich flatterte, wenn wir die Räume durchlüfteten. Auch Dr. Schwarzkopf brachte gute Nachrichten. Es hätten sich bereits eine ganze Reihe von Bürgern gemeldet, die aktiv in der Haarschutzbewegung mitarbeiten wollten, und das obwohl unser Parteiblatt »Stimme des Volkes« noch gar nicht erschienen war. Die Menschen hatten lediglich durch die Hetzartikel des

Glatzentums und durch unsere Flugblätter von der Existenz der neuen Partei erfahren.

Die Flugblätter hatte Pepi als Propagandachef persönlich verfaßt und mit dem griffigen Slogan voll ins Schwarze getroffen:

> »Zucht und Glück durch unsre Hand –
> glatzenfreies Vaterland«
>
> NHPKF

Aber auch die lange Version konnte sich sehen lassen:

> »Stolzer behaarter Landsmann, Arbeitsloser und Arbeiter, Fabrikant und Unternehmer, Großhändler und Kleingewerbetreibender, Kleinhändler und Großindustrieller, Beamter und Soldat, Kleinlandwirt und Großgrundbesitzer, für Dein Wohlergehen kämpft die Nationale Haarschützerpartei und Kreiszacklerfront«
>
> NHPKF

Das Erscheinen der »Stimme des Volkes« stand nun kurz bevor. Pepi hatte ein paar arbeitslose Journalisten angeheuert und sich mit großem Elan ans Werk gemacht, um die Zeitung so rasch wie möglich druckreif zu bekommen. Ich hatte keine Ahnung, was drinstehen würde. Pepi wollte mich nämlich damit überraschen und ließ mich keinen Fuß in die Redaktionsräume setzen.

Meine Freude über all diese Erfolge wurde nur durch

meine Sorge um Lizzi getrübt, die keine Ahnung von all dem hatte. Unsere Beziehung wurde immer inniger, und wir sahen uns nahezu täglich, aber ich verstrickte mich tiefer und tiefer in meine Lügen. Leider hatte ich die Sache von Anfang an falsch angepackt. Hätte ich Lizzi während der Entstehung der Haarschutzbewegung anvertraut, daß mir nach Politzers Provokation gar nichts anderes übrigblieb, so wäre alles gut geworden. Immer wieder war ich kurz davor gewesen, Lizzi über meine Schlüsselrolle aufzuklären, aber immer wieder zögerte ich auch. Ich befürchtete, das verblendete Mädchen würde mich nach meinem Geständnis verlassen. So blieb mir also im Augenblick nichts anderes, als ihr weiterhin mit meinen zärtlichen Küssen die Augen zu verschließen.

An einem Montag morgen weckte mich heftiges Klingeln. Verschlafen öffnete ich die Tür und wurde von Dr. Schwanz fast umgerannt. Sein dramatischer Auftritt ließ große Dinge ahnen.

Ich bot ihm, wie unter Haarfrontgenossen Usus, ein Glas Marillenschnaps an. Dr. Schwanz leerte es in einem Zug, dann blickte er sich suchend um, als hätte er Angst, man könnte uns belauschen. Seine Schafsnase bebte vor Ernst und tieferer Bedeutung.

»Ich bin nun einmal ein durch und durch ehrlicher Mensch«, kam er endlich zur Sache, »und ich erfülle nur meine Pflicht als Kreiszackler, wenn ich Sie, meinen geliebten Führer, davon in Kenntnis setze, daß unser Propagandachef sich höchst verdächtig benimmt. Hinter Ihrem Rücken verhandelt er mit fragwürdigen Personen und führt konspirative Gespräche.«

Hatte ich es doch geahnt. Ich fragte Schwanz, wie er denn darauf komme.

»Reiner Zufall, eine Laune des Schicksals. Als ich mich hinter einem Aktenschrank im Parteilokal versteckte, sah ich einen fülligen Herrn im Nadelstreif und Hut in die Propagandaabteilung schleichen. Nach zwei Stunden und elf Minuten kam er mit Herrn Schomkuthy wieder heraus. Es war wirklich nur ein Zufall, daß ich der Sache auf die Spur kam. Hätte ich mich nicht zufällig versteckt, wären die Machenschaften von Herrn Schomkuthy niemals aufgedeckt worden.«

Jetzt saß Pepi endlich in der Falle. Die harmlose Schnüffelei von Verwaltungschef Schwanz würde mich zu seiner geheimen Geldquelle führen. Dem betrügerischen Fiesling sollte noch Hören und Sehen vergehen.

»Wer war denn der geheimnisvolle Besucher?« fragte ich meinen Schicksalsboten.

»Ich habe ihn gleich erkannt. Er war vor kurzem wegen einer Steueraffäre im Gerede.« Dr. Schwanz flüsterte geheimnisvoll. »Es war niemand geringerer als Elmar Watzek, der Chef der Industriellenvereinigung.«

»Danke«, brachte ich mühsam hervor. »Sie werden nicht bereuen, daß Sie sich mir anvertraut haben.«

»Ich habe doch nur meine Pflicht getan«, antwortete

Dr. Schwanz bescheiden. »So wie jeder künftige Finanzminister es getan hätte. Geduld! Wir siegen!«

»Es lebe Flinta!«

Am nächsten Abend verließ ich nicht wie üblich das Parteilokal, sondern tat, als hätte ich noch wichtige Geschäfte zu erledigen.

Ich hatte nämlich am Morgen auf unserem offiziellen Briefpapier an den ekelhaften Chef der Industriellenvereinigung, den mir wohlbekannten Direktor Watzek geschrieben, und ihn für den späten Nachmittag in die Parteizentrale gebeten. Der Einfachheit halber setzte ich Pepis unleserliche Unterschrift darunter.

Watzek war pünktlich zur Stelle und sichtlich erstaunt, mich vorzufinden.

»Treten Sie ruhig näher, Herr Generaldirektor«, sagte ich verbindlich, »Schomkuthy mußte leider kurzfristig einen anderen Termin wahrnehmen und bat mich, ihn zu vertreten.«

Watzek blinzelte mißtrauisch durch seine Brillengläser und zerbrach sich offenbar den Kopf, wo er mich schon gesehen hatte. Ungern folgte er mir in mein Büro. Ich bot ihm Platz an und wollte seinen Hut entgegennehmen. Zögernd setzte er sich schließlich auf die Stuhlkante, behielt den Hut aber auf. Ich wußte warum.

Wir schwiegen ein Weilchen, dann begann er unsicher: »Nehmen Sie mir mein Mißtrauen nicht übel, doch

Herr Chefredakteur Schomkuthy hat mich bisher immer beschworen, Ihnen, verehrter Herr Flinta, kein Wort von unseren, wie soll ich sagen, vertraulichen Gesprächen zu verraten.«

»Mein lieber Herr Generaldirektor«, beschwichtigte ich ihn, »Josef Schomkuthy ist nicht nur ein verläßlicher Haarfrontgenosse, er ist auch mein ältester und bester Freund. Selbstverständlich hat er Ihre vertraulichen Gespräche auf Heller und Krone mit mir abgerechnet. Heute bin eben ich an der Reihe.«

Watzek tappte wie ein blindes Huhn in die Falle.

»Ich soll also schon wieder bezahlen«, muckte er auf. »Woher soll ich denn das viele Geld nehmen?«

»Aus der Portokasse«, erwiderte ich diplomatisch. »Die Haarschutzbewegung braucht viel Geld für den endgültigen Durchbruch. Der Kampf gegen die Gewerkschaften fordert auch seinen Tribut.«

Ich hatte spontan ins Schwarze getroffen.

»Ich bitte Sie«, klagte Watzek, »auch Schomkuthy weiß genau, wie gerne wir bereit sind, die Bewegung zu unterstützen. Erpressen aber lassen wir uns nicht.«

Mit dem Hut auf dem Kopf konnte er leicht frech werden. Ich schlug ihm also höflich vor, bei dieser Hitze endlich seinen Hut abzunehmen. Das wirkte. Der wackere Herr Direktor entblößte mit zitternden Händen seinen Kopf und saß wie ein Häufchen Elend mit seinem schütteren Haarkranz unter unserer martialischen Parteiparole »Komm zur Haarfront heute noch, befreie Dich vom Glatzenjoch«.

»Ich weiß, wie sehr der Haarschutz die heimische Industrie fördert«, sagte Watzek kleinlaut. »Unsere Arbeiter haben schon eine eigene Kreiszackler-Ortsgruppe gegründet.«

Ich schwieg, um ihn ein wenig schmoren zu lassen.

»Wieviel brauchen Sie denn diesmal«, fragte Watzek schließlich, und ich erwiderte kurz angebunden:

»Den gleichen Betrag wie immer.«

Gequält zog Direktor Watzek sein Scheckheft heraus. Kalte Wut packte mich, als seine goldene Füllfeder die letzte Null der 20 000 Kronen rundete. Ich ballte die Faust in der Hosentasche, als ich an Pepi dachte.

Watzek legte diskret noch ein Dutzend Hundert-Dollar-Noten in bar drauf.

»Ich gebe es doch gerne«, fügte er hinzu. »Ich habe schon gerne gegeben, als die Haarschutzbewegung noch in den Kinderschuhen steckte. Ich weiß noch ganz genau, wie glücklich Schomkuthy war, als ich ihm nach seinem mutigen offenen Brief an Professor Wind die Großzügigkeit der heimischen Industrie ankündigte.«

Pepi hatte also von Anfang an abkassiert. Das war der Gipfel der Niedertracht. Wie konnte er mir, seinem Busenfreund, überhaupt noch in die Augen sehen ...

Da erklangen Schritte im Parteiflur, die Tür öffnete sich, und Pepi trat in mein Büro.

Ein derart dummes Gesicht hatte ich bislang noch nie gesehen. Pepi stand jetzt in der offenen Tür und schaute erst zu mir, dann zu Watzek. Noch hatte er das ganze Ausmaß der Katastrophe nicht erfaßt.

Ich ging ganz langsam zur Tür, sperrte sie sorgfältig ab und steckte den Schlüssel in die Tasche. Freundlich begrüßte Watzek den Propagandachef und Schatzmeister in einer Person.

»Ich habe Herrn Flinta den üblichen Betrag bereits überreicht«, sagte er zuvorkommend. »Wie geht es Ihnen, lieber Schomkuthy?«

Pepi war nicht ganz so zuvorkommend. Er stieß ein heiseres Gebrüll aus und sprang mit einem Satz zur Tür, rüttelte vergeblich daran und flüchtete dann in Richtung Fenster. Ich packte ihn aber schon nach wenigen Schritten am Kragen.

»Jetzt werd ich dir zeigen«, ich drückte die kleine Ratte an die Wand, »was es heißt, deinen besten Freund übers Ohr zu hauen.«

Pepi heulte auf wie eine Polizeisirene und versuchte, zwischen meinen Beinen durchzuschlüpfen. Als ihm das nicht gelang, biß er mich in die linke Wade.

»Hast du vielleicht keine Geschäfte gemacht?« brüllte er. »Du willst mich wohl für dumm verkaufen, du Dreckskerl!«

»Und wer von uns, elender Schurke, hat der Partei sein eigenes Geld zu Wucherzinsen geliehen?«

Im Rhythmus dieser Worte schlug ich seinen Kopf auf die Kante meines Schreibtisches. Pepi lag zappelnd da und versuchte sich aufzurichten, um mir ins Gesicht zu spucken, traf aber daneben.

Watzek hatte sich inzwischen in meinen Lederfauteuil fallen lassen, schlug die Beine übereinander und verfolgte das Gerangel mit vornehmer Zurückhaltung.

»Entschuldigung, daß ich störe«, unterbrach er uns. »Aber wollen die Herren diese Angelegenheit nicht unter sich regeln?«

Ungern nur ließen wir voneinander ab. Pepi erhob sich mühsam, warf mir tödliche Blicke zu und rückte die Reste seines Anzugs zurecht.

»Es freut mich, daß Sie gekommen sind, lieber Herr Watzek«, stieß er atemlos hervor. »Verzeihen Sie, daß mein ungestümer Freund sein Fitneßtraining ausgerechnet vor Ihnen betreibt.«

Watzek bedeckte rasch seine Glatze.

»Das geht mich gar nichts an, meine Herren. Als echte Gentlemen werden Sie das sicher fabelhaft regeln. Lassen Sie uns bitte die Angelegenheit besprechen, soweit sie die Wirtschaft betrifft.«

Pepi und ich setzten uns auf die entferntesten Plätze.

»Watzek, fifty-fifty«, zischte ich Pepi zu. »Abgemacht?«

»Abgemacht«, flüsterte mein Freund zurück. »Aber kein Wort zu Schwarzkopf.«

Und so erörterten wir drei in freundschaftlicher Atmosphäre die weiteren kostenintensiven Bemühungen der Industrie, um die Verschmelzung der nationalen und der haarschützenden Kräfte so rasch als möglich voranzubringen.

Um ein Haar hätte die Watzek-Affäre eine schwere Parteikrise heraufbeschworen. Der endgültige Bruch wurde nur durch meine geradezu sprichwörtliche Weitsicht verhindert, die dem versöhnlichen Motto folgte »Verdamme nicht, sondern zeige dem reuigen Sünder den richtigen Weg«. Da Pepi letztlich bereit war, die Industriespenden künftig mit mir zu teilen und mir meinen silbernen Flaschenöffner, wenn auch ungern, zurückgab, waren die Wogen wieder geglättet. Wenige Tage später erinnerte nichts mehr an den peinlichen Zwischenfall, nur der stattliche Betrag, den Pepi mir von nun an griesgrämig hinblätterte.

Mein Kontostand hatte inzwischen eine Höhe erreicht, die mich zu weiteren Überlegungen verpflichtete. Ich spielte mit dem Gedanken, mein Untermietzimmer bei der Witwe Schick aufzugeben und ein bescheidenes kleines Schloß zu erwerben, verzichtete dann aber schweren Herzens darauf, um das Mißtrauen meines kleinlichen Freundes nicht unnötig zu wecken. Pepi könnte eins und eins zusammenzählen und womöglich der blühenden Perückenproduktion und dem diskreten Haarwasser auf die Spur kommen. Das konnte ich nun wirklich nicht riskieren. So blieb ich eben Untermieter, kaufte mir statt dessen erstklassige Wertpapiere und tröstete mich damit, daß mir Dr. Schwarzkopf eine ehemalige Glatzenwohnung in der Innenstadt versprochen hatte, wenn unsere Mitgliederzahl sechsstellig geworden war.

Die Geschäfte mit dem Haarwasser florierten tatsächlich noch üppiger, als Dr. Schwarzkopf und ich es uns in den kühnsten Träumen erhofft hatten. Wir hatten gemeinsam einen bescheidenen, aber günstig gelegenen Kellerraum in einem der Außenbezirke angemietet und ihn zum Labor umfunktioniert. Die wissenschaftliche Arbeit übertrugen wir Dr. Schwarzkopfs hochbegabtem Neffen, einem Studenten der Philosophie. Der junge Philosoph entwickelte in sorgfältigen wissenschaftlichen Experimenten eine nahezu patentreife Haarwassersubstanz. Die geheime Formel dieser Revolution im einschlägigen Markt lautete: 98 Teile Wasser, 1 Teil Menthol und 1 Teil von noch irgend etwas.

Das hochwirksame Präparat erhielt den treffenden Namen »Antikahl«, und vielleicht ist es nicht zuletzt diesem Umstand zuzuschreiben, daß unser junger Betrieb mit Aufträgen überhäuft wurde. Das Produkt erfreute sich aber auch wegen seiner einfachen Handhabung bald größter Beliebtheit: »Alle zwei Stunden einen gehäuften Eßlöffel auf die Handfläche tröpfeln«, hieß es im Beipackzettel, »das Antikahl in die angekahlten Hautpartien sanft einmassieren (nicht einreiben!) und den Vorgang so oft wiederholen, bis die gewünschte Haarmenge erreicht ist.«

Den Preis der kleinen Flasche hatten wir mit Kr. 32,10 angesetzt, den der doppelten Sparpackung mit Kr. 64,20. In fetten Buchstaben stand auf der Verpackung: »Schütze Dich und Deine Familie vor dem Gespenst der Haarlosigkeit.«

Um »Antikahl« endgültig im Markt zu etablieren, schaltete ich eine ganzseitige Anzeige in der ersten Nummer der »Stimme des Volkes«. Das brachte André auf den

Gedanken, auch für unsere Perücken zu werben, aber ich redete es ihm geschwind aus, um Pepis Spürnase nicht auf eine neue Fährte zu führen. Mein Privatleben geht schließlich niemanden etwas an.

Ich überflog gerade die Tagesberichte der inzwischen recht zahlreichen Kreiszackler-Ortsgruppen, als ein kleiner weißhaariger Herr in mein Büro geführt wurde.

»Entschuldigen Sie bitte die Störung«, sagte der Besucher leise. »Vielleicht erkennen Sie mich, mein Name ist Wind.«

Ich war ratlos. Sollte ich ihn freundlich begrüßen oder ihn kurzerhand hinauswerfen? Ich murmelte irgend etwas und ließ schleunigst Pepi holen. Schließlich war er der Propagandachef und Professor Wind somit sein Problem.

Pepi wollte sich rasch wieder davonmachen, als er Professor Wind erblickte, setzte sich aber dann doch zu uns, als er meinen mahnenden Blick auffing. Der Professor kam zur Sache:

»Meine Herren, ich bin zwar kein eingefleischter Patriot, aber die Entwicklung in meinem Heimatland bereitet mir große Sorgen. Ich weiß heute, daß meine Artikel nichts gefruchtet haben, und so wagte ich mich in die Höhle des Löwen.«

»Fassen Sie sich kurz«, fuhr Pepi dazwischen. »Unsere Zeit ist knapp. Die Arbeit in der Bewegung fordert all unsere Kräfte.«

Der Gelehrte atmete tief durch:

»Ich werde Sie nicht lange aufhalten. Ich will Sie nur fragen: Haben Sie denn keinerlei Skrupel, so schamlos zu lügen? Anständige Menschen würden bei einer solchen Unverfrorenheit in Grund und Boden versinken.«

Er schaute mir jetzt direkt in die Augen. Ich blickte zu Boden, um ihn nicht in Verlegenheit zu bringen.

»Anständige Menschen?« ergriff Pepi das Wort. »Das ist ein dehnbarer Begriff, werter Professor. In meinen Augen ist ein anständiger Mensch jemand, der in einer öffentlichen Telefonzelle nicht versucht, Hosenknöpfe einzuwerfen. Ich habe das noch nie getan, und so halte ich mich durchaus für anständig.«

»Sie sind ein Zyniker«, fuhr der Professor auf. »Ich muß wohl deutlicher werden. Sie sind habgierig und machtbesessen, und zwar in dieser Reihenfolge.«

»Machen Sie sich doch nicht lächerlich, guter Freund«, entgegnete Pepi seelenruhig. »Zehntausende Anhänger werden sich doch wohl nicht irren.«

Ich unterbrach den Dialog, weil ich es nicht leiden konnte, wenn Pepi mich nicht zu Wort kommen ließ.

»Die Idee des Haarschutzes«, deklamierte ich den Text eines unserer Plakate, »leuchtet wie eine Fackel auf dem Weg in eine bessere Kreiszacklerzukunft.«

»Unsinn«, brauste der Professor auf. »Vielleicht sind die Menschen doch nicht so dumm, wie Sie meinen. Bilden Sie sich ja nicht ein, daß Sie mit Ihrer bodenlosen Niedertracht unschuldige Menschen ins Unglück stürzen können, während Sie sich selbst ein schönes Leben machen.«

»Ihre Selbstlosigkeit rührt mich zu Tränen«, bemerkte Pepi trocken. »Und jetzt werde ich deutlicher. Unserer Haarschutzbewegung wird längst die Welt gehören, wenn Sie Einfaltspinsel immer noch von Anständigkeit und ähnlichen Banalitäten faseln.«

Keine Frage, Pepi war dem Professor intellektuell haushoch überlegen. Der eitle Wissenschaftler schäumte vor Wut:

»Und wenn die ganze Welt den Verstand verliert, eines Tages wird die Wahrheit siegen.«

»Amen«, sagte Pepi und rief unseren Oberkellner. »Eugen, führen Sie den Herrn samt seiner Wahrheit hinaus.«

Es war gegen sieben Uhr, als ich wie jeden Abend auf Lizzi wartete. Der Sommer neigte sich langsam dem Ende zu, und es dämmerte bereits, aber die Straße war immer noch voller Menschen, die sich gegenseitig unser Parteiorgan aus den Händen rissen.

Unaufhörlich schleppten die Zeitungsjungen mit den lila Krawatten neue Stapel heran:

»Sensation«, riefen sie. »Die mutige Tageszeitung der Kreiszacklerfront. Die erste Nummer der ›Stimme des Volkes‹. Die Haarfront schlägt zurück! Glatzen raus! …«

Mittags um zwei waren die ersten hunderttausend Exemplare ausgeliefert worden, und nun verkaufte man bereits die vierte Auflage. Das Blatt hatte auf Anhieb das kritische Hauptstadtpublikum erobert und Kreiszackler wie Glatzensympathisanten gleichermaßen gefesselt.

Unser neues Parteiorgan genügte aber auch den höchsten Ansprüchen. Auf der Titelseite prangte in riesigen lila Buchstaben das Parteistatut, und darunter stand mein persönlicher Appell, die Überraschung, die mir Pepi angekündigt hatte. Darin rief ich alle behaarten Bürger auf, den Kampf gegen das internationale Glatzentum Schulter an Schulter mit uns zu bestreiten. Aus der Mitte des Artikels ließ ich meinen sorgenvollen Blick in die Ferne schweifen, und darunter hatte Pepi »Es lebe Rudolf Flinta, der große Führer der NHPKF« gesetzt.

Auf der zweiten Seite aber kam Pepi selbst zu Wort. In einer wortgewaltigen Proklamation rief er alle Patrioten zum Kampf gegen das glatzköpfige Schmarotzertum auf. Er bezog sich dabei auf den historischen Hirtenbrief des großen Kirchenmannes und Türkenfressers Johannes von Capistrano, in dem der visionäre Priester »Zum Kampf gegen die ungläubigen kahlgeschorenen Osmanen« aufgerufen hatte.

»Die leidenschaftlichen Worte des unsterblichen Geistlichen brennen mir in der Seele«, schrieb Pepi. »In seinem Namen fordere ich: Auf mein Volk, gegen die Glatzköpfe, auf zum heiligen Krieg! Folgen wir der Parole: Mit kreiszacklerischer Ehre für Vaterland und Gerechtigkeit.«

Pepi war sich seiner Wirkung so sicher, daß er auch mit den »verantwortungslosen Regierenden« gnadenlos ins Gericht ging und sie in Bausch und Bogen als feige Hunde bezeichnete, obwohl wir bislang von offizieller Seite eigentlich nur freundliche Duldung erfahren hatten.

»Wir sind nicht käuflich«, ließ von Schomkuthy seine Leser wissen. »Die Tage dieser Regierung sind gezählt. Das Maß ist voll!«

Auf den nächsten Seiten konnte ich dann meinen beispielhaften, wenn auch nicht ganz authentischen Lebenslauf nachlesen. Ich erfuhr daraus, ich hätte mich aus ärmlichen Verhältnissen emporgearbeitet, mein Universitätsstudium ungeachtet bitterster Armut mit eisernem Willen durchgezogen, ganz abgesehen davon, daß ich eine anerkannte politische Autorität und ein blendender Rhetoriker mit visionärem Konzept wäre. Mein fester Glaube und meine untadelige moralische Haltung wären die beste Gewähr für eine erfolgreiche Zukunft des Haarschützerkonzepts.

Verwaltungschef Dr. Schwanz untermauerte als innenpolitischer Sprecher ideologisch, warum das internationale Glatzentum sich die Unterwerfung der Menschheit zum Endziel gesetzt hatte und warum der Kampf dagegen »vorrangige Berufung, heilige Sendung und humanitäre Pflicht« sei.

Auch die übrigen Artikel befaßten sich ausschließlich mit der Glatzenfrage, insbesondere die als »Haarnetz« überschriebene Kolumne, in der wir die Machenschaften jener prominenten Glatzenfirmen entlarvten, die die Wirkung von Zeitungsanzeigen unterschätzt hatten.

Aber Pepi hatte auch für die Unterhaltung unserer Leser gesorgt. Außer dem »Haarnetz« gab es noch eine bunte Palette für die ganze Familie, von amüsanten Glatzenwitzen bis zu spannenden Kreuzworträtseln. Der köstlichste Glatzenwitz dieser Nummer lautete:

Zwei Kahlgeschorene treffen sich auf der Straße:

»Hören Sie, Kohn, mir ist, als ob ich Sie gestern gesehen hätte.«

»Wo denn, Schwarz?«

»Sie kamen gerade aus dem Schwimmbad.«

»Aus dem Bad? Das kann nicht ich gewesen sein.«

Dieser prachtvolle Witz gefiel mir sehr gut, denn er deutete geschmackvoll an, daß sich die Glatzköpfe nur ungern waschen. Hatte ich doch selbst als kleiner Junge im Strandbad häufig beobachtet, wie sich die kahlen Opas ärgerten, wenn man sie naßspritzte.

Die Auflösung des Kreuzworträtsels förderte einen berühmten Ausspruch Napoleons zutage. Waagerecht 1 und Senkrecht 18: »Schlimmer als ein zaudernder Feldherr ist nur ein kahler«, wobei den Einsendern der richtigen Auflösung das bereits im Druck befindliche historische Werk »Protokolle weiser Glatzköpfe« von Prof. Dr. Josef von Schomkuthy jun. als Preis winkte.

Die erste Ausgabe der »Stimme des Volkes« war so schnell vergriffen, daß viele Interessierte leer ausgingen. Die Auflage der zweiten Ausgabe hatten wir verzehnfacht, aber zumindest brauchten wir uns um die Verteilung keine Sorgen mehr zu machen. Begeisterte Parteimitglieder betätigten sich unentgeltlich als Zeitungsjungen, um den Nachschub zu sichern. Die Meldungen über die Begeisterung, die das neue Blatt auslöste, rissen nicht ab. In der Zentrale liefen die Drähte heißt, spontan bildeten sich Freiwilligentrupps, die in den Straßen nach Glatzköpfen Ausschau hielten. Natürlich verkrochen sich diese Feiglinge lieber in ihren eigenen vier Wänden, anstatt sich der aufgeklärten Öffentlichkeit zu stellen.

Ich aber hatte noch immer nicht mit Lizzi gesprochen. Diesmal wollte ich ihr endlich reinen Wein einschenken, wenn sie durch die »Stimme des Volkes« nicht ohnehin schon im Bilde war. Ich hatte mir inzwischen einen genauen Plan zurechtgelegt, wie ich sie überzeugen wollte. »Meine kleine Lizzi«, würde ich sie beschwören, »ja, ich will es gar nicht leugnen, ich bin nun einmal der Kopf der neuen Bewegung. Es war vielleicht unfair, es dir nicht sofort zu sagen, aber ich wollte dich nicht unnötig aufregen. Die Zukunft gehört uns, und das unauslöschbare Feuer unserer unsterblichen Liebe wird alles überwinden ...«

Es schlug sieben, als Lizzi, wie verabredet, auftauchte. Ihr Mantel stand weit offen, der Wind hatte ihre prächtigen Locken zerzaust, und als sie näher kam, bemerkte ich auch die verweinten Augen im blassen Gesicht. Sonst fiel sie mir zur Begrüßung immer um den Hals, heute blieb sie stumm mit herunterhängenden Armen vor mir stehen.

»Rudi«, begann Lizzi schließlich mit erstickter Stimme. »Bist du wirklich der Anführer dieser dreckigen Bande?«

»Ich kann doch nichts dafür«, stammelte ich. »Der blöde Pepi ist schuld. Ich bin einfach nicht dazu gekommen, es dir zu erzählen. Immer wieder ist irgend etwas dazwischen gekommen. Du kennst das ja.«

Lizzi schluchzte so laut, daß ich sie in eine Toreinfahrt zog. Man drehte sich bereits nach uns um. Was sollte ich nur tun? Ich liebte sie doch so sehr. Ich beschloß, ohne Rücksicht auf Konsequenzen ihr alles der Reihe nach ganz ehrlich zu erzählen.

Zuerst suchte ich noch mühsam nach Worten, dann aber war es, als hätte sich in mir eine Schleuse geöffnet. Ich erzählte, wie es nach Politzers himmelschreiender Gemeinheit zu Pepis umstrittenem Artikel gekommen war und ich dann, das Wohl meines Freundes vor Augen, ganz unschuldig in die Sache hineingezogen worden war.

»Es muß sich doch um eine gerechte Sache handeln«, versuchte ich sie zu überzeugen. »Hätten wir sonst so viele begeisterte Anhänger?

Lizzi sah mich fassungslos an.

»Ist das so schwer zu verstehen, meine Liebste. Bisher war ich wie ein streunender Hund, der von den Abfällen der Straße lebte«, schloß ich mein Bekenntnis. »Ich besaß keinen roten Heller, ich wurde getreten und herumgeschubst. Zum ersten Mal in meinem Leben genieße ich Ansehen, die Menschen beten mich an, und ich habe ein eigenes Konto. Soll ich denn auf all das verzichten?«

»Und woher kommt dieses Geld?« insistierte das Mädchen. »Wer sind die, die dich so weit gebracht haben? Gauner, Irre, Schwächlinge.«

»Mein Herz«, tröstete ich sie. »Wenn du in Ruhe überlegst, wirst du einsehen, daß ich gar nicht so falsch liege. Du kannst doch Tatsachen nicht einfach leugnen. Warum gibt es denn viel mehr Glatzköpfe unter reichen Bankiers oder Börsenmaklern als unter mittellosen Laufburschen oder Studenten, warum?«

Lizzi riß sich los.

»Rudi«, flüsterte sie. »Das kann doch nicht dein Ernst sein. Du machst dich doch lustig über mich.«

Noch bevor ich antworten konnte, mußten wir einem grölenden Haufen ausweichen, der ganz nah an unserer Toreinfahrt vorbeizog. Acht fröhliche junge Leute trieben einen jungen Mann mit schütterem Haar vor sich her, der offenbar nicht ganz freiwillig auf allen vieren dahinkroch.

»Hü, hott«, schrien die Burschen und traten auf ihn ein. »Zeig mal, wie ein Musterschüler wiehern kann!«

Der junge Mann versuchte sich aufzurichten, aber die acht drehten solange an seinen großen, abstehenden Ohren, bis er tatsächlich zu wiehern anfing. Die Szene spielte sich auf offener Straße ab, aber niemand blieb stehen. Zwar schüttelte der eine oder andere Vorübergehende den Kopf, hütete sich aber, sich in fremde Angelegenheiten einzumischen.

Als der junge Mann wieherte und wieherte, schrie Lizzi auf. Da bemerkten uns die Studenten und zerrten mich aus der Einfahrt. Verzweifelt beteuerte ich, ich sei kein flüchtiger Glatzkopf, und schon riß einer der Studenten grölend an meinen Haaren. Dann stutzte er und fuhr erschrocken zurück:

»Verzeihen Sie tausendmal«, stammelte er. »Geduld! Wir siegen! Es lebe Flinta!«

»Heiliger Strohsack, das ist ja der Führer«, erkannten mich jetzt auch die anderen, und ich spürte wieder jenen wohligen Schauer in meinem Rücken. Ja, für die Jugend war ich ein Idol, ob ich nun wollte oder nicht.

Die jungen Kerle überschlugen sich dann vor Eifer, mir alles zu berichten. Sie wollten mit dem spärlich behaarten Kommilitonen nur ihren Spaß treiben, weil der Streber sich bei den Professoren immer so anbiederte, nur die besten Noten bekam und sich jetzt auch noch während einer Vorlesung unter die Behaarten gesetzt hatte. Das war dann doch zu viel gewesen.«

Ich murmelte ein paar aufmunternde Worte. Die ungestüme Bande zog zufrieden von dannen, auf der Suche nach weiteren kahlen Zielen ihres Humors. Den Streber hatten sie auf meinen Wunsch entwischen lassen.

Lizzi hatte die Szene stumm beobachtet.

»Das also«, sagte sie anklagend, »das sind deine Anhänger.«

»Glaub mir, Lizzi, auch mir gefällt nicht alles. Aber weißt du, warum ich mich überhaupt darauf einließ, warum ich mich von ganz unten emporgearbeitet habe? Einzig und allein deinetwegen. Ich wollte mir eine Existenz aufbauen, um dich zur Frau zu nehmen.«

Lizzi seufzte tief:

»Wie glücklich wäre ich noch vor wenigen Tagen über deinen Antrag gewesen. Seit heute aber ist alles anders. Rudi, ich kann einfach nicht die Frau eines Haarschützers werden.«

»Warum nicht«, bestürmte ich sie. »Was hat Politik mit Liebe zu tun?«

Lizzi schwieg.

»Ich habe Angst um dich«, flüsterte sie dann, »glaubst du denn, daß ausgerechnet dich das Böse, das du ausgelöst hast, verschonen wird? Und ich muß dir etwas gestehen: Mein Vater ist völlig kahl.«

Sie drehte sich auf dem Absatz um und lief davon. Ich blieb wie angewurzelt stehen und starrte ihr fassungslos nach.

Langsam ging ich nach Hause.

Daß Lizzi, dieses kluge, charmante und fröhliche Geschöpf, einen Glatzkopf zum Vater hatte. Nicht auszudenken. Wenn er zumindest schütteres Haar gehabt hätte, ein kleines Büschel irgendwo, aber vollkommen kahl? Ich, der Prophet des Haarschutzes und ein Mädchen mit Glatzkopfwurzeln, mein Gott, was habe ich getan, daß du mich so strafst?

Je länger ich aber nachgrübelte, desto ärgerlicher wurde ich auf Lizzi. Wieso hatte mir dieses naive Ding nur den katastrophalen Zustand ihres Vaters verheimlicht? Wenn man jemanden wirklich liebt, dann darf man ihm nichts verheimlichen. Hätte sie mir früh genug ihre trostlosen Familienverhältnisse geschildert, so hätte ich mich bestimmt nicht in sie verliebt und schon gar nicht um ihre Hand angehalten.

Ich war des Lebens überdrüssig. Das erste Mal, seit ich die Haarschutzidee geboren hatte, überfielen mich böse Ahnungen, die sich leider nur allzu bald bewahrheiten sollten.

Es war völlig dunkel, als ich zu Hause ankam. Kein Mensch weit und breit, unsere kleine Straße war wie ausgestorben. Die Zeiten waren unsicher, und auch ich wäre unter normalen Umständen vor Einbruch der Nacht zu Hause gewesen, aber Lizzis Geständnis hatte mich unvorsichtig gemacht.

So zog ich den Hausschlüssel schnell aus der Tasche, als ich Schritte hörte. Zuerst glaubte ich, Eugen wartete auf mich, aber dann sah ich vier unbekannte Männer drohend vor mir stehen.

Fieberhaft suchte ich nach meinem Oberkellner, doch der hatte sich rechtzeitig hinter einer Litfaßsäule verkrochen. Von dort aus winkte er mir aufmunternd zu. Was sollte mir schließlich passieren, sagte ich mir, wahrscheinlich waren es wieder begeisterte Haarschützer, die mich für einen feigen Glatzkopf hielten.

»Ich bin ein Behaarter, meine Herren«, sagte ich so laut und vernehmlich ich konnte. Eine Ohrfeige war die prompte Antwort, und dann ging es Schlag auf Schlag. Ein Tritt in den Bauch, und ich klappte zusammen wie ein Taschenmesser.

»Meine Herren«, stammelte ich hastig, »wenn Sie Geld brauchen, kein Problem …«

»Maul halten.«

Ich wurde in die Höhe gerissen. Das war es dann wohl, meine letzte Stunde nahte. Ich würde nicht einmal mehr erfahren, welche Glatzköpfe mich ins Jenseits befördert hatten.

»Tun Sie mir nichts, bitte«, flehte ich. »Ich bin doch

nur Haarschützer geworden, um das Ärgste zu verhindern. Jeder andere hätte viel ärger gewütet.«

Einer lachte verächtlich auf, und ein anderer versuchte, aus meinen Rippen Kleinholz zu machen.

»Der Vater meiner Braut ist selbst ein Glatzkopf«, ich spielte meine letzte Karte aus, aber nicht einmal das beeindruckte die Angreifer.

»Hör gut zu, du mieser Kerl«, einer blies mir seinen feuchten Atem ins Gesicht. »Wenn dein Schundblatt noch einmal schreibt, daß die Regierung aus feigen Hunden besteht, deren Tage gezählt sind, dann schlagen wir dich das nächste Mal mausetot, verstanden?«

Aus der Ferne waren Schritte zu vernehmen. Der Flüsterer ließ meine Gurgel los und warf mich zu Boden. Ich sah viele bunte Sterne und verlor das Bewußtsein.

Als ich wieder zu mir kam, lag ich auf meinem Bett. Vorsichtig öffnete ich ein Auge, schloß es aber gleich wieder, weil ein stechender Schmerz meine Brust durchbohrte. Schemenhaft hatte ich Frau Molnar erkannt, die versuchte, mir ein wenig Wasser einzuflößen. Dann hielt sie mir etwas unter die Nase, das so bestialisch stank, daß ich in die Höhe schoß. Alles tat mir weh, ich konnte nur ganz flach atmen.

»Ist Pepi auch verdroschen worden?« fragte ich mit letzter Kraft. Frau Molnar hatte nichts davon gehört.

»Schade. Wie bin ich denn nach Hause gekommen?«

Frau Molnar deutete auf das Fußende meines Bettes. Da saß der alte Hawlitschek auf einer Stuhlkante und schob verstört seinen Hut hin und her. Frau Molnar erzählte in wenigen Worten die Geschichte meiner wundersamen Rettung. Ohne das unerwartete Auftauchen von Opa Hawlitschek wäre mein Leben keinen Pfifferling mehr wert gewesen. Als der alte Herr mich am Gehsteig liegen sah, rief er laut um Hilfe. Der Schlägertrupp suchte daraufhin das Weite, Hawlitschek aber schleppte mich trotz seiner Gebrechlichkeit bis in mein Zimmer. Im Treppenhaus war er dann auf Frau Molnar und den verschreckten Oberkellner gestoßen, und jetzt warteten sie auf den Krankenwagen.

»Danke Hawlitschek«, wandte ich mich herzlich an den Alten. »Ohne Sie, mein Lieber, wäre es mir an den Kragen gegangen. Nur einige Minuten später, und die Glatzköpfe hätten ein Freudenfeuer entzündet.«

»Entschuldigen Sie, Herr Flinta«, sagte der alte Herr, »nicht daß es was ausmacht, aber ich bin doch auch ein Glatzkopf.«

Tatsächlich, da fiel es mir wieder ein, Opa Hawlitschek war keiner von uns.

»Bei Ihnen ist das etwas anderes, Hawlitschek«, beruhigte ich ihn. »Sie sind eine Ausnahme. Ihnen wird wegen dieser peinlichen Angelegenheit nichts geschehen, dafür sorge ich persönlich.«

»Danke sehr, Herr Flinta.«

Mühsam richtete ich mich auf und bemerkte erst jetzt, wie es in meinem Zimmer aussah. Es war völlig verwüstet, alle Möbel umgeworfen, die Schubladen herausgezogen, meine Sachen am Boden verstreut.

»Beruhigen Sie sich, Herr Flinta«, sagte Frau Molnar munter. »Das war nur die Polizei.«

Am frühen Nachmittag, berichtete sie, wären Beamte ins Haus eingedrungen und hätten »wegen Verdachts auf Verbreitung illegaler Flugblätter« nicht nur mein Zimmer, sondern auch das von Frau Schick durchstöbert. Beweise waren zwar nicht zu finden, denn die lagen gut versteckt im Keller der Parteizentrale, aber die Witwe hatten sie mitgenommen.

»Was hat denn die arme Frau getan?«

»Sie hatte Dollar in ihrem Wäscheschrank verborgen«, berichtete Frau Molnar aufgeregt. »Sie wissen ja, welche Strafe auf unerlaubten Devisenbesitz steht.«

Ich wollte mich gleich in die nächste Ohnmacht retten, denn die 1200 Dollar kannte ich seit dem unvergeßlichen Treffen mit Direktor Watzek nur zu gut. Ich selbst hatte sie der Witwe gegeben, in der Hoffnung, bei ihr wäre das Geld sicher. Jetzt endete dieser Tag auch noch hinter Schloß und Riegel. Im Geiste hörte ich bereits die Polizeisirenen …

Das Leben ist kein Picknick, das begann ich langsam zu begreifen.

Zwei volle Tage lag ich bereits im St. Jolantha-Krankenhaus. Mir war elend zumute, obwohl meine gebrochenen

Rippen fest bandagiert waren und der Oberarzt sich rührend um seinen Ehrengast kümmerte. Ich aber litt an Verfolgungswahn, und das nicht ohne Grund, denn die Zeitungen hatten nämlich berichtet, die Regierung würde mit den Kreiszacklern kurzen Prozeß machen.

> »In diesen schweren Zeiten«, meldete die Staatspostille, »da überall auf dem Kontinent Kriege ausbrechen und nur ein paar hundert Kilometer von uns entfernt Millionenheere aufeinandergehetzt werden, muß die Regierung selbst für das Wohl der Nation sorgen und die brennende Glatzenfrage ohne fremde Hilfe lösen. Die Haarschutzextremisten, die sich mittlerweile Kreiszackler nennen, haben versucht, die Führung im gerechten Kampf gegen das rachsüchtige Glatzentum an sich zu reißen. Als ob die vom Volk gewählte Regierung im Land des heiligen Antonius nicht imstande wäre, selbst ihre heilige vaterländische Pflicht zu erfüllen. Vor allem in Kriegszeiten müssen historische Missionen in einer Hand bleiben. Das defätistische kosmopolitische Glatzentum kann zweifellos nur von einem tadellos funktionierenden Staatsapparat in Schach gehalten werden.«

Die Absicht der regierenden Schwachköpfe war leicht zu durchschauen. Unser zunehmender Einfluß hatte sie neidisch gemacht, und jetzt wollten sie die überraschende

Popularität der Glatzenfrage für sich vereinnahmen. Auf schamlose Weise kopierte die Regierung unsere Idee und schickte uns zudem noch die Geheimpolizei auf den Hals, die mir ohne zu Zögern drei Rippen brach.

Am meisten jedoch ärgerte mich, daß sich Pepi nach dem Überfall eiligst aus dem Staub gemacht hatte, während ich ans Krankenbett gefesselt war. Außerdem erwartete mich ein Verfahren wegen illegalen Devisenbesitzes, wenn Frau Schick ihr Geständnis abgeliefert hatte.

Von all meinen Anhängern war Dr. Schwarzkopf der einzige, der mir in diesen schweren Tagen zur Seite stand. Er wachte auch an jenem Nachmittag an meinem Bett, als mir eine neue Hiobsbotschaft überbracht wurde.

Unter dem Namen »Glatzenschreck N« wurde nämlich seit kurzem ein neues Haarwasser verkauft, das zwar um einiges billiger, aber ebenso wirkungslos war wie unseres. Die Produzenten von »Glatzenschreck N« waren leider nicht zu ermitteln gewesen. Es schien sie einfach nicht zu geben. So konnten wir nicht einmal Preisabsprachen treffen, und es blieb nichts anderes, als unser Haarwasser unter dem Preis des neuen zu verkaufen, auch wenn wir draufzahlen würden, was aber gar nicht möglich war.

Schwarzkopf brachte mir endlich auch eine Nachricht von Pepi.

»Von unserem gemeinsamen Oberkellner«, schrieb er, »habe ich erfahren, daß du trotz seiner tatkräftigen Hilfe verprügelt wurdest. Du bist eben nicht zum Helden geboren, lieber Rudi. Mir geht es so leidlich, allerdings schmerzen in letzter Zeit meine Knie. Der Arzt hat mir dringend eine Schlammkur empfohlen, deshalb tauche ich einige Tage unter. Mach dir keine Sorgen um mich, man wird mich nicht finden. Du wirst es schon irgendwie schaffen. Viele Grüße von deinem Freund Pepi.«

So viel Anteilnahme hatte ich gar nicht erwartet.

»Warum hat man in der ›Stimme des Volkes‹ eigentlich nicht über das heimtückische Attentat auf mich berichtet?« beschwerte ich mich bei Dr. Schwarzkopf. »Als Pepi damals seine lächerlichen zwei Zähne verlor, gab es jede Menge Geschrei.«

»Das fällt allein in Schomkuthys Ressort«, wandt sich Dr. Schwarzkopf. »Der Herr Chefredakteur will unsere Leser vermutlich nicht auf die gute Idee bringen, man könnte uns auf offener Straße verprügeln. Im übrigen wurde die ›Stimme des Volkes‹ ohnedies vor zwei Tagen auf Anordnung der Regierung eingestellt. Ein Skandal. Dabei hat alles so hoffnungsvoll begonnen ...«

Da durchzuckte mich plötzlich ein absurder Gedanke. Was wäre, wenn, ja, wenn wir die ganze Kreiszacklerei bleiben ließen. Geld hatte ich schließlich genug auf der hohen Kante, das Perückengeschäft würde noch eine Weile weiterlaufen und das Haarwasser sich zum Dumpingpreis ein paar Monate im Markt behaupten. Das Wichtigste aber war, daß Lizzi und ich uns ganz ohne das

Glatzentheater auf eine unbeschwerte Zukunft freuen könnten.

Sogar jetzt, da die Idee auf dem Spiel stand, konnte ich an nichts anderes denken als an Lizzi. Ihr überstürzter Abgang betrübte mich. In meinem Kummer wäre ich sogar bereit gewesen, die Kahlköpfigkeit ihres Vaters zu ignorieren. Hätte Politzer Haare gehabt, wäre ihr Vater heute noch ein anständiger Bürger, und ich könnte seine Tochter ungehindert zum Altar führen.

Gleich darauf schämte ich mich aber meiner engherzigen Gedanken und beschloß, der schadenfrohen kahlen Bande meine geprellten Rippen auf Heller und Pfennig heimzuzahlen.

Es kam aber nicht dazu.

Der dritte Tag im Krankenhaus brachte endlich die Wende, als ich eine gute Nachricht nach der anderen erhielt.

Zunächst war das Seitenstechen soweit zurückgegangen, daß ich bereits über den Gang humpeln konnte, und der reizende Oberarzt versprach, mich am Wochenende aus dem Krankenhaus zu entlassen. Gleichzeitig erfuhr ich, daß die »Stimme des Volkes« wieder ausgetragen wurde und die Regierung ihre Hetzkampagne gegen uns wider Erwarten eingestellt hatte. Ich schöpfte neue Hoffnung für unsere junge Bewegung.

Die größte Überraschung aber bereitete mir die Witwe. Die Lokalnachrichten meldeten nämlich, daß eine gewisse Frau Elivra Schick, die in ihrer Wohnung eine größere Summe US-Dollar versteckt hatte, im Zuge eines bravourösen Polizeimanövers verhaftet worden war. Im Gefängnis habe die Inhaftierte dann gestanden, »Besitzerin illegaler Auslandsdevisen gewesen zu sein«.

Die selbstlose Geste der Witwe rührte mich tief. Sie hatte sich für mich, den unersetzlichen Führer, geopfert. Das sollte sie nicht bereuen. Noch vom Krankenbett aus ließ ich der mutigen Frau erlesene Delikatessen, ein Heizkissen und die neuesten Gebetbücher ins Zuchthaus schicken.

So hätte ich allen Grund gehabt, zufrieden zu sein, wäre da nicht meine Sehnsucht nach Lizzi gewesen. Ich mußte sie unbedingt wiedersehen. Ich hatte sie inständig gebeten, mich zu besuchen und hoffte auf eine stürmische Versöhnung, schien es mir doch, als stünde ich plötzlich unter dem Schutz einer geheimnisvollen höheren Macht. Bereits kurz darauf entpuppte sich diese Macht als Dr. Carl-Pierre Zenmayer.

An meinem vierten Tag im Krankenhaus standen bereits wieder zwei grimmige Kreiszackler mit lila Krawatten vor meinem Zimmer postiert. Alle Haarfrontgenossen, die in der Partei etwas zu sagen hatten, waren inzwischen an meinem Krankenbett erschienen. Nur der feigste aller Gorillas wagte nicht, mir unter die Augen zu kommen.

Auch Dr. Schwanz machte mir gegen Abend seine Aufwartung, womit er große Zivilcourage bewies. Hatte die Regierung doch allen Akademikern die Mitgliedschaft in der Front strengstens verboten. Für diese klare Haltung waren wir dem Staat sehr dankbar, denn bereits kurz nach dem Erlaß traten die Akademiker scharenweise bei uns ein.

Mit Kreiszacklergruß überreichte mir Verwaltungschef Dr. Schwanz die jüngste Nummer des Revolverblatts »Scheibe«, in der Professor Wind unseren neuerlichen Aufschwung als den finsteren Wahnsinn von kleinkarierten Schwindlern bezeichnete, »der wie Opium auf die Massen wirkt und jedem Menschenrecht spottet«.

Angeekelt legte ich die Zeitschrift zur Seite. Für solch primitive Argumentationen war mir meine Zeit zu kostbar.

»Unerhört«, bekräftigte auch Dr. Schwanz. »Eine Orgie der Dummheit. Was hat Wind dagegen, daß unsere Idee wie Opium wirkt? Opium ist nicht nur eine Droge, sondern auch ein bekanntes Heilmittel, das von der modernen Pharmazie mit beachtlichem Erfolg eingesetzt wird. Wichtige Medikamente werden aus Opium hergestellt wie Morphium, Kodein, von den Alkaloiden ganz zu schweigen…«

Wahrscheinlich hätte der gute Mann seine geliebten Wortkaskaden endlos weitergeführt, wäre nicht plötzlich Pepi aufgetaucht. Ich hatte ihn noch nie so aufgeregt gesehen. Er warf Dr. Schwanz aus dem Zimmer, stopfte meinen umherliegenden Krimskrams in den Schrank, fegte den Nachttisch leer und stellte eine Flasche französischen Cognac darauf.

»Laß das doch«, sagte ich. »Ich rufe lieber die Krankenschwester.«

»Um Gottes willen, nein. Niemand darf erfahren, daß du Besuch bekommst. Und ich flehe dich an, versuche ausnahmsweise einmal einen guten Eindruck zu machen. Dr. Zenmayer wird gleich hier sein.«

Ich ärgerte mich über Pepis Geheimniskrämerei. Das alles für einen Herrn Zenmayer. Wenn man schon so heißt. Pepi belehrte mich jedoch rasch eines Besseren. Dr. Zenmayer sei im Auftrag der Regierung unseres mächtigen Nachbarlandes unterwegs, das derzeit einen blutigen Krieg führte. Dr. Zenmayer sollte Kontakt mit der Führung der Haarschutzbewegung aufnehmen. Pepi war ihm bereits vor einiger Zeit begegnet und hatte versprochen, ein Treffen auf neutralem Boden unter Wahrung höchster Diskretion zu arrangieren. Und da kam mein Krankenzimmer wie gerufen.

Etwa eine halbe Stunde später hörten wir ein leises Klopfen an der Tür, und ein hochgewachsener, elegant gekleideter Herr undefinierbaren Alters trat ein. Ich wußte gleich, daß es sich nur um Dr. Carl-Pierre Zenmayer handeln konnte, denn Pepi führte sich auf, als erblickte er den Erzengel Michael.

Dr. Carl-Pierre Zenmayer hatte kurzgeschorene blonde Haare, und hinter seiner randlosen Brille blitzten eisblaue Augen. Wir nannten formvollendet unsere Namen, und ich entschuldigte mich für mein Krankenlager: »Dennoch stehe ich als Chef meines Freundes ganz zu Ihrer Verfügung, mein Herr.«

»Ça ne joue aucun rôle, Messieurs«, erwiderte Dr. Zenmayer, »enchanté de faire votre connaissance.«

»Oh yes«, antwortete ich. »Wie Sie meinen.«

Nach meiner Überzeugung war jetzt Pepi an der Reihe, das Gespräch in die richtigen Bahnen zu lenken. Immerhin war das Gipfeltreffen seine Idee gewesen, aber sein ratloses Gesicht sprach Bände. Offensichtlich war er im Französischen gar nicht zu Hause. Natürlich wollte ich ihn vor unserem hochkarätigen Besucher nicht mit meinen Sprachkenntnissen blamieren. Da ich aber eigentlich auch kein Wort Französisch spreche, bat ich Dr. Zenmayer, meinem Freund zuliebe in Pepis Muttersprache zu verhandeln. Zu unserer Freude entpuppte sich Dr. Zenmayer als gewiefter Diplomat mit polyglotter Vergangenheit.

»Alors, Messieurs«, begann er das Gespräch. »Sind Sie zufrieden mit le développement der Kreiszackler? Wie viele Anhänger haben Sie au moment?«

Ich artikulierte langsam und deutlich.

»Unsere Glaubensgenossen vermehren sich wie die Kaninchen, Mylord.«

Pepi warf mir einen bösen Blick zu und ratterte seine Verdienste um die Haarschutzidee herunter, wie dank seines brillanten Feuilletons die Massen aufgewacht waren, wie er seine legendäre Balkonansprache gehalten und die Partei eigenhändig gegründet hatte …

Dr. Zenmayer fiel ihm ins Wort:

»Pardon, daß ich Ihre höchst aufschlußreiche Rede unterbreche, aber les Messieurs werden doch nicht wirklich annehmen, Ihr Erfolg käme von rien du tout.«

Pepi und ich rochen allmählich den Braten, den Monsieur ins Rohr geschoben hatte. Um Zeit zu gewinnen, hoben wir die Cognacschwenker auf unseren Besucher.

»Prost«, sagte Pepi, »Idee gut, alles gut.«

Wir setzten uns.

»Santé«, Dr. Zenmayer sah stirnrunzelnd auf sein Getränk. Dann fuhr er fort. »Wundern Sie sich nicht, Messieurs, warum alles so glatt geht? Warum le gouvernement den Herren nicht in die Parade fährt? Et pourquoi Ihr Parteijournal noch nicht ganz eingestellt ist? Das halten die Herren alles nur für fortune?«

Wir sahen ihn bestürzt an.

»Noch ein Gläschen Cognac, Excellence?« fragte ich vorsichtig. »Ist very good.«

»Merci, Messieurs. Sie merken also, daß Sie unter allerhöchster protection stehen. Mon gouvernement ist nämlich der geheime Schutzpatron der braven Haarschützer. Nur durch diese assistance sind die Herren noch nicht im Gefängnis oder tout à fait mausetot geprügelt.«

So kam es an den Tag. Wir waren ahnungslos gewesen wie junge Schafe. Nicht der Allmächtige hatte uns Beistand geleistet, sondern die sympathische Regierung von Dr. Zenmayer oder ihr Geheimdienst, was vielleicht auf dasselbe herauskam.

Tiefe Dankbarkeit erfüllte mich für den brillanten Diplomaten, nur Pepi wollte wieder einmal gescheiter sein und wissen, was denn Dr. Zenmayers Regierung von ihrer Großmut habe. Dr. Zenmayer parierte die taktlose

Bemerkung mit diplomatischer Finesse. Wir konnten es uns ungefähr so zusammenreimen, daß sich die Großmacht unseres Schutzengels im Kriegszustand befand und deshalb ungern eine starke, neutrale Regierung im Rücken hatte. Deshalb käme seiner Regierung der Aufstand der Haarschützer wie gerufen, denn so wäre unsere »grande nation« vollauf mit ihren inneren Angelegenheiten beschäftigt und könnte im Notfall in Dr. Zenmayers freundliches Imperium eingegliedert werden.

»Das ist ja alles recht schön und gut, Excellence«, bemerkte ich, »aber wie sollen wir uns denn auf diesen ehrenvollen Auftrag vorbereiten?«

»Pas du tout«, beruhigte mich Dr. Zenmayer. »Tun Sie, Messieurs, weiterhin, als gäbe es uns nicht. Wir sind gar nicht da. Treiben Sie nur Ihre grande idée voran, bekämpfen Sie einfach als patriotes véritables die impertinenten Glatzköpfe.«

»Einverstanden«, Pepi hielt ihm unsere Rechte entgegen. »Wir sind nämlich nicht käuflich, Dr. Zenmayer. Wir leben und sterben nun einmal für die Kreiszacklerîdee.«

Dr. Zenmayer schlug ein und rieb sich anschließend seine Diplomatenhände. Dann besprachen wir die Einzelheiten. Dr. Zenmayer würde uns mit seinen außerordentlichen Beziehungen auch weiterhin tatkräftig zur Seite stehen. Als ich ihn aber darum bat, die Witwe Schick aus dem Gefängnis zu holen, antwortete er, es ginge jetzt um Höheres.

Das verstanden wir nur zu gut, aber leider beging

ich danach einen unverzeihlichen Fauxpas. Durch die freundschaftliche Atmosphäre übermütig geworden, wies ich diskret darauf hin, daß eine Partei ohne Geldspenden nicht existieren könne.

Dr. Zenmayer lehnte sich lachend im Sessel zurück.

»Ça suffit, Messieurs«, sagte er. »Sie haben doch das Portefeuille voller Geld. Wir kennen alle Ihre promoteurs, die Industrie, die Perückenproduzenten, etcetera etcetera... «

Das hatte ich nun davon. Die Perücken! Pepi horchte auf. Die Adern auf seiner Stirn traten hervor, als wollten sie bersten. Ich rutschte unter die Decke und stöhnte:

»Meine Rippen. Ich brauche mein Medikament. Die Schwester soll kommen...«

Pepi achtete nicht auf auf mein Gejammer. Gefährlich ruhig wandte er sich an Dr. Zenmayer:

»Wie war das mit den Perücken? Darf ich fragen, was Sie meinen?«

»Das wissen Sie doch exactement«, grinste der widerliche blonde Spion. »Monsieur Flinta empfängt Monat für Monat vom Perücken-Trowitsch Summen, mit denen noch drei weitere grandes idées zu fördern wären.«

Ich tat, als ob ich nichts gehört hätte, und wimmerte leise vor mich hin. Nur Pepi nicht in die Augen sehen, nur das nicht...

Glücklicherweise konnte mir nichts geschehen, solange Dr. Zenmayer mit seiner charismatischen Ausstrahlung im Zimmer war. Leider ging er bald darauf. Und dann explodierte Pepi so richtig. Mit einer Szene wie aus einem Bilderbuch für Kampfhähne.

»Hochverrat«, brüllte mein Freund. »Eine bodenlose Gemeinheit!«

Es dauerte geschlagene zwei Stunden, bis er sich wieder beruhigt hatte. Dieser kleinkarierte Gauner zeigte endlich sein wahres Gesicht. Er überhäufte mich mit Vorwürfen, tobte, als wäre weiß Gott was geschehen, und wollte mir um nichts auf der Welt glauben, daß ich lediglich vergessen hatte, mein Perückengeschäft zu erwähnen. So etwas kann schließlich jedem passieren. Niemand ist perfekt, nicht einmal ein Führer.

»Erst heute habe ich daran gedacht«, gestand ich ihm, »dir, lieber Pepi, davon zu erzählen, aber dann fand ich die Sache zu belanglos.«

»Ach so«, kreischte Pepi. »Und wieso waren die Gelder, die ich von Watzek kassiert habe, nicht belanglos?«

»Das läßt sich überhaupt nicht vergleichen«, erwiderte ich ruhig, aber bestimmt. »Bei dir war es Böswilligkeit. Du hattest schließlich nicht die geringste Absicht, mir deine geheime Industriequelle zu verraten.«

»Aber natürlich.« Pepi stutzte nur einen kleinen Augenblick. »Du hast mich damals einfach nicht zu Wort kommen lassen.«

Ich griff mir an die Stirn.

»Wie schade, Pepi«, rief ich aus. »Wenn ich das gewußt hätte ...«

Pepi zierte sich noch ein wenig, doch schließlich zog ich ihm den Giftzahn. Und da er mich so herzlich darum bat, erklärte ich mich damit einverstanden, die Perücken fifty-fifty zu teilen und die Bücher bei Trowitsch gemeinsam mit ihm zu prüfen. Dr. Schwarzkopf aber sollte nun wirklich nicht damit behelligt werden. Dazu war die Sache zu belanglos.

Ich kann nicht behaupten, daß mich diese überstürzte Lösung besonders glücklich machte, aber ich hatte wohl keine andere Wahl. Es gibt bessere und schlechtere Tage. Ich tröstete mich mit dem Gedanken, daß ich von nun an meinen besten Freund nicht mehr anlügen mußte.

Was mich aber weit mehr beschäftigte, war die Frage, wo eigentlich Lizzi blieb. Jeden Abend grübelte ich darüber nach, wie ich das Mädchen halten könnte, ohne mein hohes politisches Amt zu verlieren. Es war späte Nacht, als mein Entschluß endlich feststand, ein Entschluß, der ehrlich und human zugleich war. Lizzi würde ihrem Vater eine Perücke aufsetzen, und ich würde so tun, als bemerkte ich es nicht.

Als hätte sie alles geahnt, besuchte mich Lizzi am nächsten Vormittag. Einige Augenblicke lang sahen wir einander an, dann warf sich das Mädchen auf mein Bett und streichelte mein Gesicht.

»Wie schön, daß ich dich wiederhabe.«

Auch ich war gerührt und nicht wenig stolz, als ich in Lizzis schöne, gerötete Augen sah. Das Leben war ihr seit unserer Trennung offenbar nicht mehr lebenswert erschienen. Ich verstand sie nur zu gut

»Mein Schatz«, flüsterte ich ihr ins Ohr. »Es gelingt dir nicht mehr, ohne mich zu leben, gib es zu. Dein Platz ist an meiner Seite, wer immer auch dein Vater ist.«

Ich verriet ihr, was ich mir in der Nacht ausgedacht hatte und daß die Perücke mein persönliches Geschenk an ihren Vater wäre, doch Lizzi schüttelte energisch den Kopf.

»Eine Ehe läßt sich doch nicht auf einer Perücke aufbauen, Liebster. Außerdem würde Papi nie und nimmer so etwas aufsetzen.«

Ich legte ihren hübschen Kopf auf meine bandagierten Rippen und dachte nach. Wie kann man einen vollkommen kahlen Kerl nur Papi nennen?

»Ist dein Vater denn so stolz auf seine Glatze?«

»Natürlich nicht, das wäre doch Unsinn. Aber er meint, es sei reiner Zufall, ob jemandem die Haare ausfallen oder nicht.«

»Natürlich. Sicher. Reiner Zufall.«

Meine Stimmung war wieder beim Teufel, aber trotzdem tat sie mir leid. Man hat schließlich nur einen Vater, oder?

Das Mädchen unterbrach meine Gedanken.

»Mach Schluß damit«, beschwor sie mich. »Wir könnten das glücklichste Ehepaar auf Erden sein, stünde nicht dieser Schwachsinn zwischen uns.«

Ich nahm ihr Gesicht in meine Hände.

»Vielleicht hast du recht, Lizzi«, sagte ich leise, »aber

bedenke doch, selbst wenn ich nicht mitmache, der Haarschutz ist nicht mehr aufzuhalten. Und ist es für deinen Vater nicht viel besser, wenn sein Schwiegersohn an den Schalthebeln der Macht sitzt und er keine Angst mehr haben muß?«

Das Argument leuchtete Lizzi ein, dann aber brach das ganze Elend wieder über sie herein. Sie wüßte nicht mehr, was sie tun sollte, klagte sie. Sie war ohne Mutter aufgewachsen, darum hatte sie ein besonders inniges Verhältnis zu ihrem Vater. Unsere Beziehung war das erste große Ereignis in ihrem Leben, von dem er nichts wußte. Und jetzt sei auch noch ihr Bruder zu den Gebirgsjägern einberufen worden.

Da wuchs ich über mich hinaus und versprach ihr, nach unserer Hochzeit den Begriff Haarschutz zu Hause nicht mehr in den Mund zu nehmen. Ja, ich würde so tun, als wäre ich Führer von irgend etwas ganz anderem, wir würden Politik und Privatleben peinlichst trennen.

Zuerst schüttelte Lizzi noch ihr hübsches Köpfchen und meinte skeptisch, das würde nie funktionieren. Schließlich gab sie nach. Sie war bereit, ihren Vater vorsichtig einzuweihen und ihm mein großzügiges Angebot zu unterbreiten. Ein inniger Kuß überzeugte mich davon, daß ihre Liebe stärker war als ihre lächerliche Abneigung gegen die siegreiche Haarschutzidee.

Nahezu völlig wiederhergestellt wurde ich am nächsten Tag aus dem St. Jolantha-Krankenhaus entlassen. Der lockige Oberarzt war im Gegensatz zum kahlen Primarius der Klinik besonders aufmerksam gewesen. Er verabschiedete mich mit einer kurzen, aber um so herzlicheren Ansprache. »Wir Ärzte kümmern uns nicht um Politik«, erklärte er und schloß schelmisch lächelnd: »Es lebe Flinta!«

Als ich ins Freie trat, begrüßten mich ein paar begeisterte Anhänger mit Hochrufen. Als ich meine neue, mit lila Kreiszacklerfähnchen geschmückte Limousine bestieg, scholl es von allen Seiten:

»Geduld! Wir siegen!«

Unter den vielen unbekannten Gesichtern hatte ich Arthur Molnar, Dr. Schwanz und Eugen entdeckt. Man sah ihm die Erleichterung deutlich an, daß ich vor seinen Augen nicht zu Tode geprügelt worden war. Ich wußte zwar, daß Dr. Schwarzkopf den spontanen Empfang organisiert hatte, freute mich aber trotzdem und wollte mich mit einer kleinen Ansprache bedanken.

»Haarfrontgenossen und Haarfrontgenossinnen! Man weiß, daß ich kein Mann großer Worte bin. Also fasse ich mich kurz: Der Kahlkopf greift an, der Kahlkopf wird geschlagen!«

Einhelliger Jubel beantwortete meine pragmatische Rede, und wie auf Kommando reckten sich die Köpfe und suchten, ob sich irgendwo ein frecher Glatziger versteckt hielte. Daß der kahle Primarius gerade in diesem Augenblick das Krankenhaus verließ, war nun wirklich nicht meine Schuld. Aber da war mein Wagen auch schon angefahren, und ich freute mich auf zu Hause.

Mein schlichtes Zimmer erglänzte im Sonntagsstaat. Trotz ihrer neuen Aufgabe als provisorische Frauenbeauftragte hatte Frau Molnar meine Wohnung auf Hochglanz gebracht. Die tüchtige Haarschützerin hatte auch weiterhin für die Witwe Schick gesorgt. Die paar Kronen mußten der Partei mein schlechtes Gewissen schon wert sein, hatte ich einstimmig beschlossen. Frau Molnar war es gelungen, bei einem ihrer Besuche der großmütigen Witwe zuzuraunen, sie solle sich auch weiterhin klug verhalten, Herr Flinta würde sie bald befreien und fürstlich entlohnen...

Nach ein paar Tagen Rekonvaleszenz trat ich in alter Frische mein Parteiamt wieder an. Zuallererst widmete ich mich den Aktennotizen und internen Hausmitteilungen, die Dr. Schwarzkopf mit großer Umsicht zusammengestellt hatte. Die Haarschutzidee hatte sich inzwischen wie ein Lauffeuer im Land verbreitet, und unsere gutbezahlten Freiwilligen hatten ausgezeichnet akquiriert. Auch in den kleinsten Provinznestern hatten sie ganze Arbeit geleistet, und die Leute traten scharenweise in die neue Partei ein.

Wir hatten unsere Männer allerdings mit Bedacht gewählt und nicht etwa Grünschnäbel zugelassen. Es waren fundiert geschulte Agenten, die schon vielen Parteien gute Dienste geleistet hatten und die wußten, mit welchen Argumenten man Wähler überzeugt. Und wo das Pro nichts half, da bedienten wir uns des Kontra. Wer nicht für unsere Sache war, dem führten wir die künftigen Schrecken des Bolschewismus vor Augen. Zuletzt kamen wir den Leuten dann noch mit Ethik und Religion und anderen menschlichen Tugenden, denen ohnehin niemand zu widersprechen wagt.

Die lila Krawatten unserer siegreichen Propagandisten waren inzwischen zum Markenzeichen geworden. Wo sie auftauchten, wußte man, was die Stunde geschlagen hatte. Auch unsere Flugblätter und Plakate wurden immer raffinierter. Ein besonderer Hit war das »Plakat mit dem Zeigefinger«. Es zeigte ein dichtbehaartes jugendliches Model, das mit erhobenem Finger auf unsere Leitsätze hinwies.

»Für nationale Eigenständigkeit
Für eine selbstbewußte Gesellschaftsordnung
Für glatzenfreie Moral im Kommunalwesen
kämpft Ihre Kreiszacklerfront«

Die dichtbehaarten jungen Männer begeisterten sich aber nicht nur auf den Plakaten für die haarige Reinheit, unsere tatkräftigsten Anhänger waren auch im wahren Leben die jungen Leute. Sie verschlangen jeden Enthüllungsartikel in der »Stimme des Volkes« und beteten Schomkuthy geradezu an. Studenten organisierten sich in einem akademischen Haarschutzbund und trainierten Schlägertrupps, um ihren kahlen Kommilitonen, unter stillschweigender Duldung der Professoren, den Spaß am Studium zu verderben. Auch junge Offiziere gab es zu Hauf in der Partei. Diese jungen Kadetten, die in Eliteakademien auf ihre vaterländische Mission vorbereitet und von der Regierung als die große Hoffnung der Nation gepriesen wurden, trugen bei feierlichen Anlässen die geflochtene Peitsche mit der treffenden H.H.H.-Widmung: »Allen Huren, Hunden und Haarlosen«.

Die Statistik zeigte, daß in der älteren Generation die Begeisterung für unsere Bewegung nicht ganz so groß war. Es gab in dieser Altersgruppe auch weit mehr Glatzköpfe als unter den jungen. In sogenanten humanitären Vereinen protestierten vor allem Greise gegen die »Verfolgung von Haarlosen«. Doch wen kümmerte das schon, hatten diese Vereine doch kaum behaarte Mitglieder. Um Professor Wind hatten sich zwar einige sogenannte Intellektuelle geschart, aber die läppischen Angriffe in der »Scheibe« las ohnehin keiner mehr. Die Auflage des Schundblattes sank ständig und wurde nur durch geheime Glatzenspenden künstlich am Leben erhalten.

Die Regierung des heiligen Antonius lavierte sich mühselig durch. Sie steckte zwar unsere Gegner immer wieder ins Gefängnis, uns ignorierte sie jedoch und fuhr immer offener einen glatzenkritischen Kurs, um uns den Wind aus den Segeln zu nehmen. Aber unsere Dreimaster waren längst in voller Fahrt.

Wir waren inzwischen auch nicht untätig gewesen und hatten das Netz dicht geknüpft. Unsere Ortsgruppen überzogen fast lückenlos das Land. Erst jetzt meldeten sich die einzelnen Glaubensgemeinschaften zu Wort, die sich bisher, warum auch immer, bedeckt gehalten hatten.

Der Bischof der Reformierten zum Beispiel gab diskret zu erkennen, daß doch so manches gegen das Glatzentum spreche und man einem bedrängten Volk nicht übelnehmen könne, wenn es in der Stunde der Not zur Selbsthilfe greife. Gleichzeitig zeigte das kirchliche Oberhaupt sich aber besorgt, wie wenig Toleranz und Verständnis füreinander die gegnerischen Parteien in dieser komplexen Frage zeigten.

»Das Glatzentum glaubt fest«, lautete die Meinung des ehrenwerten Bischofs, »an einen esoterischen Prozeß, der allein durch glänzende Rhetorik zu gewinnen sei. Die behaarte Gesellschaft wiederum sucht nach der pseudopatriarchalischen Wahrheit, und beide erkennen nicht, daß die schleichende Erosion der ethnologischen Entwicklung nicht mehr aufzuhalten ist, wenn auch ihre Zeit noch nicht wirklich gekommen ist.«

Wenige Tage nach dieser etwas schleierhaften Bergpredigt erließ auch das katholische Kirchenoberhaupt einen spektakulären Hirtenbrief. Darin nannte er das Glatzentum ein Klettergewächs, das in den Fugen der historischen Struktur seine Ankerplätze suche, wie die Ampelopsis, der Efeu oder andere Schlingpflanzen, die ohne fremde Hilfe nicht gedeihen können. Das Kirchenoberhaupt warnte gleichzeitig davor, römisch-katholische Nicht-Behaarte mit Glatzköpfen zu verwechseln. Er zitierte aus dem Lukas-Evangelium: »... und ich sage euch, also wird mehr Freude sein im Himmel über einen Sünder, der Buße tut als über neunundneunzig Gerechte, die der Buße nicht bedürfen« und fügte hinzu, daß ein Glatzkopf, der sich des Erlösers zur rechten Zeit besinne, dem reuigen Sünder vergleichbar sei, der im Fegefeuer des wahren Glaubens, »manus manum lavat«, den himmlischen Segen erwarte.

Die mutigen Stellungnahmen zerstreuten endgültig noch vorhandene Zweifel im Volk des heiligen Antonius. Sie zeigten auch ideologische Wirkung. So waren vor allem die Konservativen meiner Heimat von den klerikalen Offenbarungen über das Glatzentum beeindruckt. Als sich dann auch noch das Oberrabbinat mit Bezug auf das dritte Buch Moses äußerte, in dem »der Diener des Herrn« den Hohepriestern vorschreibt, alle Glatzköpfe regelmäßigen Gesundheitstests zu unterziehen, schritt die Aufklärung in der Bevölkerung munter voran.

Immer häufiger erkannten nun anständige Bürger das wahre Gesicht ihrer kahlen Freunde. Auch die Naivsten unter den Behaarten mieden allmählich jede kahle Gesellschaft, da der Verkehr mit ihnen einen üblen Nachgeschmack erzeugte. Dieser Trend setzte sich auch im Wirtschaftsleben fort. Man sprach mit seinem spärlich behaarten oder gar glatzigen Kollegen nur das Allernötigste, und mancher erkannte erst jetzt, was ihn an seinem Arbeitsplatz schon so lange bedrückt hatte.

In den Familien brachen schwelende Generationskonflikte auf. Es war erfrischend zu beobachten, wie sich enttäuschte Halbwüchsige nun endlich von ihren kahlen Vätern oder Großvätern lossagten und ganz offen ein gesundes Schamgefühl bewiesen.

Das war eindeutig unser Verdienst, und sicherlich trug auch der neue Dauerslogan auf der Titelseite der »Stimme des Volkes«, »Ein selbstbewußter Behaarter kauft nicht bei einem Glatzkopf«, wesentlich zur Aufklärung bei.

Der gesellschaftliche Wandel führte zu mancher köstlichen Episode, wie ja überhaupt gesunder Humor eine unserer bekanntesten Nationaleigenschaften ist. So führte der Sportlehrer der städtischen Handelsakademie ein, daß die Schüler der Oberstufe nach Haarwuchs getrennt zu turnen hätten. Dadurch wollte er aber keineswegs eine der beiden Gruppen diskriminieren, betonte er ausdrücklich.

So wurde ganz zufällig ein Ausdruck geboren, der in den völkischen Wortschatz einging. Als nämlich ein Schüler mit spärlichem Schläfenhaar sich nicht entscheiden konnte, mit welcher Gruppe er turnen sollte, half ihm der humorvolle Pädagoge mit den Worten auf die Sprünge:

»Du gehörst hinüber in die kahle Gruppe, du Glatzfink.«

Die behaarten Mitschüler johlten vor Vergnügen, und der köstliche Spitzname verbreitete sich in Windeseile.

Es gab aber auch manch herbe Enttäuschung. So hatte Pepi ein neues lila Flugblatt in Umlauf gesetzt, das zwei ekelhafte Glatzköpfe unter der Titelzeile »Sie bekommen von uns keinen roten Heller« zeigte. Noch am gleichen Tag geriet eines von Dr. Schwarzkopfs erfolgreichsten Kommandos außer Kontrolle. In ihrer Begeisterung beschmierten die tüchtigen jungen Haarschützer die Auslagen glatzenverdächtiger Luxusgeschäfte mit der Parole »Vorsicht Glatzfink«, und beim nächsten Einsatz gingen alle Schaufensterscheiben zu Bruch.

Das wäre ja nicht weiter schlimm gewesen, wenn nicht drei der insgesamt 84 Schaufenster gar nicht in Glatzenhand gewesen wären. Die Versicherung zahlte daraufhin keinen Heller für die drei sinnlos eingeschlagenen Scheiben, und die Partei mußte tief in die Tasche greifen.

Dr. Schwarzkopf wusch dem Anführer des Glaskommandos ordentlich den Kopf und appellierte an seine kreiszacklerische Wachsamkeit, aber der eifrige Freiwillige verteidigte sich vehement:

»Woher hätte ich wissen sollen, daß drei Glatzköpfe ihre Geschäfte heimlich auf den Namen ihrer Gattinnen umgemeldet hatten?«

Wieder einmal hatten wir nicht mit der Tücke des Glatzentums gerechnet. Es sollte uns eine Lehre sein. Man kann die Niedertracht des Gegners nicht hoch genug einschätzen.

Die Haarschutzidee hatte sich nun in allen Lebensbereichen durchgesetzt. Die Perückenindustrie rückte innerhalb weniger Monate zum technologisch fortschrittlichsten Wirtschaftszweig des Landes auf. Die Trowitschen Rechnungsbücher waren richtige Wälzer geworden. Pepi und ich prüften sie gemeinsam zweimal im Monat und ermunterten den erfolgreichen Unternehmer, in seinen Innovationen nicht nachzulassen.

»Überlege, lieber André«, gab Pepi zu bedenken, »daß die weltweite Verbreitung der Haarschutzidee in der Zukunft exzellente Exportchancen eröffnet.«

Dem Haarwasser ging es leider nicht so gut wie den Perücken. Die Konkurrenz hatte in der Zwischenzeit auch nicht geschlafen, sondern ihren »Glatzenschreck N« auf Kr. 10,30 heruntergesetzt und uns damit unterboten. Dr. Schwarzkopf und ich beschloßen, »Antikahl« ab sofort für Kr. 8,95 anzubieten und somit auch ärmeren Schichten ein Schnäppchen zu bescheren.

Natürlich gibt es auch in einer Hochkonjunktur Verlierer. So waren die Erträge im Friseurgewerbe miserabel, und eine Abordnung der Geschäftsleute veranstaltete in unserer Parteizentrale sogar einen kleinen Hungerstreik gegen die Haarschutzidee. Die Diskriminierung einzelner Menschengruppen widerspräche ihrer Berufsehre, protestierten sie.

»Seit Monaten läßt sich niemand mehr die Haare schneiden«, beklagte sich der Verbandssprecher. »Jeder trägt die Haare so lang wie nur möglich. Wo bleibt da die soziale Gerechtigkeit?«

Ich bewahrte ruhig Blut, vernünftigen Argumenten bin ich schließlich jederzeit zugänglich, und kündigte eine schon länger geplante Erweiterung unseres Parteiprogramms an. Für die Endlösung der Glatzenfrage würden wir nämlich bald Haartracht-Experten brauchen, und wer wäre dazu besser geeignet als die Friseure, die somit auch in den Genuß des Beamtenstatus kämen.

Mit dieser guten Aussicht zogen die Streikenden zufrieden ab, nicht ohne vorher vollzählig der Partei beigetreten zu sein.

Mit 120 Stundenkilometern entführte uns meine Führerlimousine Richtung Groß-Karlowitz. Eng umschlungen saßen wir auf den ledergepolsterten Rücksitzen, meine Gattin Lizzi und ich. Am Vormittag hatte die kirchliche Trauung im Dom stattgefunden, unmittelbar danach hatten wir unsere Hochzeitsreise angetreten.

Mit Rücksicht auf meine hohe Position in der Partei hatten wir den feierlichsten Rahmen gewählt. Die Ehrenbrigade der Kreiszacklerfront mit ihren lila Halstüchern stand am Domplatz Spalier, als wir die Kirche verließen. Gerührt nahmen Lizzi und ich die Glückwünsche entgegen.

»Unserem Führer alles Glück der Welt«, schallte es uns entgegen. »Der Himmel schenke euch viele behaarte Kinder! Gottes Segen für die schöne Braut. Es lebe Flinta!«

Die Parteiführung war komplett zur Gratulation angetreten. Pepi bemühte sich, die denkwürdige Popo-Affäre wiedergutzumachen, und überraschte Lizzi mit einem signierten Selbstporträt in echtem Naturholzrahmen. Zum sechsgängigen Hochzeitsessen war die Crème de la crème der Gesellschaft geladen. Nur der Vater meiner kleinen Frau fehlte, aber das war auch besser so.

Während des abschließenden Festaktes überreichte

uns ein kleines blondes Mädchen im lila Kleid einen Wiesenblumenstrauß und deklamierte allerliebst:

*»Die Engelchen im Himmelreich*
*frohlocken an diesem Tage,*
*wir auf Erden erwarten gleich*
*das Ende der Glatzenplage.«*

Ich hob die Kleine hoch und küßte sie auf beide Wangen, während meine Gattin etwas reserviert wirkte.

Lizzis Vater hatte uns übrigens keine allzu großen Steine in den Weg gelegt. Als er sah, wie sehr mich seine Tochter liebte, erklärte er sich mit unserer Ehe einverstanden, auch wenn er vermutlich einen anderen, vielleicht sogar kahlköpfigen Schwiegersohn vorgezogen hätte. Der kluge Mann dachte jedoch an die Zukunft seiner Tochter. Ich für meinen Teil hatte meiner kleinen Lizzi die Ungehörigkeit längst verziehen, was konnte sie schließlich für ihre Eltern.

Meinem Schwiegervater war ich vor unserer Hochzeit zum ersten und letzten Mal begegnet und war überrascht gewesen, einen recht sympathischen älteren Herrn kennenzulernen. Er war so gar nicht der Glatzkopf, wie man ihn gemeinhin kannte. Es fehlten ihm die typischen kahlen Charaktereigenschaften wie Geldgier, Präpotenz und Feigheit.

Er gestand mir offen, daß er die Glatzenfrage für ein bedauerliches Mißverständnis hielte. Er sei eine Ausnahme, widersprach ich ihm, die alle glatzenfeindlichen

Maßnahmen nur bestätige. Ich bat ihn ganz nebenbei, unsere Verwandtschaft aus naheliegenden Gründen für sich zu behalten. Das versprach mein Schwiegervater mir ohne zu Zögern, und wir verabschiedeten uns in gedrückter Stimmung.

In der komfortablen Limousine, unterwegs in die Flitterwochen, hatte meine Frau ihre Kümmernisse aber längst vergessen. Die liebliche Landschaft huschte an uns vorbei, wir waren in fröhlicher Stimmung und schmiedeten ausgelassen Pläne, wie wir unsere Flitterwochen verbringen würden. Ich hatte vorher alles geregelt, um endlich einmal ungestört vom Berufsalltag auszuspannen. Auch Pepi hatte ich darum gebeten, mich nur zu behelligen, wenn er allein nicht mehr weiter wüßte. Der Fall würde sicher nicht eintreten, beruhigte mich der impertinente Kerl.

Unser Reiseziel hatte ich nicht von ungefähr gewählt. Groß-Karlowitz hat eine bedeutende historische Vergangenheit, auch wenn es heute nur noch ein kleines Dorf mit wenigen Häusern und zwei Barockkirchen ist. Es gehört mit 184 anderen Dörfern zum Besitz des Grafen Fedelius Bonifatius Maria Peterffy, mit 80 000 Morgen Land der reichste Großgrundbesitzer weit und breit. Der junge Aristokrat besaß eine ganz niedrige Parteimitgliedsnummer, da er sich schon früh dem Haarschutz angeschlossen hatte. Er hatte die Idee von Anfang an sehr ernst genommen, und erst als sich kein Glatzkopf mehr unter seinen Leibeigenen befand, war er mit der gesamten Mannschaft der Front beigetreten.

Unvergeßlich bleibt seine Weisung an die Landarbeiter, nur mit lila Krawatten zur Arbeit zu erscheinen. Er überprüfte bei seinen Ausritten höchstpersönlich, ob auch bei Wind und Wetter und sengender Hitze sein Aufruf befolgt wurde. Wir konnten uns dann auf den Feldern persönlich davon überzeugen, wie gut die lila Krawatten auf der gebräunten Bauernhaut aussahen.

Als seine Durchlaucht von unserer Eheschließung erfahren hatte, bot er mir großzügig eines seiner Schlösser für die Flitterwochen an, ja, er beschwor mich geradezu, ihm diese Bitte zu erfüllen. »Ein Freund von Josef von Schomkuthy ist auch mein Freund«, beleidigte er mich.

Während der erholsamen zwei Wochen auf seinem Landgut lernten wir den Grafen als selbstlosen und freizügigen, aber auch als taktvollen Freund kennen. Wenn irgend möglich respektierte er unsere Intimsphäre, aber wir freuten uns immer, wenn wir sein markantes Profil erblickten, dem das blitzende Monokel die besondere adlige Note gab. Wir wurden verwöhnt wie Staatsgäste. Ein Lustschloß mit 67 Gemächern, acht Küchen und 15 Bädern samt den dazugehörigen Lakaien, Gärtnern, Köchen und Dienstmädchen stand zu unserer Verfügung.

Natürlich pflegt ein Aristokrat dieses Kalibers auch so seine kleinen Marotten. Peterffy zum Beispiel hatte vor seiner Residenz einen 18 Meter hohen Berg aufschütten lassen, um einen Tunnel hineinlegen zu können. Nun konnte er, wann immer er Lust dazu verspürte, unter Tage mit seiner Liliput-Bahn spazierenfahren. Köstlich fand ich auch, daß er mit seinen Jagdhunden per Sie verkehrte. Er war zweifellos der würdige Nachkomme eines hochnoblen Grafengeschlechts.

Ging es aber um den Haarschutz, wurde der Graf schlagartig zum feurigen Kämpfer und beschwor mich, nicht eher zu ruhen, bis die Bewegung den Erdball erobert hätte. Ich hätte der Menschheit die erste wirklich neue Heilsidee seit dem Christentum beschert, betonte er gerne und oft. Das Kompliment wog um so schwerer, als der Graf tiefreligiös war und seine Bauern mit einer ganzen Armada von Seelsorgern auf das Jenseits vorbereiten ließ.

Natürlich verehrten und liebten ihn seine Untertanen. Aber wie überall gab es auch unter ihnen schwarze Schafe, die durch revolutionäre Gedanken infiziert waren und versuchten, seine Bemühungen um eine gerechte gesellschaftliche Ordnung zu torpedieren. Eines Morgens hatte ich Gelegenheit, mit einigen dieser Irregeleiteten zu sprechen.

Lizzi schlief noch fest im Himmelbett des Wallenstein-Zimmers. Es war am Abend zuvor spät geworden, da der Graf uns zu Ehren einen Maskenball gegeben hatte und das Vergnügen durch ein prächtiges Feuerwerk krönen ließ. Ich war trotz der kurzen Nacht recht früh in meinem offenen Geländewagen aufgebrochen, um die riesigen Güter zu inspizieren.

In der frischen Morgenbrise eilten die Arbeiter zu ihren

Feldern. Wer mich erkannte, zog seine Mütze oder zupfte verlegen an seiner lila Krawatte. Ich machte den Männern die Freude und rief ihnen schon von weitem zu:

»Na, Leute, zufrieden mit dem Haarschutz?«

Die Bauern blieben stehen, schwiegen und sahen einander fragend an. Keiner traute sich zu antworten.

»Wirklich prima«, ergriff endlich einer das Wort, den die anderen nach vorne geschubst hatten. »Der gnädige Herr Graf selbst hat es ja angeordnet.«

Hier wurde ich gebraucht, das war mir schnell klar geworden. Auf die paar Minuten sollte es mir nicht ankommen, wenn ich meinem Volk dienen konnte, vor allem, wenn Lizzi nicht dabei war. Aus berufenstem Munde sollten die einfachen Menschen erfahren, was es mit den dunklen Machenschaften des Glatzentums auf sich hatte. Beglückt stellte ich ganz nebenbei fest, was für ein brillanter Rhetoriker ich doch war. Meine Rede ging in die Tiefe und verlor sich nicht in der Breite.

»Kein Glatzfink mehr auf dem freien Land«, schloß ich mit Nachdruck. »Erst dann erwartet euch und eure Familien immerwährender Wohlstand. Unser Motto heißt: Jedem Bürger seine Burg. Was braucht man noch mehr, Freunde?«

Meine Rede hatte die Bauern beeindruckt. Alles schwieg, dann meldete sich einer der robusten Männer zu Wort.

»Wir brauchen Land, gnädiger Herr«, sagte er und spuckte aus. »Nichts anderes.«

»Was für ein Land?«

»Land, um es zu bebauen, Land für uns und unsere Kinder.«

Es war wirklich nicht einfach, diese dumpfen Gemüter zu begeistern.

»Ihr habt doch das Land des Grafen«, sagte ich, »das könnt ihr doch bebauen, soviel ihr wollt. Mit oder ohne Kinder. Oder seid ihr dem Grafen etwa nicht dankbar, dessen Familie euch seit Generationen hier arbeiten läßt?«

Die Bauern brummelten etwas in sich hinein. Schon meinem gräflichen Freund zuliebe durfte ich mit meiner Entrüstung nicht hinter dem Berg halten. Bolschewistisches Gedankengut, dahinter steckte doch wieder nur der Glatzenteufel.

»Wer, wenn nicht wir Kreiszackler, kennt die mannigfaltigen Sorgen und Probleme der Landbevölkerung«, rief ich die rebellischen Männer zur Ordnung. »Das Programm der Bewegung sieht schließlich auch eine Neuverteilung von Grund und Boden vor.«

Es dauert eben immer ein Weilchen, bis der Groschen fällt. Erst jetzt hatten die Bauern die grundlegende Bedeutung der Haarschutzidee wirklich verstanden. Ganz plötzlich war reges Interesse in den markigen Gesichtern zu lesen, und sie überhäuften mich mit Fragen, wollten ihre Zukunft kennenlernen.

»Nun, das wird sich so abspielen«, klärte ich sie bereitwillig auf. »Die kahlen Schmarotzer werden enteignet, der Bodenbesitz wird ihnen per Gesetz weggenommen, und dann verteilen wir ihn unter euch, liebe Freunde. Da gibt es doch zum Beispiel, der Herr Graf hat mir von ihm erzählt, den kahlen Wirt am Kirchplatz. Er wird der erste sein, der sein Land hergeben muß.«

»Oje!« Die Bauern waren enttäuscht. »Der hat ja nur sechs Morgen Land.«

»Seid nicht undankbar, meine Freunde, sechs Morgen sind ein schöner Anfang. Wie viele seid ihr denn alle zusammen?«

»So an die dreitausend hier und in der Umgebung, gnädiger Herr.«

»Na ja«, sagte ich nachdenklich, als ich sechs durch dreitausend geteilt hatte. »Von zwei Quadratmeter Acker kann man nicht satt werden, vor allem nicht mit einer größeren Familie. Gibt es denn keine anderen Glatzköpfe in eurer Gegend?«

»Jede Menge, es gibt eine Unzahl von Glatzköpfen.«

»Na also«, stellte ich fest, »dann ist ja alles in Ordnung. Wieviel Land besitzen denn diese Leuteschinder?«

»Gar keins, Herr. Die sind selber Habenichtse wie wir, bitten gehorsamst.«

Keine Perspektive, kein Verstand. Mit diesem ungebildeten Gesindel war einfach nichts anzufangen. Arbeitsscheu waren sie, so war das, nicht viel besser als die Glatzköpfe in der Stadt. Meine gute Laune hatten sie mir auch noch verdorben. Grußlos setzte ich mich hinters Steuer und drückte das Gaspedal durch.

Es waren, wie gesagt, zwei unvergeßliche Wochen in Groß-Karlowitz gewesen. Ich kutschierte mit meiner Lizzi durch die liebliche Gegend, an wärmeren Tagen badeten wir sogar in den Fischteichen des Grafen. Ich lernte, wie man auf einem Pferd eine gute Figur macht, und wurde dabei vom Schloßarchivar verewigt. So entstand auch das offizielle Porträt für die Parteiarbeit. Genug mit der Reiterei, dachte ich danach und stieg ab, weil ich fürchtete, das Pferd würde sich in Bewegung setzen. Als Führer durfte ich mich schließlich keiner unnötigen Gefahr aussetzen.

Ich genoß auch zum ersten Mal die Annehmlichkeiten eines herrschaftlichen Lebens, in das mich Fedelius mit viel Delikatesse einführte. Auf dem grünen Rasen lernte ich geschickt mit dem Golfschläger zu hantieren, und wir vergnügten uns beim Kricket. Ein sehr intelligenter Sport, den ich sicher bald begreifen würde. Die königliche Jagd geriet jedesmal zum gesellschaftlichen Ereignis. Auch da zeigte sich meine rasche Auffassungsgabe, und gleich mit dem ersten Schuß traf ich einen Steinadler hoch in den Lüften. Daß es ein Storch gewesen war, stellte sich erst später heraus. Schließlich bin ich kein Zoologe.

Lizzi und ich verstanden uns fernab vom politischen Leben prächtig. Hier waren wir einfach nur Mann und Frau, und kein Schatten fiel auf unsere innige Liebe. Lizzi schrieb täglich an ihren Vater, von dem sie zum ersten Mal so lange getrennt war, und schwärmte von unserer Idylle. Schon wollte ich ihrer Bitte nachgeben und unseren Aufenthalt um zwei weitere Wochen verlängern, da machte uns die Regierung einen dicken Strich durch die Rechnung und schrieb, offenbar weil ich in Urlaub war, landesweite Neuwahlen aus. Ich wußte jedoch sofort, wo mein Platz in diesem historischen Augenblick war, nirgendwo anders als an der Spitze der Bewegung.

Wir nahmen von Fedelius herzlichen Abschied, aber meine Gedanken galten bereits der Partei. Ich erinnerte unseren Wohltäter daran, daß wir nur durchhalten könnten, wenn wir genügend finanzielle Mittel besäßen, es unsere Ehre aber nicht zuließe, auch nur um einen einzigen Heller zu bitten. Der Graf verstand mich sofort, und beschämt nahm ich die stattliche Summe entgegen. Er versprach mir, völliges Stillschweigen über die Spende zu bewahren, da sie, wie ich ihm anvertraute, in einen geheimen Kreiszacklerfonds zur besonderen Verwendung fließen sollte.

Die Nachricht von den Neuwahlen hatte zwar wie eine Bombe eingeschlagen, aber die verunsicherte Regierung machte Fehler über Fehler. Bald stellten die verantwortlichen Politiker eine gesetzliche Lösung der Glatzenfrage in Aussicht, dann wieder ritten sie scharfe Attacken gegen uns, obwohl wir doch die Vordenker des Haarschutzes waren. Die Neuwahlen waren nur noch das Tüpfelchen auf dem i ihrer Hilflosigkeit. Eine einzige staatliche Maßnahme hatte bisher gegriffen, nämlich die Zerschlagung einer konspirativen Freimaurergruppe durch die Staatspolizei, womit wir durchaus einverstanden waren. Und wie recht wir gehabt hatten, zeigte sich, als der spärlich behaarte Anführer der Freimaurer vor dem Standgericht auf die Frage nach seinem letzten Wunsch nur höhnte: »Für eine Regierung, die sich sogar mit dem Teufel verbündet, habe ich keine Worte. Ich freue mich aber darauf, euch alle in der Hölle wiederzusehen.«

Gleich nach den Flitterwochen zogen wir um. Abgesehen davon, daß Lizzi und ich in meinem schäbigen kleinen Zimmer nicht genügend Platz gehabt hätten, war diese Bleibe nun wirklich nicht mehr angemessen. Dr. Schwarzkopf hatte die versprochene Acht-Zimmer-Wohnung standesgemäß hergerichtet. Ich glaube mich zu erinnern, daß sie vor uns einem reichen Glatzfink gehörte, der aus unbekannten Gründen Hals über Kopf ins Ausland geflüchtet war.

Die eleganten Stilmöbel beeindruckten sogar unsere zahlreichen hochrangigen Gäste, und die weichen Teppiche verschluckten jedes Geräusch herannahender Schritte. Wenn ich meinen Blick durch die Zimmerflut streifen ließ, dachte ich voller Genugtuung daran, daß ich meine Nation nicht umsonst gerettet hatte. Selbstlosigkeit macht sich manchmal doch bezahlt.

Inzwischen war auch die Ladung zum Prozeß »Politzer gegen Flinta« eingetroffen. Die Verhandlung war für den nächsten Monat anberaumt. Ich freute mich schon darauf, das Ansehen der Front in der Öffentlichkeit zu festigen.

Sorgen hingegen bereitete mir die inhaftierte Witwe Schick, deren Loyalität langsam lästig wurde. Ich wußte, daß ich ihr in gewisser Weise verpflichtet war, aber mich mit der Warnung »Ich halte das nicht mehr lange aus« zu erpressen, fand ich dann doch ungehörig. Ein Gericht ist schließlich keine Freihandelszone.

Dr. Schwarzkopf hatte inzwischen längst in Erfahrung gebracht, was es kosten würde, die Angelegenheit unter den Teppich zu kehren, aber die vom Staatsanwalt geforderte Summe war eine Zumutung. Für den Betrag hätte man einen Serienmörder vor dem elektrischen Stuhl bewahrt. Die Witwe mußte also noch so lange sitzen, bis eine preiswertere Lösung gefunden war.

Die Zeit bis zu den Wahlen ließ sich strategisch gut nutzen. Pepi hatte sich als Propagandachef endlich etwas einfallen lassen und eine Massenkundgebung vorgeschlagen. Nach eingehender Analyse, Diskussion und meiner einstimmigen Entscheidung nannten wir das epochale Ereignis »Erster Nationaler Haarschützerkongreß«.

Die große Markthalle schien uns ausreichend, zehntausend begeisterte Kreiszackler bequem unterzubringen. Schließlich hatten wir durchsickern lassen, daß es nach der Veranstaltung Ochsenbraten vom Spieß und Bier vom Faß gäbe und wir von Zeit zu Zeit kleine, aber massive Goldmünzen unter das Volk streuen würden.

Die Verkaufsstände in der Markthalle wurden geräumt, mit lila Folie ausgeschlagen, und eine haarschutzfreundliche Firma hatte eine solide Holztribüne gestiftet, die den Abschluß der Halle bildete. Aus dem Gestänge der Stahlkonstruktion würden unzählige lila Kreiszacklerfahnen flattern, und von der einen Hallenseite zur andern sollte sich ein Transparent mit der Parteiparole spannen: »Statt Geschwätz den Schlagstock hebe, niemals der Glatzkopf, nur Flinta lebe!«

Die Parteispitze, also Schwarzkopf, Pepi und ich, hatte sich neue Galauniformen zugelegt. Ein Nobeldesigner hatte uns auf Empfehlung von Fedelius lila Anzüge mit passendem lila Hemd und Strümpfen spendiert. Maßstiefel aus violettem Saffianleder vervollständigten das eindrucksvolle Outfit.

Während der Fahrt zur Markthalle sprachen wir alles noch einmal Punkt für Punkt durch. Pepi erkundigte sich besorgt, ob ich den Text meiner Rede, die Dr. Schwarzkopf für mich geschrieben hatte, auswendig könnte. Ich beruhigte meinen Freund, Lizzi hätte mich vor dem Spiegel abgehört, und ich würde auch ein paar auflockernde Ergänzungen während der Rede hinzufügen. Da wurde dieses Nervenbündel Pepi hysterisch. Als ich ihn nachdrücklich daran erinnerte, daß ich der Führer sei, wurde er plötzlich handgreiflich. Natürlich mußte ich mich wehren und packte ihn schon beim Kragen, aber inzwischen waren wir angekommen und wurden mit tosendem Beifall empfangen, als wir mit jovialem Lächeln und in jugendlicher Frische unserer fliederfarbenen Limousine entstiegen und durch das Spalier der kreiszacklerischen Ehrengarde schritten.

Ein Blitzlichtfeuerwerk entlud sich über uns und ließ den penetranten Geruch der fauligen Marktabfälle ein wenig vergessen. Leider war die riesige Halle halbleer, und ich machte Dr. Schwarzkopf schwere Vorhaltungen wegen der schwachen Teilnahme.

»Jeder im Land ist Haarschützer, aber nicht jeder auch Kreiszackler«, stotterte der Anwalt. »Daran ist nichts zu ändern.«

»Schwarzkopf«, rügte ich ihn, »das Wort ›nicht‹ steht nicht in meinem Wörterbuch.«

Die Regierung hatte ohne unser Wissen einige Polizisten in der Halle postiert, was aber nicht schlimm war, denn die meisten applaudierten freundlich, als wir vorbeigingen. Es gab lediglich einen kleinen Zwischenfall, als einem älteren Polizeioffizier von drei Kreiszacklern plötzlich die Kappe vom Kopf gerissen wurde, unter der er fast völlig kahl war. Mit dem Ausruf: »Da hast du's, dreckiger Glatzenbulle!« traten sie den Polizisten in den Bauch, aber nachdem er sich entschuldigt hatte, entspannte sich die Lage rasch wieder.

Nach einer Trompetenfanfare, die eigens für den großen Anlaß komponiert worden war, schritt Pepi unter frenetischem Jubel an das Rednerpult.

»Haarschutzgenossen«, begann er sichtlich bewegt. »Im Namen der internationalen Haarunion begrüße ich unseren Anführer, den Helden der Kreiszacklerbewegung, Rudolf Flinta.«

Die Wirkung war phänomenal. Fremde Menschen fielen sich in die Arme, Jacken wurden geschwenkt, Krawatten flatterten, und immer wieder erscholl mein Name, bis er schließlich im Chor skandiert wurde.

»Flinta, Flinta, Flinta!«

Eine bildschöne Frau in der ersten Reihe war vor Begeisterung in Ohnmacht gefallen und wurde hinausgetragen. Ein Mann riß sich das Hemd vom Leib und forderte mich auf, ihm mein Messer in die Brust zu stoßen, wenn ich an seiner Parteitreue zweifelte. Ich konnte seine Bitte nicht erfüllen, ich habe prinzipiell kein Messer bei mir.

Als Pepi die Masse endlich beruhigt hatte, bedankte er sich für die Ovationen, die mir bereitet wurden und fuhr fort.

»Haarfrontgenossen! Das Maß ist voll ...«

Pepi stockte, denn vom Eingang her erklangen plötzlich laute Schreie, und maskierte Männer stürmten in die Halle. Sie waren mit Schlagstöcken bewaffnet und kamen direkt auf uns zu.

In den Reihen der Kreiszackler-Ehrengarde verbreitete sich in Windeseile die Schreckensbotschaft: »Glatzensturm«, und die Gardisten versuchten Hals über Kopf ins Freie zu gelangen. Wortlos fielen die heimtückischen Angreifer über das Publikum her, und es gab ein Chaos ohnegleichen. Die Parteispitze gaffte von der Tribüne aus mit offenem Mund auf das Durcheinander, zumal kein einziger der Angreifer eine Glatze hatte. Die geheimnisvollen Maskierten schlugen sich rasch bis zum

Podium durch, aber meine Geistesgegenwart rettete wieder einmal die Situation.

»Mein Gott«, rief ich. »Gibt es denn hier keinen Hinterausgang?«

Vor unserer Rettung in letzter Minute drangen jedoch vier Einsatztrupps der Polizei in die Versammlung und umzingelten die feige Bande, bis alle drei Angreifer kampfunfähig waren und ohne viel Aufsehen abtransportiert werden konnten. Meinen offiziellen Dank nahm der Einsatzleiter des vielköpfigen Polizeikommandos bescheiden entgegen.

»Wir haben nur unsere Pflicht getan«, meinte der Oberinspektor, nachdem er sich für die Ruhestörung entschuldigt hatte. »Die Kollegen haben sich lediglich in der Adresse geirrt. Sie sollten eigentlich zwei Straßen weiter eine Protestversammlung von streikenden Zollbeamten auseinandertreiben. Ein kleines Mißverständnis. Ansonsten immer zu Diensten. Ich empfehle mich.«

Und so nahm der Parteitag seinen feierlichen Fortgang. Die lila Kreiszackler stellten sich wieder in Reih und Glied, und Pepi improvisierte frisch drauf los.

»Jetzt hat das Glatzentum uns sein wahres Gesicht gezeigt«, faßte er die Ereignisse zusammen. »Doch gegen uns Kreiszackler hat ihr Terror keine Chance. Heute konnte die Polizei die feigen, maskierten Glatzenratten noch vor unserem Zorn schützen. Das nächste Mal aber gibt es kein Erbarmen mehr. Die eiserne Faust der Kreiszacklerfront schlägt zu, wo sie gebraucht wird. Haarfrontgenossen, laßt uns die Hymne anstimmen.«

Für Augenblicke trat andachtsvolle Stille ein, danach klang um so kraftvoller das stolze Lied, dessen Melodie sich im Rund der Glaskuppel vielstimmig brach:

*Reißt nieder alle Schranken,*
*ihr Helden der Gedanken.*
*Befreit von allen Sorgen,*
*leuchtet ein neuer Morgen.*
*Leidenschaft und Mut*
*tut den Behaarten gut,*
*wenn ein Glatzkopf*
*brodelt im Kochtopf.*
*Und im Namen der lockigen Väter,*
*zwingen wir nieder unsre Verräter.*

Ausgerechnet während der erhabenen Verse flog mir ein Staubkörnchen ins Auge, und ich versuchte es wegzuwischen. Als die letzten Töne der hehren Melodie verklungen waren, sah ich verwundert, daß sich auch viele Haarschützer im Publikum verstohlen über die Augen fuhren und lautes Schluchzen zu hören war. Das war meine Stunde. Ich trat an das Rednerpult und bat um Ruhe.

»Haarfrontgenossen und Haarfrontgenossinnen der Welt, vereinigt euch!«

Ein wenig zitterten mir zwar die Knie, nicht wegen der Ovationen, sondern weil es mein erster öffentlicher Auftritt war, aber dann erfreute ich mich an der bunten Menschenmenge, die wie ein riesiger lila Blumenstrauß hin- und herwogte, über ihren Köpfen die schwebenden Transparente »Der Glatzkopf ist an allem schuld« und »Nimm dem Glatzkopf, was dir fehlt«.

Es war einfach überwältigend.

»Haarfrontgenossen und Haarfrontgenossinnen«, tönte aus meiner Kehle der Text von Dr. Schwarzkopf. »In dieser Weihestunde horcht das Volk auf und erhebt sich wie ein Mann, denn alle wissen, alle spüren, alle erkennen, hier geht es längst nicht mehr um die Verfolgung von Eigeninteressen. Hier führt eine behaarte Nation ihren Überlebenskampf gegen das verräterische Glatzentum.«

»So ist es«, fielen die Kreiszackler ein. »Her mit dem Glatzengut!«

»So wird es sein, Haarfrontgenossen«, versprach ich und schlug rhythmisch auf das Pult vor mir, wie ich es bei Profipolitikern gesehen hatte. »Von dieser Stelle fordere ich die Regierung auf, mit der Verschleierungstaktik Schluß zu machen und endlich zu handeln. Wenn die Herrschaften da oben nicht unverzüglich mit den kahlen Brunnenvergiftern abrechnen, werden wir es tun. Diese bis auf den letzten Platz gefüllte Halle beweist, daß wir es gemeinsam schaffen werden.«

»Nieder mit der Regierung«, grölte die Menge die allerdings recht halbherzigen Beschwichtigungsversuche der Polizei nieder. »Schluß mit der feigen Verschleierungstaktik! Es lebe Flinta!«

»Denn ich frage euch, Haarfrontgenossen und Haarfrontgenossinnen, wer stürzt die Welt ins Verderben?«

»Der Glatzkopf«, scholl es aus der Halle wider, »der Glatzkopf!«

»Wer beutet die Armen aus?«

»Der Glatzkopf!«

»Wer schändet unsere unschuldigen Kinder?«

»Der Glatzkopf!«

»Wer hat seine Seele dem Satan verkauft?«

»Der Glatzkopf!«

»Wer lebt in Saus und Braus von Waffengeschäften, Rauschgift, Schmuggel und illegalem Devisenhandel?«

»Der Glatzkopf!«

»Wer ist ein Betrüger, Vaterlandsverräter und Mörder?«

»Der Glatzkopf!«

»Und ich frage euch, wer wird das Land retten?«

»Der Glatzkopf!«

Das stimmte zwar nicht ganz, aber wer hätte die Begeisterung jetzt noch zu bremsen vermocht? Nein, nicht einmal ich, der Volksheld.

»Haarfrontgenossen«, fuhr ich daher ungerührt fort, jetzt mit meinen eigenen Worten. »Die ruchlose Regierung verfolgt die Kreiszackler und wirft unsere treuesten Anhänger in den Kerker. Menschen wie die Witwe Schick …«

»Nieder mit ihr«, schrie die Menge. »Nieder mit der Hexe!«

»… die Witwe Schick schmachtet unschuldig, einzig und allein wegen ihrer haarschützenden Überzeugung im Gefängnis.«

»Es lebe Frau Schick! Sie lebe hoch!«

In meinem Siegesrausch nahm ich nicht wahr, daß Pepi verzweifelt an meiner lila Jacke zerrte. Auch Dr. Schwarzkopf machte mir von unten her heftige Handzeichen, aber ich war nicht mehr aufzuhalten. Auf der Woge des Jubels ließ ich mich forttragen und fühlte mich mächtig wie nie zuvor.

»Haarfrontgenossen«, rief ich meinem Volk zu, »ich appelliere an eure Kreiszacklerehre. Machen wir uns auf zum Marsch ins Gefängnis. Freiheit für Frau Schick! Geduld! Wir siegen! Es lebe Flinta! Es lebe unser geliebter Führer Flinta!«

Ich ertappte mich dabei, wie ich inmitten der donnernden Rufe tatsächlich vergessen hatte, daß doch ich jener Flinta war, dem ich gerade zujubelte. Wie auch immer, dieses Hochgefühl wollte ich nie mehr missen.

Pepi war es nun endlich gelungen, mich vom Mikrophon wegzuzerren, aber es war zu spät. Die Kreiszackler hatten bereits die Markthalle verlassen und wälzten sich wie eine ferngesteuerte Lawine in Richtung Innenstadt.

Das Heer der Haarschützer zog in musterhafter Disziplin die Ringstraße entlang, schlug mit gezielten Treffern nur hier und da ein besonders verdächtiges Schaufenster ein und stellte den Warenbestand der Glatzkopfgeschäfte sicher. Sie verprügelten dabei ohne großes Aufsehen den einen oder anderen herumschleichenden Glatzfinken, um ihm ein für allemal klarzumachen, daß es sich nicht lohnte, unschuldige Haarschützerinnen ins Gefängnis zu stecken.

Anschließend wurden einige beschlagnahmte Verkaufsregale zu einem Scheiterhaufen aufgeschichtet, ein paar Autos, die im Wege standen, umgeworfen, eine unterirdische Gasleitung angezapft, das ausströmende Gas zum Scheiterhaufen gelenkt und angezündet, bis dieser lustig zu lodern begann. Zu nennenswerten Ausschreitungen kam es jedoch nicht.

Auch die Polizei verlor keinen Augenblick die Kontrolle über den ruhigen Verlauf. Wir aber folgten den vergnügten Kreiszacklern in sicherem Abstand und fanden uns alle gemeinsam vor dem Gefängnis wieder.

»Freiheit für Witwe Schick«, entlud sich der Volkszorn jetzt hinter den umgestürzten Lißtfaßsäulen. »Alle kahlen Gefängniswärter raus! Freiheit für die Haarschützer-Witwe! Es lebe Frau Schick!«

Ich konzentrierte mich auf die dramatischen Ereignisse. Die Polizei hatte, wohl unter dem Einfluß einiger Glatzkopfknechte in der Gefängnisleitung, den Eingang mit einem Panzerwagen verbarrikadiert. Die Kreiszackler aber glühten vor Eifer, Frau Schick zu befreien. Die Spannung drohte zu zerreißen, als ein paar Wachbeamte die Nerven verloren und unvermittelt auf die Demonstranten losgingen. Eine Prügelei wurde nur verhindert, weil sich plötzlich das Gefängnistor öffnete und ein Gefängnisbeamter heraustrat. Er bat um eine Unterredung mit den Verantwortlichen.

Man führte ihn zu mir. Als er die lila Galauniformen sah, salutierte er und stieß hervor:

»Ich entschuldige mich im Namen meines Vorgesetzten, der aus haarigen Gründen besser daran tut, sich nicht zu zeigen. Ich möchte gern Aufsehen vermeiden. Wenn Sie mir garantieren, daß die Menge in Ruhe abzieht, so lasse ich Ihre Witwe frei.«

»In Ordnung«, antwortete ich. »Es wird Ihr Schaden nicht sein.«

»Ich erfülle nur meine Pflicht«, versetzte der Gefängnisbeamte. »Mein Chef wird schließlich bald im Besitz einer Vollglatze sein.«

Pepi hatte es übernommen, die Leute zum friedlichen Abzug zu bewegen.

»Haarfrontkämpfer«, rief er. »Auch anderswo sind Mißstände aufzudecken. Das Klirren der Schaufenster soll euer Marschlied sein. Vorwärts, Söhne des Kreiszack!«

Was er nur immer mit den Schaufenstern hatte! Ich blickte voller Sorge zu Dr. Schwarzkopf, doch der winkte ab. Pepi hätte bestimmt keine finanzielle Verbindung zu den Glasproduzenten, er lege dafür die Hand ins Feuer.

Während wir auf Frau Schick warteten, gab Pepi widerwillig zu, daß ich meine Sache großartig gemacht hätte, denn billiger hätte niemand die Witwe aus dem Gefängnis holen können.

Bald erschien die gebrechliche Gestalt der Witwe im Gefängnistor. Die Kreiszackler hoben sie auf ihre Schultern und trugen sie zum Auto. Für die Koffer und Reisetaschen, in denen meine Geschenke waren, hatten ein paar Umsichtige einen Gepäckwagen organisiert.

Vor Glück schluchzend saß Frau Schick kurze Zeit später zwischen uns im Auto.

»Danke«, sagte sie sanft zu Pepi und drückte sich an ihn. »Ich weiß, was ich dem Herrgott und Ihnen verdanke.«

»Ich habe Sie da herausgebracht, Gnädigste«, zischte ich verärgert. »Ich allein und niemand anderer. Und damit ich es nicht vergesse, haben Sie meine 1200 Dollar zurückbekommen?«

Die Witwe sah mich verständnislos an.

»Wieso Ihre Dollar?«

»Das Geld, für das Sie ins Gefängnis gingen«, erinnerte ich sie geduldig. »Ihre Loyalität werde ich Ihnen nie vergessen, gnädige Frau.«

»Aber Herr Flinta«, versetzte Frau Schick trocken. »Ihre 1200 Dollar stecken nach wie vor hinter dem Porträt meines seligen Gregor. Man hat leider mein eigenes Geld gefunden.«

Ich war sprachlos. Was hatte dieses skupellose Weib die Partei an Lebensmitteln und Luxusartikeln gekostet. Von meinen Dollar ganz abgesehen, die sie für sich behielt, unter dem Vorwand, es sei illegales Geld.

Ich erinnerte die Schlampe daran, daß sie noch immer die Frauenbeauftragte und als solche verpflichtet wäre, auch die Führung meines jungen Haushalts zu übernehmen. Ich wollte damit nicht nur Lizzi das Leben erleichtern, sondern mir auch die Möglichkeit offenhalten, bei passender Gelegenheit einen Blick hinter das Porträt des seligen Gregor zu werfen.

Meine Ex-Vermieterin zog schließlich nach zwei Tagen Bedenkzeit mitsamt ihren Heiligenfiguren in eines unserer acht Zimmer. Zu diesem Zeitpunkt konnte jedoch noch niemand ahnen, daß die Witwe Schick einmal als Jeanne d'Arc der Bewegung gelten sollte.

Unsere Propagandaabteilung hatte nämlich in der Zwischenzeit das Zaubermittel Kampflied entdeckt, und als eine der Maßnahmen für Wählerbindung hatte Pepi einen Komponisten beauftragt, das Martyrium der Witwe und ihre legendäre Befreiung durch unsere furchtlosen Haarschützer in einem ›Elvira Schick-Marsch‹ zu verewigen. Der schon lange mit uns sympathisierende Musiker komponierte noch am selben Wochenende das bewegende Musikstück »Don't cry for me, Elvira«, das noch um die Welt gehen sollte, als längst schon alles vorbei war.

Die Parteikasse war inzwischen wohlgefüllt, denn unsere Gönner in der Industrie wußten sehr genau, was bei den bevorstehenden Wahlen auf dem Spiel stand. Generaldirektor Watzek überreichte uns, wie üblich mit Hut, bei einem unserer abendlichen Dreiergespräche das Vierfache der üblichen monatlichen Unterstützung.

»Wir spenden aus vollem Herzen«, sagte er herzlich, »weil wir wissen, daß unser Geld die edlen Gedanken des Haarschutzes bis in die Gewerkschaften verbreitet.«

Auch Dr. Carl-Pierre Zenmayer begrüßte die Entwicklung.

»Messieurs, wir werden reüssieren«, meinte er. »Ich ahne, daß ein changement de gouvernement kurz bevorsteht und nach den élections alles neu geordnet werden wird.«

»Wir stehen also vor der Machtübernahme«, strahlte Pepi, doch Dr. Zenmayer winkte ab: »Quatsch, Ihre einzige Aufgabe, mon ami, ist es, die Glatzköpfe zu jagen.«

Pepi, Schwarzkopf und ich erwarteten voll Ungeduld den Tag der Wahl, denn alle Zeichen standen auf Sieg. Die Propagandamaschinerie arbeitete auf Hochtouren, und insbesondere die »Stimme des Volkes« hatte wahre Kärrnerarbeit geleistet. Schwelenden Gerüchten, die Kreiszackler arbeiteten mit Unterstützung einer fremden Großmacht, trat Pepi in seinen Artikeln entrüstet entgegen. »Glatzenlügen«, schrieb von Schomkuthy jun., »haben gar keine Beine.«

Auch die Regierung zog alle Register, den gewohnten Wahlerfolg herbeizuführen, aber es fehlte ihr diesmal jegliche Überzeugungskraft in der Innenpolitik. Ihr Schachzug schlug fehl, uns in unserer ureigensten Domäne, nämlich im Kampf gegen das Glatzentum, zu übertreffen. Unsere Wahlkampfparolen, dialektisch bis ins Detail ausgefeilt, inhaltlich stimmig und glaubhaft, wirkten wie die Predigten des Abraham Santa Clara gegen einen abgetakelten Marktschreier. So phantasielose Beleidigungen wie »Parasiten« oder »Schmarotzer« konterte

Pepi mühelos mit dem Bild von der vielarmigen Krake oder mit dem vom Schlangenhaupt der Medusa. Sprach die Regierung schlicht von einer gesetzlichen Lösung der Glatzenfrage, so forderten wir standrechtliche Maßnahmen. Je vehementer diese schamlosen Epigonen sich unserer haarschützenden Ideen bedienten, desto glaubwürdiger wurden wir, weil wir doch als erste den Finger in die Glatzenwunde gelegt hatten.

Ein Fiasko wurde auch die pathetische Rundfunkansprache des Staatspräsidenten. Der erste Bürger unseres Landes machte seinem landesweiten Ruf als Hohlkopf einmal mehr alle Ehre. Seinem unpolitischen Geschwafel konnte man auch ohne viel Scharfsinn entnehmen, daß er die Regierungspartei, allen voran sich selbst, dem Wähler empfahl und vor unheilvollen Extremen und einem verfrühten Regimewechsel warnte. Selbstbewußte behaarte Bürger sollten in diesen schweren Zeiten keine überstürzten Entscheidungen treffen, meinte das Staatsoberhaupt, sondern das Vertrauen der Nation suchen.

Gefunden haben es die Wähler dann doch bei uns. Unter diesen günstigen Auspizien konnte die Front in aller Stille abschließende Feinarbeit leisten. Penibel teilten wir die Wahlbezirke untereinander auf und setzten strategisch vor allem dort an, wo wir kahle oder spärlich behaarte Gegenkandidaten zu erwarten hatten.

Ich erfüllte mir bei dieser Gelegenheit einen nostalgischen Wunsch und kandidierte in der Großgemeinde Wurmthal, wo ich geboren worden war und bis zu meinem siebten Lebensjahr gelebt hatte. Als ich in diesem zarten Alter die Gemeindekuh an meine Lehrerin verkaufte, war mein Abschied von der Heimat etwas überstürzt. Seither war ich nicht mehr in meinem geliebten Geburtsort gewesen.

Um so größer war meine Freude, daß die Gemeinde Wurmthal bestrebt war, mir nachträglich Gerechtigkeit widerfahren zu lassen. Bei meiner Ankunft am Bahnhof empfing mich die Feuerwehrkapelle mit einem Ständchen, und die Dorfältesten begrüßten mich unter einem Triumphbogen mit der lila Aufschrift: »Es lebe der große Haarschützer unserer Gemeinde.«

Die Dorfgemeinde ersparte mir auch weiterhin keinerlei Huldigung.

»Seine Zukunft war ihm schon in die Wiege gelegt. Bereits im Kindergarten war er Mittelpunkt unserer Aufmerksamkeit, und sein genialer Coup mit dem Rinderhandel bewies uns endgültig seine unzweifelhafte Begabung«, so beschrieb der Bürgermeister meinen dörflichen Werdegang. »Nach Mißernten und Dürreperioden machte uns die Gewißheit Mut, daß eines schönen Tages unser geliebter Rudi wiederkommen und die Glatzköpfe aus dem Dorf vertreiben würde.«

Ich wollte gerade höflich Dank sagen, als mich plötzlich ein Bär von einem Glatzfinken von hinten anfiel.

»In Wurmthal wird keiner Glatzköpfe vertreiben«, brüllte er, während die Gemeindevertreter starr vor Schreck das Geschehen verfolgten. Der Koloß hob seine riesigen Fäuste, um sie auf mich niedersausen zu lassen. Da schlug ich ihn in perfekter Körperbeherrschung mit der Handkante in die Magengrube, so daß er lautlos zusammenklappte.

Die bewundernden Ausrufe mißachtend rief ich, über den kahlen Riesen gebeugt, der staunenden Menge zu:

»Helft dem armen Verirrten. Schnell, einen Arzt!«

Meine noble Geste verfehlte ihre Wirkung nicht, und wie ein Lauffeuer verbreitete sich die erstaunliche Geschichte. Sie ist heute noch als leuchtendes Beispiel für Großmut gegenüber dem Feind in den regionalen Schulbüchern nachzulesen. Um so mehr, als ich während meiner Wahlkampfreise durch die Umgebung den kahlen Riesen noch ein rundes Dutzend Mal mit meinem einzigen Handkantenschlag niederstreckte.

In meinem Wahlbezirk sorgte ich umgehend für Recht und Ordnung. Zunächst erbat ich einen detaillierten Registerauszug über das Kapital- und Immobilienvermögen der Glatzköpfe, dann ließ ich die Listen vervielfältigen und sie den behaarten Einwohnern mit der Aufforderung zugehen, ihre Ansprüche auf Kapitalvermögen und Glatzenboden unter Wahrung selbstloser Gesichtspunkte anzumelden.

Meine potentiellen Wähler reagierten demokratisch und verantwortungsvoll. Kein einziger entzog sich seiner patriotischen Pflicht oder versäumte gar die Rücksendung des Fragebogens.

»Diese Stunde der Gerechtigkeit verdanken wir der Kreiszacklerfront«, schrieb ein kaufmännischer Angestellter, der sich um das Ladenlokal, die Wohnung, 300 Quadratmeter Obstgarten, Lebensversicherung und das

Motorrad seines kahlen Chefs bewarb. »Endlich werden die Ideale unserer Jugend verwirklicht. Geduld! Wir leben! Es siege Flinta!«

Ich wurde von Tag zu Tag beliebter. Der chancenlose Gegenkandidat der Regierungspartei, ein spindeldürrer Schulbezirksdirektor, traf verzweifelte Gegenmaßnahmen. Er schreckte, obwohl er selbst behaart war, nicht einmal davor zurück, um kahle Wähler zu buhlen, und versprach, im Falle seines Sieges für die persönliche Sicherheit aller Glatzfinken zu sorgen.

Auch ein Angriff des tadellos behaarten Dorfpfarrers ging daneben, der uns in seiner Predigt »das neue Heer der Antichristen« nannte, »das alle Sittengesetze mit Füßen trete«. Der verirrte Kirchendiener scheiterte nicht nur, weil der reichste Mühlen- und Wirtshausbesitzer der Ortschaft ein Glatzkopf war, sondern auch, weil er kurz danach von höchster Stelle in eine einsame Waldgegend versetzt wurde.

Während all dieser kindischen Angriffe begnügte ich mich, Dr. Schwarzkopfs Anregungen zu befolgen und jedem dahergelaufenen Lausbuben ein paar Kronen in die Hand zu drücken mit der ausdrücklichen Bitte, nur ja niemandem zu verraten, daß er das Geld vom gutherzigen Führer der Kreiszacklerfront Rudolf Flinta, richtig, mein Kleiner, von Rudolf Flinta bekommen hätte.

Auch ein spaßiges Preisausschreiben, das ich mir ausgedacht hatte, hob die Stimmung kräftig. Darin stellte ich zwölf Flaschen erstklassigen Tokaier jenem Wähler in Aussicht, der durch zwei Zeugen belegen konnte, mindestens einen von den frechen Wurmthaler Haarschlöchern mindestens dreimal geohrfeigt zu haben. Das Quiz gefiel vor allem der sportlichen Jugend sehr gut, und auch die Polizisten beteiligten sich in ihrer Freizeit an dem kleinen Vergnügen. Todesfälle gab es jedoch keine zu beklagen.

Am Vorabend der Wahl herrschte schließlich kein Zweifel mehr, wer die Sieger sein würden. Keine geringe Rolle spielte dabei, daß mein Gegenkandidat seine groß angekündigte Wahlkampfrede kurzfristig abgesagt hatte. Angeblich hatten ihn maskierte Täter auf dem Weg zum Veranstaltungsort überfallen und völlig kahl geschoren.

Pepi verurteilte in der »Stimme des Volkes« das heimtückische Attentat vehement: »Was wollten die Glatzköpfe damit nur erreichen?« fragte er seine Leser.

Mein letzter Auftritt hingegen war ein durchschlagender Erfolg. Ich gewann weitere Wähler mit der subtilen Argumentation, wer nicht für mich stimme, entlarve sich als Glatzkopf, aber ebenso gut kam an, daß ich auch den nicht behaarten Mitbürgern eine Chance ließ. »Wer sich für mich entscheidet«, deutete ich an, »ist für die Menschheit noch nicht völlig verloren.«

Auch die Tatsache, daß es sich um eine geheime und demokratische Wahl handelte, bei der nichts zu verbergen war, machte entsprechenden Eindruck. So erübrigte sich der beschämende Gang in die Kabine, und nur die Kahlköpfe setzten ihr Listenkreuz hinter zugezogenem Vorhang auf die Wahlzettel.

Als die Schlacht geschlagen war, ging mein erstes Telegramm an Pepi:

»Wahl in Wurmthal überlegen gewonnen, erwarte deine herzliche Gratulation. Geduld! Wir siegen! Es lebe Ich!«

Die Wahlbeteiligung hatte mit 38 Prozent weit über dem Vorjahresdurchschnitt gelegen, und unser Einzug ins Parlament war somit geschafft. Die Regierungspartei verfügte noch über eine hauchdünne Mehrheit, aber 46 abgeordnete Kreiszackler würden ihr künftig das Leben schwermachen. Trotzdem hatten wir ein Problem, denn es gab in unseren Reihen nicht genug Kandidaten, die alle Voraussetzungen für einen Parlamentssitz erfüllten, und so mußten wir außer den bewährten Mitstreitern jeden Behaarten nehmen, der uns unter die Finger kam.

Pepi holte natürlich seine eigenen Leute ins Parlament, wie seine Maniküre samt Zwillingsbruder, und um seine Lobby zu verstärken, schreckte er auch vor den läppischsten Maßnahmen nicht zurück. So konnte mich, als ich eines Morgens die »Stimme des Volkes« aufschlug, auch folgender Aufruf nicht mehr überraschen.

> *»Dichtbehaarte Männer zwischen 17 und 71 Jahren, die des Lesens und Schreibens kundig sind und den Namen Schomkuthy führen, für Karriere im öffentlichen Leben gesucht.«*

Immerhin meldeten sich neunzig Schomkuthys, wenn auch nur elf mit Ypsilon am Ende. Pepi fand es gar nicht komisch, daß ich mich über sein plötzliches Traditionsbewußtsein lustig machte.

»Was hast du gegen meine entfernten Verwandten?« fragte er beleidigt.

»Seit wann«, entgegnete ich grinsend, »bist du denn ein echter Schomkuthy?«

»Namen sind Schall und Rauch«, schloß Pepi würdevoll das heikle Kapitel, »nur Blut ist ein ganz besonderer Saft.«

Ich ließ es dabei bewenden, schließlich hatten wir jeden Behaarten bitter nötig. Was mich aber wirklich schmerzte, war, daß Arthur Molnar, einer meiner treuesten Anhänger, kein Mandat erhielt. Arthur hatte zwar in den Außenbezirken vorzügliche Aufklärungsarbeit geleistet, dabei aber sein haariges Handicap völlig vergessen. Bei seiner rhetorisch brillanten Rede: »Gibt es ein Leben mit dem Glatzkopf? Nein, das gibt es nicht! Wird der Glatzkopf jemals Ruhe geben? Nein, er wird keine Ruhe geben!«, bei dieser Rede hatte er beim letzten Nein zu heftig den Kopf geschüttelt, und dabei war seine Perücke in hohem Bogen ins Publikum geflogen. Die Menge, gewohnt beim Anblick eines Glatzkopfes sofort zu handeln, fiel in Sekundenschnelle über ihn her. Arthurs Standfestigkeit aber war beispielhaft.

»Ich bin der beste Beweis dafür, daß man auch ohne Haare mit Leib und Seele Haarschützer sein kann«, stöhnte er, als er blutüberströmt liegenblieb. »Seit wann ist es denn verboten, Selbstkritik zu üben?«

Treue gegen Treue schwor ich mir und brachte ihm einen Blumenstrauß und drei neue Trowitsch-Perücken ins Krankenhaus. Da lag Arthur in seiner ganzen erbärmlichen Kahlheit ohne jeden Haarschmuck im Bett, weil der Pöbel seine Perücke zertrampelt hatte.

»Welche Ehre, mein Führer«, weinte er vor Freude. »Ich habe mir so sehr gewünscht, Abgeordneter zu werden. Im Parlament werde ich nie mehr den Kopf schütteln, das verspreche ich.«

Ich streichelte seinen Schädel.

»So wahr ich selber noch alle Haare auf dem Kopf habe, Arthur«, sagte ich ihm fest zu, »Sie kommen ins Parlament.«

Das war freilich leichter gesagt als getan. Als Dr. Schwanz von meinem Entschluß hörte, erklärte er umgehend seinen Rücktritt, den ich ebenso umgehend annahm. Daraufhin lenkte der Steuerexperte natürlich sofort ein und meinte nur:

»Ein Glatzkopf im Parlament, mitten unter uns, verzeihen Sie, mein Führer ...«

Ich warf ihm einen meiner stählernen Blicke zu.

»Schwanz, wer ein Glatzkopf ist und wer nicht, bestimme ich ganz allein.«

Erst viel später erfuhr ich, daß meine menschliche Geste eine private Tragödie gerade noch verhindern konnte. Frau Molnar hatte nämlich bereits ganz im Sinne der neuen gesellschaftlichen Gepflogenheiten wegen »unvereinbarer haariger Verschiedenheit« die Scheidung eingereicht. Offenbar fürchtete sie um ihre Position als Frauenbeauftragte. Erst nach meiner haarführerischen Anweisung, Arthur Molnar wäre kein Glatzkopf, war die Familienidylle wieder hergestellt.

Zur echten Gefahr aber war inzwischen Gagay geworden. Der Postrentner war mir nämlich keineswegs dankbar dafür, daß ich ihm mit einem Mandat den Weg ins öffentliche Leben ebnen wollte. Anstatt vor Freude Purzelbäume zu schlagen, erklärte er mir, Parlamentarier sei das letzte, was er hätte werden wollen, denn »Beamte sind schlechte Menschen«.

»Na, dann helfen Sie ihnen kraft Ihrer neuen Position, bessere Menschen zu werden«, redete ich dem Tölpel gut zu. »Es gibt doch nichts Schöneres, als seinen Nächsten auf den rechten Weg zu führen.«

Aber Gagay war eben Gagay.

»Ich möchte lieber mit Pferden zu tun haben«, sagte er. »Die sind von Haus aus gut. Die muß man nicht erst auf den rechten Weg führen, die finden von ganz allein in den Stall.«

Ich warf ihn hinaus. Diesen senilen Unsinn wollte ich mir wirklich nicht länger anhören. Er und Opa Hawlitschek waren und blieben unbelehrbar, und ich würde sie nicht ewig schützen können, auch wenn Lizzi die beiden noch so gerne mochte.

Lizzi war mein ganzes Glück, denn sie hielt sich an unsere Vereinbarung, hier Privatleben, dort mein Beruf. Sie hütete sich, meiner Karriere zu schaden, diskutierte und argumentierte nicht, wie es andere Frauen gerne tun. Ja, ich wußte nicht einmal, wo sich ihr Vater versteckt hielt. Auch diese Sorge ersparte sie mir.

»Papi ist in Sicherheit«, verriet mir Lizzi lächelnd. »Es lebe Flinta!«

Es war mir ganz recht so, zumal sich nach den Wahlen immer weniger Glatzköpfe als Märtyrer aufspielten und die kahlen Lumpen inzwischen fast völlig aus dem Straßenbild verschwunden waren. Der Perückenbetrieb Trowitsch & Co. aber florierte, und wenn ich nicht mit dem blöden Pepi hätte teilen müssen, wäre ich längst steinreich gewesen. Aber wie sagte Kollege Churchill so richtig? »Im Leben eines Staatsmannes gibt es manchmal auch schmerzliche Kompromisse.«

Die Regierung hatte klugerweise die nötigen Konsequenzen aus dem spektakulären Erfolg der Kreiszackler gezogen und war geschlossen zurückgetreten. Im neuen Kabinett saßen ein paar gute alte Bekannte. Der neue Ministerpräsident zum Beispiel, Eberhard Titus Dugowitsch, war zufällig Dr. Zenmayers Adoptivsohn. Er versprach in seiner Regierungserklärung, er werde die alte politische Linie genauso fortführen, nur in umgekehrter Richtung.

Er ließ seinen Worten auch die Tat folgen, davon konnten wir uns sehr rasch überzeugen. Gerade als ich mit meiner Frau zum Wochenausklang ein entspannendes

Damespiel begonnen hatte, meldete unsere erste Wirtschafterin, Herr Chefredakteur Schomkuthy wünsche unverzüglich den Führer zu sprechen.

Ich hatte noch nicht einmal hereingebeten, da stürzte Pepi bereits durch die Flügeltüren in unseren Spielsalon.

»Alter Junge«, sagte er feierlich und legte mir den Arm um die Schultern, als wir nach Lizzis überstürztem Abgang unter vier Augen waren, »ich war soeben beim Presseempfang des Ministerpräsidenten. Lauter neue Leute, lauter neue Gesichter, Begeisterung und Tatkraft sind an der Tagesordnung. In Kriegszeiten, so war zu hören, wäre der aktive Haarschutz die wirksamste Waffe zur Selbstverteidigung. Der neue Innenminister Dorfhauser von und zu Dorfhauser bestätigte mir persönlich, daß eine staatliche Institution zur Untersuchung der Glatzenfrage vor der Gründung stünde.«

Pepi sah mich bedeutungsvoll an.

»Rudi«, sagte er nach einer Pause, »ich glaube, wir haben's geschafft. Wir sind Staatssekretäre.«

Ich zuckte mit den Achseln:

»Von mir aus. Aber kein Wort zu Schwarzkopf.«

# *Glanz und Untergang eines Alptraums*

Wenige Tage später wurden Pepi und ich als Staatssekretäre vereidigt. Seine Exzellenz der Staatspräsident hatte uns aus diesem Anlaß in einer Privataudienz empfangen. Der so überaus sympathische höchste Mann im Staate sprach uns sein Vertrauen aus, dankte für unsere unbestreitbaren Verdienste auf dem Gebiet des Haarschutzes und wollte unsere Aufmerksamkeit nur noch auf eine äußerst delikate Kleinigkeit lenken. Im Hinblick auf die steigende Arbeitslosigkeit sollten nämlich vermögende Glatzköpfe unter bestimmten Voraussetzungen einen Sonderstatuts beanspruchen können.

»Eure Exzellenz«, antwortete Pepi untertänig, »diese Maßnahme wird durch unsere eingehenden Glatzenforschungen auf das Vorzüglichste belegt. Die wissenschaftlichen Ergebnisse berichten von recht erfolgversprechenden Ansätzen beim wohlhabenden Glatzentum. Wir werden diese Kreise wohlwollend im Auge behalten, aber den kahlen Pöbel wird die wachsame Kreiszacklerfront für seine Sünden um so härter büßen lassen.«

Leutselig entließ uns der weitblickende Staatschef, und seine große rotblonde Sekretärin brachte uns hinaus.

Dem neuen Institut zur staatlichen Untersuchung der Glatzenfrage wurden im Innenministerium zunächst 52 Räumlichkeiten und 38 haarig einwandfreie Beamte zugewiesen. Am Tag unseres Amtsantritts stattete uns Ministerpräsident Eberhard Titus Dugowitsch mit seinem Stiefvater einen Besuch ab, und wir vertieften uns umgehend in die aktuelle politische Lage.

»Meine Herren«, sagte der neue Regierungschef, »wir bitten Sie, in jedem Fall das Grundgesetz zu beachten, auf dem unsere Rechtsstaatlichkeit beruht. Wir sind, wenn Sie erlauben, stolz auf unsere demokratische Verfassung, die an das vom Volk gesetzte Recht gebunden ist. Ohne das Volk und dessen freien Willen sind wir nichts.«

»Et surtout ohne meinen Willen«, warf Dr. Zenmayer trocken ein und ergänzte süffisant:»Natürlich auch in demokratischer Abstimmung.«

»Es muß also diesem Willen Folge geleistet werden, wenn Sie erlauben«, fuhr der Ministerpräsident unbeirrt vom stiefväterlichen Einwurf fort. »In Eilfrist sollte ein ebenso radikaler wie gerechter Glatzengesetzesentwurf verabschiedet werden. Ihnen, meine Freunde, obliegt es, den sozialen und finanziellen Übergriffen des Glatzentums ein spektakuläres Ende zu bereiten.«

»Eure Exzellenz werden Ihr Vertrauen in uns nicht bereuen«, kam ich Pepi zuvor. »Dafür bürge ich persönlich.«

Danach gingen wir ins Detail, klopften die einzelnen Punkte ab und zogen für die Ausarbeitung Innenminister Dorfhauser von und zu Dorfhauser heran. Der Minister machte die Entwürfe an praktischen Beispielen fest, was uns auch lieber war. So sollte zum Beispiel eine Hypothek von etwa 40 000 Kronen auf die Villa eines Behaarten umgehend und ersatzlos gestrichen werden, wenn der Bankier ein Glatzkopf ist.

Hinderlich dabei war nur, daß nicht alle Glatzfinken, ob Bankier oder nicht, als solche registriert waren. Vordringlichste Maßnahme war daher, dem Statistischen Zentralamt per Gesetz die Erfassung aller spärlich Behaarten und jedes einzelnen Glatzkopfs zu verordnen. Und da die haarige Einstufung nur auf fachmännischer Basis erfolgen konnte, ordnete der Innenminister auf unser Anraten die Errichtung eines landesweiten Netzes von Haarprüfstellen und den Aufbau eines entsprechenden Beamtenapparates an. Bewerben konnten sich nach Absolvierung eines Schnellkurses staatlich geprüfte, unbescholtene Friseure, die das 21. Lebensjahr bereits vollendet hatten. Pepi und ich erbaten von Dr. Zenmayer für die Ausarbeitung der Gesetzesvorlage die Hilfe von sechs Professoren der juristischen Fakultät.

»Légalité et Fraternité schlägt chauveté«, stimmte Dr. Zenmayer zu. »Die constitution darf nicht verletzt werden.«

Am nächsten Tag war es dann so weit, und die Front nahm erstmals ihre Plätze im Plenarsaal des Parlaments ein. Als wir uns, wie vorgesehen, rechts außen niedergelassen hatten, spendete uns die gesamte Legislative spontanen Beifall. Obwohl wir ja inzwischen so manche Sympathiebezeugung erlebt hatten, erschien uns dies doch als ein Meilenstein in der Geschichte der Bewegung. Es war ergreifend. Mit leisem Schluchzen lehnte die Abgeordnete Elvira Schick sich an ihren Nachbarn und merkte zu spät, daß Pepi inzwischen mit dem Zwillingsbruder seiner Maniküre den Platz getauscht hatte.

Vereinzelte Buhrufe verstockter Altpolitiker ignorierten wir geflissentlich, nur der frühere Gehilfe unseres Gemüsehändlers in der zweiten Reihe streckte ihnen die Zunge heraus.

Dr. Schwanz, der zum stellvertretenden Parlamentspräsidenten gewählt worden war, eröffnete die erste Sitzung des Hohen Hauses und übergab feierlich dem Hauptredner von Schomkuthy das Wort. Pepi erläuterte das Programm der Partei für nationalen Haarschutz und deutete geschickt an, wieviel politisches Potential die Bewegung nach den zwei bereits amtierenden Staatssekretären noch stellen könnte.

»Kampf der ägyptischen Glatzenplage, Kampf bis zum Endsieg«, beendete er seine eindrucksvolle Rede. »Noch sind wir eine kleine Partei, aber wir werden mit Gottes Segen erstarken, um uns mit ganzer Kraft für das Heil der haarreinen Nation einzusetzen.«

Wenn mich nicht alles täuscht, erwähnte Pepi nebenbei auch, daß das Maß voll wäre und man sollte daraus endlich die Konsequenzen ziehen.

Mit der Rede des Ministerpräsidenten ging der erste Tag der Kreiszackler im Parlament zu Ende. Glockenklang untermalte E. T. Dugowitschs Ankündigung, die neue Regierung hätte die Glatzenfrage einer rechtsstaatlichen Lösung zugeführt und würde, »wenn Sie erlauben«, Hand in Hand mit der loyalen haarschützerischen Opposition unverzüglich eine entsprechende Gesetzesvorlage verabschieden,

Frenetischer Beifall brach los. Bereits verbrüderte wie auch einander völlig fremde Parlamentarier umarmten sich, einige sprangen sogar auf ihre Sitze, und Pepi und ich konnten uns der Glückwünsche und der Adressen vermögender Glatzköpfe kaum erwehren.

Da bat Ministerpräsident Dugowitsch die Abgeordneten, noch einmal Platz zu nehmen, er hätte eine kurze Mitteilung zu machen.

»Unsere soldatische Nation ist eben an der Seite von Dr. Zenmayers sieghaftem Reich in den Krieg eingetreten«, verkündete er feierlich und erbat nachträglich die Zustimmung des Parlaments dafür, daß er bereits der halben Welt den Krieg erklärt hatte.

Die Nachricht, daß wir uns im Kriegszustand befanden, löste zunächst Befremden in der Bevölkerung aus, doch bald freundeten sich die Menschen mit dem Gedanken an. Neue, an Bodenschätzen reiche Provinzen kämen durch die Eroberungen in den Besitz des Volkes, der Nachrichten über große Siege war kein Ende, und die Soldaten kamen bepackt mit kleinen, aber wertvollen Geschenken zu ihren Familien heim.

Doch schon nach kurzer Zeit verließ uns das Kriegsglück, und der siegreiche Feldzug geriet ins Stocken. Größte Probleme bereitete der militärischen Führung nämlich die seit kurzem vorgeschriebene Registrierung der örtlichen Glatzköpfe. Zwar konnte manch feindliche Stadt im Osten rasch eingenommen werden, aber bevor alle Ostglatzköpfe registriert waren, wurden die Truppen verschoben, die Zählung wurde unterbrochen und mußte später wieder völlig neu begonnen werden. So wurde unter Umständen in einem rückeroberten Gebiet das ansässige Glatzentum vier bis fünf Mal gezählt. Die Glatzenregister waren jedoch militärstrategisch unverzichtbar, weil sich die Kahlköpfe überall mit unserem hinterhältigen Feind zusammentaten.

In seiner Parlamentsansprache klärte denn auch Ministerpräsident Dugowitsch über die tatsächlichen Gründe für die noch nicht ganz zufriedenstellenden militärischen Erfolge auf.

»Wir hätten längst gesiegt, wenn Sie erlauben«, sagte der Staatsmann, »hätte das Glatzentum nicht im entscheidenden Moment das Vaterland verraten, wie sich bei den wöchentlichen Kaffeehaus-Razzien deutlich zeigte. Fast 35 Prozent der aufgegriffenen Kahlköpfe trugen Streichhölzer bei sich, um den feindlichen Flugzeugen

Lichtsignale zu geben. Der Glatzkopf ist also nicht nur Kriegsanlaß, wenn Sie erlauben, sondern verhindert auch hartnäckig den totalen Sieg.«

Seine Rede wurde in der »Stimme des Volkes« veröffentlicht und war für die Patrioten des Landes ein deutliches Zeichen dafür, ihr Schicksal in die eigene Hand zu nehmen und das kollaborierende Glatzenungeziefer endgültig unschädlich zu machen. Unsere Mitbürger verhielten sich mustergültig. So wurde uns berichtet, daß man während eines Luftangriffes in einem Park einen Glatzkopf bemerkt hatte, der auffallend oft auf das leuchtende Ziffernblatt seiner Uhr geblickt hatte, offenbar um den feindlichen Terrorbombern Leuchtzeichen zu geben. Der Glatzkopf wurde nach Sicherstellung seiner Uhr festgenommen, mit Benzin überschüttet und angezündet. Der Vaterlandsverräter rannte davon und erhellte wie eine Fackel die Nacht, während der Luftangriff tobte.

Die beunruhigenden Vorfälle beschleunigten unsere Vorbereitungen für das Glatzengesetz. Fast täglich arbeiteten wir oft den ganzen Vormittag daran.

Durch die innovative Arbeit der Friseurämter konnten wir endlich ein klares Bild über das heimische Glatzentum gewinnen. Es stellte sich heraus, daß tatsächlich elf Prozent der gesamten Bevölkerung über drei Jahre irgendeiner Kategorie von Glatzköpfen angehörten. Derselben Statistik zufolge bekam nach und nach jeder dritte Insasse eines Altersheims in der Metropole eine Glatze, und ein Großteil der männlichen Rentner waren bereits Vollglatzfinken.

Unser Glatzengesetz sollte dieser beunruhigenden Entwicklung endgültig den Riegel vorschieben und die Bevölkerung beschwichtigen, die wegen neuer militärischer Niederlagen bereits unruhig geworden war. Wir kündigten also die Verabschiedung des radikalen Glatzengesetzes für einen der nächsten Tage an. Die Regierung bat alle patriotisch Gesinnten, sich bis dahin in Geduld zu üben.

Die Vorbereitungen dafür hatten mich so sehr beansprucht, daß ich mehr in der Parteizentrale als zu Hause war und Lizzi sträflich vernachlässigte. Das wirkte sich natürlich nicht günstig auf unser Eheleben aus, denn es gelang mir immer seltener, Privatleben und Politik so voneinander zu trennen, wie wir einander versprochen hatten. Mein kometenhafter Aufstieg und meine wachsende Popularität forderten ihr Opfer, wie Lizzi es vorausgesehen hatte. Wenn ich von einer Haarschutzversammlung spät abends nach Hause kam, enthielt sich Lizzi jeden Kommentars und sah mich nur vorwurfsvoll an. Es wäre mir lieber gewesen, sie hätte geschimpft und gejammert. Dann hätte ich mich ein wenig besser gefühlt.

Immer öfter ertappte ich meine Frau dabei, während sie heimlich die »Stimme des Volkes« las, die sie vorher gemieden hatte, wo sie konnte.

Als ich nach einer abendlichen Massenkundgebung, vom überlangen Text aus der Feder Dr. Schwarzkopfs heiser geworden, früher als vorgesehen nach Hause kam, öffnete mir unsere Frauenbeauftragte mit vielsagender Miene die Tür.

»Herr Flinta«, flüsterte Frau Schick mir zu und bekreuzigte sich. »Der Gagay ist bei ihr.«

Und tatsächlich, da hockte der Alte, Lizzi direkt gegenüber. Als er mich sah, verschwand er blitzschnell.

»Was wollte er denn?« fragte ich meine Gattin. »Gibt er dir etwa Nachhilfestunden in Senilität?«

»Gagay ist der einzige normale Mensch in unserer Umgebung«, sagte sie trotzig.

Ich ahnte, woher der Wind wehte.

»Wo ist denn eigentlich dein Vater, mein Engelchen?«

Lizzi senkte den Blick.

»An einem sicheren Ort.«

»Er muß sich nicht verstecken«, beruhigte ich sie. »Ich kann ihn jederzeit zum Ehrenbehaarten erklären.«

Lizzi drehte sich weg. Sie machte einen völlig verzweifelten Eindruck auf mich. Insgeheim fühlte ich mich auch nicht viel besser.

»Was spielt es denn für eine Rolle, ob ich an den Haarschutz glaube oder nicht?« bekannte ich zum ersten Mal ganz offen. »Ich muß doch gar nicht daran glauben. Gesetzt den Fall, die Politzers hätten recht, und niemand könnte etwas dafür, daß er als Glatzkopf geboren wird, was bedeutet das schon? Es gibt so oder so kein Zurück, die Glatzköpfe sind unsere erbitterten Feinde, sie beten für unseren Untergang, nur weil wir zufällig oder auch wegen der Gene einer edleren Rasse behaart sind. Wir handeln einzig und allein aus Notwehr, meine Liebste, um uns vor ihren Rachegelüsten zu schützen. Soll ich vielleicht in dieser heiklen Lage alles hinwerfen und die Bewegung Pepi, diesem elenden Schuft, überlassen?«

Lizzi antwortete nicht, sie schlug nur die Hände vors Gesicht. Frauen können eben nicht logisch denken. Ich ging ins Bad, in der Hoffnung, wenn ich heiß geduscht hätte, würde sie sich besser fühlen. Unter dem starken Wasserstrahl ging mir plötzlich auf, warum ich Politik und Privatleben nicht mehr auseinanderhalten konnte. Weil ich kein Privatleben mehr hatte, zumindest nicht mehr seit ich Haarschutzführer geworden war.

Beim Stichwort Privatleben fiel mir Professor Wind ein, der nach Bekanntwerden der Wahlergebnisse seine Heimat fluchtartig verlassen hatte. Einem Blatt, das noch in Glatzenhand war, hatte er ein Telefoninterview gegeben und gefaselt, daß »ein vernünftig denkender Mensch nichts in einem Land zu suchen hätte, das Haarschützer wählt statt sie auszulachen«.

Die feige Flucht des »Lakaien der Glatzköpfe« behandelte Pepi ausführlich in einem Leitartikel mit der Überschrift »Wer Wind sät, wird Sturm ernten«. Er verglich den charakterlosen Wissenschaftler mit einer Ratte, die das sinkende Glatzenschiff verläßt.

»Es ist wirklich nicht schade um dieses scheinheilige Genie«, schloß Pepi die längst fällige Abrechnung. »Mit seiner glatzenfreundlichen Demagogie hat er sich ein Vermögen ergaunert, um sich bei Nacht und Nebel mit seiner billigen Mätresse und unter Hinterlassung unbezahlter Rechnungen aus dem Staub zu machen. Das ausländische Glatzentum soll mit Wind glücklich werden.

Sie werden das steckbrieflich gesuchte Stinktier sicherlich nicht ausliefern. Aber so verpestet er wenigstens hierzulande die Luft nicht mehr.«

Inzwischen fieberten die fortschrittlichen Kreise des Landes dem Glatzengesetz entgegen, das in einer feierlichen Parlamentssitzung verlesen werden sollte. Führende Persönlichkeiten aus Wissenschaft und Kunst waren zu diesem historischen Akt eingeladen worden, doch so mancher Stuhl auf der Abgeordnetengalerie blieb leer. Die sogenannten Menschenfreunde wollten wohl wieder einmal Flagge zeigen.

Ministerpräsident Eberhard T. Dugowitsch eröffnete die Sitzung, begrüßte zunächst seinen freundlich aus einer Loge winkenden Stiefvater, dann die Abgeordneten und die Gäste. Gleich danach trat Dr. Schwarzkopf vor und erläuterte in die gespannte Stille die Notwendigkeit der neuen Verordnung.

»Die charakteristische Absonderung des Glatzentums von seiner jeweiligen Umgebung sowie ihre haar- und gefühlsmäßige, ja sogar geistesbedingte Entwicklung, die jeglichen artfremden Einfluß ausschließt, ist der Grund dafür, daß der Glatzkopf ein Fremdkörper in der Gesamtheit des Volkes ist und daß ihm der Instinkt angeboren ist, sein haarloses Wesen, wenn nötig mit brutaler Gewalt, zu bewahren.«

Der spontane Beifall, der dieser Einführung folgte, bewies, daß es uns gelungen war, Verstand und Gefühl in gleicher Weise anzusprechen. Rasch erhob ich mich, um die Beifallskundgebungen entgegenzunehmen, was Pepi offensichtlich gar nicht gefiel, mir hingegen wieder einmal das nun schon vertraute wohlige Kribbeln im Rücken bescherte.

Dann bat ich das Hohe Haus darum, sich die Definition des Glatzkopfes an sich in stark gekürzter Fassung vortragen zu lassen.

Die Abgeordneten nahmen per Handzeichen meinen Antrag an, und so las Dr. Schwarzkopf den komprimierten Wortlaut vor:

1. ***Vollglatzkopf***
   *ist jemand, auf dessen Kopfhaut die haarige Beschaffenheit mangelhaft in Erscheinung tritt. Er gehört zur Kategorie »A«.*
2. ***Halbglatzkopf***
   *ist jemand, dessen hintere Kopfhaut von einer weniger als sechs Zentimeter schmalen, jedoch mindestens dreieinhalb Zentimeter breiten Haarschicht von Ohr zu Ohr bedeckt wird. Er gehört zur Kategorie»B« mit folgenden Untergruppen:*
   *»Bh« / hell / blond, brünett, rötlich behaart*
   *»Bd« / dunkel/ kastanienbraun, schwarz behaart*
   *»Bg« / grau / grauhaarig, hat mittels friseuramtlicher Beglaubigung nachzuweisen, ob er vor*

*Verfärbung der Haare der Unterklasse »Bh« oder »Bd« angehörte. Danach erhält er erst die endgültige Gruppenbezeichnung, nämlich »Bgh« beziehungsweise »Bgd«.*

3. ***Viertelglatzkopf***
   *ist jemand, bei dem über Stirn und Schläfe ein drei bis dreieinhalb Zentimeter nicht übersteigender, akuter haariger Mangel auftritt. Er gehört zur Kategorie »C«. Wenn er nachweisen kann, daß seine direkten Vorfahren den Kategorien »Bh«, »Bd«, »Bgh«, »Bgd« zugeordnet waren, darf er eine friseuramtliche Urkunde beantragen und gilt als »CBgh«, »CBgd«, »CBh« und »CBd« und ist somit berechtigt, als Studienrat bis zur Gehaltsstufe 3 zu gelangen.*
4. ***Glatzenstämmiger***
   *ist jemand, an dessen haariger Beschaffenheit nichts auszusetzen ist, der jedoch direkte Vorfahren der Kategorien »A«, »Bh«, »Bd«, »Bgh«, »Bgd«, »CBd«, »CBgd« hat. Dieser gehört der Kategorie »D« an, ist von der Offizierslaufbahn ausgeschlossen und kann keine Todesurkunden ausstellen.*

Des weiteren ging die Glatzenverordnung auf die haarige Bewertung weiblicher Fälle ein, was den Gesetzgeber zweifellos vor eine äußerst komplexe Aufgabe stellte, da, wie allgemein bekannt, die haarige Einstufung der Frau nicht so problemlos durchzuführen ist wie die des Mannes. Deshalb wird im Sinne des Beschlusses des Staatlichen Institutes zur Überprüfung der Glatzenfrage der haarschützerische Status der Frauen nach dem haarigen Zustand der väterlichen Linie, in Ausnahmefällen nach dem der mütterlichen Linie festgestellt.

Nun folgte die erste Lesung eines Auszugs der Glatzenverordnung hinsichtlich der glatzenstämmigen Frau, die unter aktiver Mitwirkung unserer Frauenbeauftragten erarbeitet worden war.

1. ***Vollglatzenstämmige***
   *ist eine Frau, deren Vater der Kategorie »A« angehört. Sie wird als »FA« bezeichnet.*
2. ***Halbglatzenstämmige***
   *ist eine Frau dann, wenn ihr Vater der Kategorie »B« angehört. Sie ist demnach zum Beispiel die als »FBgd«, »FBgh« zu bezeichnende Tochter eines Vaters mit der Untergruppenbezeichnung »Bgd« und »Bgh«.*
3. ***Viertelglatzenstämmige***
   *ist eine Frau, deren Vater der Kategorie »C« angehört. Sie ist demnach »CF« mit den Untergruppen »FCBh«, »FCBd«, »FCBgh« und »FCBgd«.*

*Diese Gruppen sind im Grunde gleichgestellt mit dem einen Unterschied, daß sie bei der Immatrikulation an der Musikakademie unterschiedlichen Bestimmungen unterworfen sind und keine Anstellung als Hausbesorgerin in einem haarigen Haushalt antreten können.*

Die Verordnung enthielt desweiteren eine ausführliche Liste der Positionen im öffentlichen Dienst und in der Privatwirtschaft, um die nur zu gut bekannte pathologische Expansionslust des Glatzentums ganz oder zumindest teilweise zu beschneiden.

Freilich gab es für die einzelnen Glatzkopfgruppen auch unterschiedliche Beschäftigungsanordnungen. Männer aus der Gruppe »DBd« oder Frauen aus »FCBh« waren, wenn auch nur bis zum Dienstgrad eines Schlauchträgers, gesetzlich zur Feuerwehr zugelassen und konnten sich sogar um einen Posten der Gehaltsstufe 3 als Studienrat bewerben, wenn ihnen eine friseuramtliche Urkunde Vorfahren einer höheren Kategorie mütterlicherseits bescheinigte. Hingegen durfte sich kein Glatzkopf der Gruppen »CBd« und »CBgd« als Nachtwächter bewerben und erhielt auch keinen Gewerbeschein für einen Tabakladen auf dem Lande, es sei denn, daß der Großvater mütterlicherseits in der väterlichen Linie eine höhere friseuramtliche Einstufung als »Bgh« oder »Bgd« vorweisen kann.

Unsere Glatzkopfverordnung habe ich hier nur auszugsweise als kleine Kostprobe wiedergegeben, während die gesamte Lesung im Parlament achtzehn Stunden dauerte. Die Abgeordneten zeigten ungefähr nach der Hälfte der Zeit gewisse Ermüdungserscheinungen, da Dr. Schwarzkopf meines Erachtens den durchaus pakkenden Wortlaut rhetorisch nicht herüberbrachte und den Gruppenkatalog schließlich nur noch herunterleierte.

Zu guter Letzt kam der Anwalt auf die als »A« eingestuften Personen zu sprechen. Dieser Vollglatzkopf darf weder in öffentlichen Ämtern noch in der städtischen Verwaltung, in Behörden oder in der Privatwirtschaft beschäftigt sein, noch darf ihm ein Gewerbeschein als Versicherungsmakler ausgestellt werden. Auch von allen freien Berufen ist er ausgeschlossen. Er darf über keinerlei Landbesitz verfügen, nicht Soldat werden, und die Bereiche Sport und Kunst sind ihm verwehrt. Außerdem gab es eine ganze Reihe weiterer strikter Beschränkungen, von deren kompletter Aufzählung aus Zeitmangel verzichtet wurde.

»Mein Führer«, stupste mich Eugen der Oberkellner von hinten an, so daß ich aus einem kleinen Nickerchen hochschreckte, »womit kann sich ein Vollglatzkopf dann überhaupt noch seinen Lebensunterhalt verdienen?«

»Ganz einfach«, erwiderte ich. »Er kann jederzeit betteln. Diese Existenzmöglichkeit haben wir ihm offengelassen.«

Unsere Haarschutzverordnung zeugte aber auch insgesamt von großer Menschlichkeit, denn sie enthielt eine Reihe konkreter Fälle, die Glatzköpfe, und sogar Vollglatzköpfe, vom Gesetz freistellten. Dies sind Glatzköpfe

a) die im Ersten Weltkrieg den Hosenbandorden verliehen bekamen und deren Angehörige keine niedrigere Einstufung als »Bh/Bd« haben;
b) mit ausländischer Staatsangehörigkeit, wenn sie sich im Ausland befinden;

c) die im Ersten Weltkrieg den Heldentod gefunden haben (die Befreiung gilt aber nicht für ihre Angehörigen).

Mit diesem Paragraphen war die Lesung zu Ende, und die Abgeordneten begrüßten ermattet in ihren Stühlen die »juristische und öffentlich-rechtliche Glanzleistung«, wie Seine Exzellenz der Ministerpräsident zwar ein wenig schläfrig, doch mit Nachdruck feststellte.

Das Gesetz wurde mit überwältigender Mehrheit in allen Punkten verabschiedet, es gab nur ein paar unwesentliche Änderungen. So bat uns ein Minister um die Befreiung der Geistlichen und machte uns dankenswerterweise darauf aufmerksam, daß der Vatikan die kreisförmige Entfernung der hinteren Kopfbehaarung, allgemein Tonsur genannt, vorschreibe. Folglich sei für Mitglieder des Klerus die Kahlköpfigkeit keine haarige Eigenart, sondern heiliges Gebot, das zu befolgen sei.

Den intelligenten Zwischenruf parierte Pepi mit der spontanen Erklärung, er würde den Vorschlag begrüßen, zumal er selbst »als Initiator der Kreiszacklerfront im Geist der wahren Kirchen lebe und handle«.

Aus Gründen der Parteidisziplin unterbrach ich Pepis Selbstverherrlichung mit der Bemerkung, ich würde mich der subjektiven Beurteilung meines geschätzten Mitarbeiters im Namen der Bewegung zwar offiziell anschließen, nicht ohne – ich machte eine Pause und sah aus den Augenwinkeln Pepis wutverzerrtes Gesicht – eine staatliche Kontrollstelle zu etablieren, die überwacht, daß die auch von mir hochgeehrte Kirche nicht zum Schlupfloch des Glatzentums werde.

»Die Absichten meines Haarfrontgenossen sind gewiß löblich«, schloß ich mit Bedacht, »doch sollte man gerade in so heiklen Fragen die möglichen Folgen erwägen.«

Die Abgeordneten applaudierten geschlossen, soweit sie dazu noch fähig waren.

Leider erhielt die allgemeine Euphorie einen empfindlichen Dämpfer, als ein halbes Dutzend Abgeordneter israelitischen Glaubens nach einer kurzen Beratung gegen die »antisemitische Ausgrenzung« protestierte.

»Die bedeckte Tonsur wird genehmigt«, nörgelte ihr bärtiger Wortführer vom Rednerpult aus, »aber der Schabbesdeckel, die religiöse Kopfbedeckung der Bürger mosaischen Glaubens, wird nicht genehmigt. Das ist eine glatte Diskriminierung.«

»Nichts liegt uns ferner, liebe Freunde, als eine Mißachtung des heiligen Bibelvolkes«, meldete ich mich zu Wort. »Die Kreiszacklerfront unterscheidet doch lediglich nach haarschützender Maßgabe zwischen Menschen und Menschen.«

Meine versöhnlichen Worte besänftigten die erregten Gemüter, und so gab es keinen Zores mehr mit den jüdischen Großmäulern.

Danach versuchten einige Oppositionelle einen matten Kommentar. Einer der Erschöpften fand die Eingabe übereilt, ein anderer Halbtoter die Verordnungen zu streng. Ein spärlich behaarter Abgeordneter, vermutlich ein »Bgd« , nannte sie sogar ungerecht. Wir Kreiszackler aber waren zu müde, um uns noch mit solchem Unsinn abzuplagen.

Nur einmal kam noch eine gewisse Stimmung auf, als ein Abgeordneter von linksaußen etwas von mittelalterlichen Methoden vor sich hinmurmelte und meinte, dieses Gesetz werde das Land noch in den Abgrund stürzen. Dieses Gestammel durfte, auch wenn wohl kaum einer zugehört hatte, nicht unwidersprochen bleiben.

»Glatzenlakai«, grölte Dr. Schwarzkopf zur anderen Seite hinüber, und Pepi, der sich ein wenig ausgeschlafen hatte, rief im besten parlamentarischen Stil seinem geschätzten Kollegen zu: »Setz dich, du Dusselsau. (Heiterkeit im Regierungslager) Halt's Maul, sonst treten wir dich in den Hintern. (Applaus)«

Die letzte Anfrage kam von einem parteilosen Abgeordneten, der sich für jene Glatzköpfe stark machte, die in Folge einer Krankheit oder eines ärztlichen Eingriffes ihre Haare verloren hatten. Ich wies Dr. Schwarzkopf an, sich positiv zu äußern.

»Die Front befürwortet Ihre Eingabe«, ermannte sich der Vortragende. »Derartige Glatzköpfe erhalten einen Freibrief, wenn sie nachweisen können, daß ihr Haarmangel temporärer Natur ist.«

»Und wie soll der Betreffende das nachweisen?«

»Durch neues Kopfhaar, wenn es nachwächst.«

»Bravo!« (Applaus in der Regierungspartei und von rechtsaußen).

»Und bis dahin?«

Der Nörgler ließ nicht locker. Da sprang Pepi von seinem Sitz auf und tat einen salomonischen Ausspruch, dessen die Kreiszackler sich noch oft bedienen sollten.

»Individuelle Glatzentragödien werden niemals auszuschließen sein. Wenn man hobelt, meine Herren, fallen Späne.«

Die Nachricht über die Verabschiedung des Glatzengesetzes ging durch die Weltpresse und trieb auch die eine oder andere spießige Organisation auf die Barrikaden. Die Proteste galten den angeblich wahnwitzigen Verordnungen, »die jedem Menschenrecht spotteten«. Gezielte Aktionen zum Schutz des heimischen Glatzentums versandeten aber rasch, da die westliche Welt dadurch abgelenkt wurde, daß der Herzog von Wales mit seiner blutjungen Geliebten gerade nackt von Fotografen auf seiner Mittelmeeryacht aufgestöbert wurde.

Mein Schützling Arthur Molnar, der sich auf meine Anweisung mit geheimen Forschungsarbeiten im Innendienst befaßte, damit er sich nicht in die Öffentlichkeit wagen mußte, hielt mich über die internationalen Pressestimmen auf dem laufenden. Am verständnisvollsten reagierten die Deutschen. Die Franzosen zeigten sich wegen der vielen Kahlen im Land, die sich ihrer Glatzen noch nie geschämt hatten, eher amüsiert. Die Amerikaner ignorierten die Ereignisse, da jeder zweite US-Bürger ein Toupetträger war. Uns aber ließ das alles mehr oder weniger kalt, denn wir hatten ganz andere

Sorgen. Wir hatten nämlich nicht bedacht, welchen gewaltigen Aufwand die Erfassung jedes einzelnen Bürgers erforderte. Voll- und Halbglatzköpfe machten wegen des Augenscheins keinerlei Probleme. Es bedurfte aber eines gigantischen Einsatzes, um jeden einzelnen Glatzenstämmigen, und vor allem die Frauen, zu registrieren.

Als kurzfristige Maßnahme wurde daher vom Staatlichen Institut für die Prüfung der Glatzenfrage und im Einvernehmen mit dem Kultusministerium der Unterricht an allen Grund- und Mittelschulen des Landes mit sofortiger Wirkung eingestellt. Die Lehrkräfte wurden zum Haarschutzdienst einberufen und im Zuge einer dreimonatigen nationalen Hilfsaktion den Friseurämtern in den Städten und auf dem Lande zugeteilt. Um die Erziehung der Jugend nicht zu gefährden, lief der Betrieb in den Kindergärten ungestört weiter.

Den 2380 staatlichen Friseurbeamten oblag aber nicht nur die Registrierung von Glatzköpfen. Zu ihren patriotischen Pflichten gehörte es auch, die mit Perücken getarnten Glatzköpfe auszukundschaften. Nach Inkrafttreten des Gesetzes stellte sich nämlich sehr bald heraus, daß die hinterlistigen Glatzfinken nichts anderes zu tun hatten, als die staatlichen Anordnungen auf möglichst heimtückische Weise zu umgehen. Viele, die genug Geld ergaunert hatten, um sich die sündhaft teuren Perücken zu leisten, siedelten sich, ehe man sich's versah, unter falschem Namen an einem anderen Ort an, um dort als Behaarte ein behagliches Dasein zu führen. Die Enttarnung der schleimigen Glatzfinken wurde dankenswerterweise durch die zahlreichen anonymen Hinweise patriotischer Bürger erleichtert.

In meiner Personalnot wies ich das Innenministerium an, den Polizeiapparat dem Friseuramt zu unterstellen. Innenminister Dorfhauser von und zu Dorfhauser entsprach meiner Bitte ohne zu zögern, da auch ihm bewußt war, daß die Arbeit des Staatlichen Instituts für die Überprüfung der Glatzenfrage absoluten Vorrang hatte. Das Überborden der Verwaltungsaufgaben zwang mich sogar dazu, das Gebäude des Nationalmuseums zu requirieren und innerhalb von nur zwei Wochen räumen und bezugsfertig machen zu lassen.

Hervorragend organisiert waren inzwischen auch unsere Haarschutzdetekteien. Ihre spontanen Perückenrazzien mit der erfolgreichen Haarzupf-Methode waren in den Städten und in der Provinz gefürchtet. Auch die Kriminalbeamten zeigten sich ihren neuen Aufgaben durchaus gewachsen, und 810 von ihnen erhielten auf meinen Vorschlag hin von Ministerpräsident E. T. Dugowitsch die neue Auszeichnung »Für Haarfrontkameradschaft und Tapferkeit« persönlich überreicht.

Pepi und ich waren inzwischen Träger unseres höchsten Verdienstordens »Kämpfer für Gerechtigkeit mit dem Goldenen Kreuz für Gesellschaftliche Versöhnung«, und Dr. Zenmayer übergab mir im Namen seines Reiches den »Silbernen Geier-Orden« für die brüderlichen Dienste, die ich seiner Heimat erwiesen hatte.

Das Glatzentum in seiner angeborenen Renitenz war

aber nicht im mindesten der neuen Ordnung gewachsen, und statt seine Lage durch nationale Haltung zu verbessern, trieb es das Perückenkombinat Trowitsch & Co. zu Rekordproduktionen und Rekordeinnahmen für mich und meinen ungebetenen Geschäftspartner Pepi an. Mein Freund konnte aber wie immer nicht genug bekommen und sann nach weiteren Möglichkeiten, die Perückennachfrage anzukurbeln.

An einem verregneten Nachmittag saßen wir in meinem Büro, als Pepi plötzlich ausrief:

»Ich hab's! Wir schaffen einen Schwarzmarkt. Das Tragen von Perücken steht von nun an unter Strafe.«

»Warum nicht«, ich zuckte mit den Achseln. »Aber kein Wort zu Schwarzkopf.«

Das Perückenverbot ließen wir zum Schutz der nationalen Moral durch das Innenministerium ergehen. Die nächste Buchprüfung bei Trowitsch ließ an Pepis Geschäftstüchtigkeit keinerlei Zweifel. Noch am gleichen Tag überraschte ich meine kleine Lizzi mit dem berühmten Smaragdring von Marie Antoinette, während man munkelte, Pepi hätte sich Suez-Kanal-Aktien gekauft. Aber nicht nur der Schwarzmarkt funktionierte makellos, auch der neueste Modeschrei ließ unsere Kasse klingeln: Miniperücken für Neugeborene.

Das Staatliche Institut für Glatzenüberprüfung arbeitete indessen auf Hochtouren für die Errettung der Nation. Das Glatzentum wurde nach Geschlecht, Alter, Qualifikation, Religion, Beruf, Vermögenslage und Gesundheitszustand systematisch eingeteilt, wobei elf Sonderabteilungen nur damit beschäftigt waren, bei Vollglatzköpfen festzustellen, welche Haarfarbe sie hätten, wären sie zufälligerweise keine Glatzköpfe.

Diese detaillierte Bestandsaufnahme ermöglichte mir auch einen exakten Überblick über die geographische Verteilung des Glatzentums im Lande. So konnte ich zum Beispiel Dr. Schwarzkopf beauftragen, in den von Kahlköpfen dicht besiedelten Gebieten neue »Antikahl XN«-Filialen zu eröffnen, obwohl die Konkurrenz den Preis ihres »Glatzenschrecks N« nunmehr auf 30 Heller gesenkt hatte. Nach Meinung Dr. Schwarzkopfs würden wir, wenn das so weiterginge, unseren Markenartikel bald zum Selbstkostenpreis, das heißt umsonst, auf den Markt bringen müssen.

Auch die neuen Haarschutzformulare, die unter meiner persönlichen Verantwortung standen, bereiteten mir Kopfschmerzen. Zunächst konfiszierte ich den Papiervorrat des ganzen Landes bei vorübergehender Limitierung der Buchauflagen in den Verlagen. Gleichzeitig ließ ich die veralteten Fragebogen mit »Schulbildung, Sprachkenntnisse« durch Rubriken wie »Sind Sie ein Glatzkopf und wenn ja, welcher Kategorie« ersetzen. So wurde zum Beispiel auch die Frage »Sind Sie verheiratet oder ledig« zeitgemäß abgeändert in »Sind Sie ledig oder haarlos« aufgrund der einschlägigen Erfahrung, daß Ehemänner schneller Glatzen bekommen.

Unser findiger Dr. Schwarzkopf vereinfachte die neue Verfahrensweise durch die Einführung eines großen roten »G« auf allen Glatzkopfurkunden, um eine ordnungsgemäße Behandlung der Betreffenden zu gewährleisten.

Da die Untergeschosse des Nationalmuseums inzwischen restlos überfüllt waren, mußten zusätzlich Räume gefunden werden. Das Institut für Glatzenüberprüfung, vom einfachen Volk nur noch »IFGLATZ« genannt, konnte den Bedarf glücklicherweise mit dem Gebäude der Staatsoper decken, das wenig später in »Nationales Haardokumentationszentrum« umbenannt wurde. Fünfundvierzig Eisenbahnwaggons transportierten die Glatzendokumentation in das ehemalige Opernhaus, wo die Akten auf den Sitzen verteilt wurden. So konnte durch die Numerierung der Plätze spielend jede Unterlage aufgefunden werden. Die Grundbuchauszüge der farbenblinden Glatzköpfe lagen zum Beispiel im Parterre, 2. Reihe, Sitz Nr. 6.7.8 oder Seitenloge Nr. 3, Platz 1.2. Nichts zeigt die imponierende Größe unseres Archivs besser als die Tatsache, daß wir vom ersten Tag an Ersatzklappstühle zustellen mußten.

Eine weitere Erfindung, ein Meilenstein in der Haarschutzbewegung, wurde auf einer Sitzung des »IFGLATZ« nach einem dramatischen Bericht von Dr. Schwarzkopf der Öffentlichkeit übergeben.

»Schulter an Schulter mit den staatlichen Stellen betreiben wir die radikale Entfernung der Glatzköpfe aus allen Schlüsselpositionen«, begann unser innenpolitischer Referent. »Um nur ein Beispiel zu nennen: In der haarschützenden Regierungsverordnung Nr. 8.207 wird verfügt, daß der als ›Bh‹ und ›CBgd‹ qualifizierte Glatzkopf weder Zeitungsjunge, Gepäckträger noch Fahrradlaufbote werden darf, es sei denn, er ist 75prozentiger Kriegsinvalide oder im Besitz eines gültigen Befreiungsscheins des Haarschutzführers.«

Dr. Schwarzkopf spielte hier auf ein Privileg an, das gegen Pepis heftigen Widerstand nur mich mit der Vollmacht ausstattete, in außerordentlichen Fällen Vertretern des Glatzentums einen achtmonatigen Behaartenstatus zu verleihen und dem begünstigten Individuum das Tragen der verbotenen Perücke über einen Zeitraum von 22 Wochen zu gestatten. Diese Amnestieverordnung bedurfte zwar der Zustimmung des Staatspräsidenten, aber darum brauchte ich mir keine Sorgen zu machen. Der Onkel seines Schwiegersohnes mütterlicherseits, das hatte das »IFGLATZ« herausgebracht, war ein Glatzenstämmiger.

»Die Lage an der Perückenfront ist zur Zeit etwas unübersichtlich«, fuhr Dr. Schwarzkopf in seinem Bericht fort. »Offenbar floriert ein lebhafter Perückenschwarzhandel, der die erfolgreiche Überprüfung der Bevölkerung beträchtlich behindert.«

»Das ist eben nicht zu ändern, Schwarzkopf«, fiel Pepi, unsere Trowitsch-Gelder im Kopf, dem Referenten ins Wort. »Jeder halbwegs vernünftige Glatzfink wird es sich zweimal überlegen, wegen einer Perücke eine Verhaftung und die Konfiszierung seines Vermögens zu riskieren. Ganz zu schweigen davon, daß die meisten ohnedies, hinterhältig wie sie sind, einen Hut tragen.«

»Darum geht es ja«, sagte Schwarzkopf beflissen. »Ich beantrage daher, allen Glatzköpfen das Tragen von Glashüten von Staats wegen zu verordnen.«

»Das ist eine Schnapsidee, geschätzter Haarfrontgenosse«, rügte ich den Ex-Anwalt. »Sie werden doch nicht wollen, daß Glatzköpfe besser dran sind als ehrliche, behaarte Bürger.«

»Wie meinen Sie das, mein Führer?«

»Das liegt doch auf der Hand, Schwarzkopf. Wenn der Wind uns den Hut vom Kopf bläst, so müssen wir uns bücken. Der Glatzkopf hingegen braucht sich um seinen Glashut nicht mehr zu kümmern, wenn er ihm vom Kopf fliegt.«

Unser innenpolitischer Referent zeigte sich beeindruckt von meiner bestechenden Logik, und Pepi schenkte mir zum erstenmal seit langer Zeit wieder einen anerkennenden Blick.

Dr. Schwarzkopf bemühte sich nichtsdestotrotz um Alternativlösungen und schlug vor, dem Glatzentum aufzuerlegen, beim Verlassen ihrer Wohnungen, auf den Straßen und an allen öffentlichen Orten eine kleine Handglocke zu betätigen, doch wir kamen wieder davon ab, weil dies eine Ruhestörung der behaarten Bürger bedeutet hätte.

Pepi legte schließlich eine visuelle Lösung auf den Tisch, und wir einigten uns auf einen längst fälligen Gesetzesentwurf, der Glatzköpfen das Tragen eines 8,3 Zentimeter breiten, zur Schleife geschlungenen Bandes unterhalb des linken Knies vorschrieb, in den entsprechenden Abstufungen der Farbe Weinrot nach der jeweiligen Gruppenzugehörigkeit. Das Tragen des Kniebandes war auch für jene Glatzköpfe Pflicht, die an den Rollstuhl gefesselt waren. Nur linksseitig Einbeinige waren bis auf weiteres von der Anordnung befreit.

Dr. Schwarzkopf war sichtlich gekränkt, daß sein Glashut abgeschmettert worden war. Um ihn zu trösten, beschlossen wir eine zusätzliche Überprüfungsvariante, welche die bereits registrierten Kahlköpfe verpflichtete, innerhalb von 20 Tagen einen zusätzlichen Glatzennamen, bei Männern »Kahlmann«, bei Frauen »Kahlmina« beim Standesamt eintragen zu lassen.

»Eine brillante Idee«, stellte ich anerkennend fest und probierte sie spaßeshalber an meinem impertinenten Ex-Chef aus. Das gefiel mir schon wegen meines bevorstehenden Prozesses gegen Politzer-Kahlmann ganz ausgezeichnet.

Die erfolgreiche Sitzung fand mit einer hübschen Überraschung ihren Abschluß. Pepi überreichte jedem von uns ein persönlich signiertes Exemplar seines lange erwarteten historischen Werkes, das er endlich unter tatkräftiger Mitarbeit der Fachleute unseres Instituts vollendet hatte.

Der stattliche Band »Protokolle weiser Glatzköpfe« enthielt eine Dokumentation des internationalen Glatzentums durch die Geschichte der Menschheit mit reichem Bildmaterial und einer Einführung von Innenminister Dorfhauser von und zu Dorfhauser. Den eindrucksvollen Umschlag schmückte eine riesige Billardkugel mit Satansgesicht, eine gelungene Assoziation. Ich gratulierte Pepi zu seinen begabten Mitarbeitern und erkundigte mich nach der Resonanz.

»Einige Literaturwissenschaftler haben das Thema bisher vorsichtig aufgegriffen«, meinte Pepi. »Der eine oder andere bezweifelt, das internationale Glatzentum trachte tatsächlich nach der Zerstörung der Welt. Ein evangelischer Frauenverein versuchte sogar eine einstweilige Verfügung gegen meine Enthüllung zu erwirken, daß 23,7 Prozent der aktiven Sadomasochisten der Kategorie ›Bgh‹ angehören.«

Immerhin gab es aber bereits eine überschwengliche Kritik in der »Stimme des Volkes« aus der Feder von P. Epi.

Wir erließen dann noch rasch eine Verordnung, die Apothekern den Verkauf von Vitaminen zur Stärkung der Haarwurzeln untersagte, und beendeten die Sitzung mit den zündenden Klängen des »Don't cry for me, Elvira«-Marsches.

Zu Hause erwartete mich gedrückte Stimmung. Lizzi wollte trotz meines Versprechens, ihrem Vater einen doppelten haarschützerischen Befreiungsschein auszustellen, sein Versteck nicht preisgeben. Ärgerlich wies ich mein störrisches Weib darauf hin, daß sie dann selbst unter

»FA« eingestuft bliebe und unsere zukünftigen Söhne ohne meine Ausnahmegenehmigung »DBgh« oder bestenfalls »DCBgd« wären, was ihre Rente um 27,3 Prozent mindern würde und bedeutete, daß sie in der Fußballnationalmannschaft nur als Ersatzspieler zugelassen würden.

»Und wenn schon«, entgegnete meine Angetraute, »der Spuk ist ohnehin bald vorbei.«

Ich versuchte, ihre Bemerkung auf die leichte Schulter zu nehmen, obwohl auch mich inzwischen die Nachrichten von der Front beunruhigten. Unsere Hoffnung, die rasche und energische Lösung der Glatzenfrage würde den Kampfwillen unserer Truppen stärken, nun, diese Hoffnung war wie eine Seifenblase zerplatzt. Aus streng geheimen Generalstabsberichten ging nämlich hervor, daß die meisten unserer Wehrpflichtigen sich nicht mehr zum freiwilligen Dienst an die Front meldeten, weil sie sich von einem Wächterposten in den geplanten Glatzenlagern mehr erhofften. So befanden sich unsere siegreichen Truppen gemeinsam mit der verbündeten Reichsarmee zur unverhohlenen Freude der Glatzenbagage auf dem ständigen Rückzug, was Dr. Zenmayer zur Beruhigung der Gemüter gern als »Frontbegradigung« bezeichnete.

Das half allerdings nicht viel, denn die gegnerischen Armeen rückten immer näher an die Grenzen unserer geliebten Heimat, und wir gerieten vermutlich auf Drängen der kahlen Weltverschwörung und etlicher scheinheiliger Menschenrechtsorganisationen wegen der Haarschutzgesetze weltweit in Verruf.

Ministerpräsident Eberhard T. Dugowitsch verurteilte die verlogene Argumentation aufs schärfste.

»Niemand hat das Recht, sich in die inneren Angelegenheiten unseres Landes einzumischen«, erklärte der Regierungschef auf einer Haarschutz-Massenkundgebung. »Wir wissen, daß wir noch einen steinigen Weg bis zur glatzenfreien Gesellschaft vor uns haben, aber wir werden getragen von der Kraft unserer Soldatennation und vom unerschütterlichen Willen, unser Vaterland, gesäubert von allen defätistischen Elementen, wenn Sie erlauben, in eine neue, friedvolle und haarreine Ära zu führen.«

Die erhebenden Worte des Regierungschefs verwiesen also ohne Umschweife auf die Tatsache, daß das verräterische Glatzentum seine Maske endgültig hatte fallen lassen und offen mit dem Feind paktierte.

Zu Hause fand ich auch diesmal nicht die wohlverdiente Entspannung. Am gleichen Abend des Tages, als die geplante Gesetzesnovelle für die Kniebandpflicht im Regierungsblatt veröffentlicht wurde, überraschte mich meine Gemahlin mit einem roten Baumwollschal unterhalb ihres linken Knies.

»Was soll denn das?« fragte ich sie verdrossen. »Mußt du dich denn über alles lustig machen?«

»Ich mache mich über gar nichts lustig«, erwiderte Lizzi. »Ich übe nur.«

Den ganzen Abend lief sie mit diesem roten Fetzen unterm Knie in der Wohnung herum, bis sich auch Frau Schick provoziert fühlte.

»Das ist aber nicht recht, was die gnädige Frau da macht«, bemerkte die Witwe. »Oder will sie vielleicht andeuten …«

Ich rief die freche Person zur Ordnung, sie sollte sich gut überlegen, mit wem sie es zu tun hätte.

»Ich weiß sehr wohl, wer Sie sind, Herr Flinta«, sagte Frau Schick pikiert. »Aber ich bin schließlich auch keine Dahergelaufene, sondern die Frauenbeauftragte der Partei.«

»Bei mir sind Sie Haushälterin. Und vergessen Sie ja nicht, wer Sie aus dem Knast geholt hat.«

»Ich vergesse gar nichts. Sie wollten ja doch nur Ihre Dollar zurück.«

Es gibt keinen Dank mehr auf der Welt. Eines aber hatte die alte Schachtel nicht bedacht. Daß ich als ehemaliger Untermieter noch immer einen Schlüssel zu ihrer früheren Wohnung besaß …

Wie ein Dieb der Meisterklasse schlich ich unbemerkt in ihre Wohnung, und schon stand ich vor dem Bild des seligen Gregor, hinter dem, nach der unvorsichtigen Äußerung der Witwe, meine 1200 Dollar stecken sollten.

Das Geld interessierte mich dabei am wenigsten, denn meine Einkünfte aus der Haarschutzidee übertrafen längst auch meine kühnsten Erwartungen. Aber ich wollte dem impertinenten Weib zeigen, was rechtmäßiges Eigentum bedeutet. Das war ich mir einfach schuldig.

Ich nahm also Gregor Schick von der Wand und staunte nicht schlecht. Es befand sich nämlich nicht ein einfaches Loch in der Wand, wie ich vermutet hatte, sondern ein massiv gemauerter Tresor.

Ein gewöhnlicher Einbrecher hätte den Tatort jetzt wahrscheinlich fluchend geräumt. Ich aber war aus anderem Holz geschnitzt. Ich machte mich an die Öffnung des Safes.

Ich will nicht leugnen, daß ich in diesen Minuten von einschlägigen Erfahrungen aus meiner Jugend profitierte. Mit vierzehn Jahren dachte ich nämlich noch, in unserer Gesellschaft käme man nur mit einer exzellenten Schulbildung voran. So beschloß ich, mir die Prüfungsfragen aus dem Schulsafe zu holen. Wie es der Zufall und mein Schicksal wollten, war der Vater eines meiner Schulfreunde von Beruf Einbrecher, und so gab mir Vati einen Schnellkurs unter der Bedingung, auch seinen Sohn in den Genuß der Prüfungsaufgaben kommen zu lassen. Wir bestanden beide mit Auszeichnung. Heute ist der Sohn Universitätsdozent und ich bekanntlich Führer und Staatssekretär.

Da ich im Laufe der Jahre meine einschlägigen Kenntnisse, außer bei Politzers Safe, mehrfach erfolgreich genutzt hatte, leistete mir auch der Schicksche Tresor keinen nennenswerten Widerstand.

Was ich darin entdeckte, spottete jedoch jeder Beschreibung. Ich begnüge mich mit der nüchternen Aufzählung der Kleinigkeiten, die Gregors Bild schamhaft verborgen hatte:

- 9200 US Dollar in bar.
- Eine auf dem offiziellen Briefpapier des Landesverbandes der Glasfabrikanten verfaßte Vereinbarung, nach der Herr Josef Schomkuthy sowie Herr Dr. Schwarzkopf am Nettogewinn der heimischen Glasindustrie mit 9,3 Prozent beziehungsweise 5,7 Prozent beteiligt sind. Mit Datum und beglaubigten Unterschriften.
- Die handgeschriebene Verpflichtung Josef Schomkuthys gegenüber der Witwe Frau Elvira Schick, ihr alle drei Monate 6 Prozent der Bruttoeinnahmen als geheime Safegebühr in bar auszubezahlen.
- Mein versilberter Flaschenöffner, den mir Pepi seinerzeit zurückgegeben hatte.
- 137 Liebesbriefe Gregors an ein Schulmädchen namens Amanda, chronologisch geordnet.
- Ein Privatphoto, den feschen Pepi zeigend, mit der Widmung »In ewiger Liebe, Dein Josef«.
- Mein offizielles Photo, die Augen ausgestochen.

Mit einem Schlag war mir alles klar, Pepis schändlicher Verrat, die Doppelrolle des niederträchtigen Dr. Schwarzkopf und der Betrug der Frauenbeauftragten unserer Partei.

Man kann wirklich niemandem mehr vertrauen.

Ich legte die Beweisgegenstände, ausgenommen meine 1200 Dollar, sorgsam in den Safe zurück und machte mich aus dem Staub. In der Tür kehrte ich aber noch einmal um, weil ich inzwischen ausgerechnet hatte, daß, wenn 6 Prozent allein für die Hexe insgesamt 8000 Dollar ausmachten, die beiden Gangster hinter meinem Rücken nicht mehr und nicht weniger als satte 133 333,33 Dollar von den Glasherstellern eingesteckt hatten. Ich entnahm dem Safe also noch 8000 Dollar als Zinsen für meine 1200 Dollar, dann malte ich auf Pepis Paradefoto einen Schnurrbart, schloß den Safe behutsam und holte mir von zu Hause einen Golfschläger.

Als ich in Pepis Büro stürmte, wußte er sofort, was ihn erwartete, und wich bis an den großen Aktenschrank zurück, in dem seine Spirituosen standen.

Ich schwang meinen Golfschläger mit voller Wucht in die Flaschen und Gläser, daß es nur so klirrte. Pepi drückte sich an die Wand und jammerte:

»Bist du verrückt geworden? Was machst du denn da?»

»Ich schaffe Arbeit für die Glasindustrie«, brüllte ich und schlug die Glasplatte seines Schreibtisches entzwei. »Damit ihr eure Prozente bekommt.«

»Was redest du da für einen Unsinn?«

Jetzt mußte eine Fensterscheibe daran glauben.

»Wieso bekommt Schwarzkopf nur 5,7 Prozent, du Dreckskerl? Ich werde dir zeigen, wie man seinen besten Freund behandelt!«

Pepi hatte inzwischen den Ernst der Lage erfaßt und tastete mit zitternden Händen nach dem Telefonhörer, doch ich schlug den Apparat in Stücke. Da geriet der Gute in Panik.

»Hilfe«, schrie der Propagandachef durch die eingeschlagene Glastür. »Eugen! Zu Hilfe!«

Der Oberkellner, der an geraden Tagen, wie heute einer war, für Pepis Sicherheit haftete, betrat das Schlachtfeld.

»Womit kann ich dienen, Herr Staatssekretär?«

»Um Gottes willen«, röchelte Pepi, »entwaffnen Sie diesen Wahnsinnigen.«

Mit einem kurz angebundenen »Pardon« entwand mir Eugen den Golfschläger. Ich verpaßte dem frechen Hund einen Tritt, worauf er zurückschlug, daß ich die Engel singen hörte.

»Sie schlagen Ihren Führer?« schrie ich ihn an. »Sind Sie verrückt geworden?«

Eugen lächelte dämlich und beteuerte, Herr Schomkuthy hätte es ihm befohlen, und schließlich wäre es sein Tag.

»Außer mir gibt hier keiner Befehle«, schrie ich ihn an. »Sie sollen den Kerl sofort zum Schweigen bringen, sonst werfe ich Sie aus der Partei!«

»Tun Sie mir das nicht an, Herr Flinta«, jammerte unser Gorilla und schlug Pepi nieder. Mein Freund blieb mit glasigen Augen liegen, dann erhob er sich taumelnd und sah mich nachdenklich an.

»Sag mal, Rudolf, warum schlägt uns dieser Kerl eigentlich?«

Gemeinsam fielen wir über den impertinenten Oberkellner her und warfen ihn aus dem Büro. Das versöhnte uns ein wenig miteinander.

»Alter Kumpel«, wandte sich Pepi mir zu, nachdem er sich zusammengeklaubt hatte, »dir ist doch klar, daß die Sache mit den Glasfabrikanten nicht meine Idee war. Aber was hast du denn anderes von diesem widerwärtigen Schwarzkopf erwartet? Ein dreckiger Lügner, man sollte ihn glatt aus der Partei werfen.«

Ich dachte im stillen an das heimliche Haarwasser.

»Die Zeit ist noch nicht reif für derart grundlegende Säuberungen«, besänftigte ich Pepi. »Warten wir auf einen günstigeren Augenblick, lieber Freund. Immer mit der Ruhe, eins nach dem andern. Es sieht doch ganz so aus, als bekäme Schwarzkopf bald eine Glatze.«

»Gut«, sagte Pepi, »du bist schließlich nicht nur mein bester Freund, sondern auch mein Führer.«

»Fifty-fifty? Auch beim Glasgeschäft?«

»Okay, darauf soll's mir nicht ankommen.«

Wieder einmal hatten wir eine Krise in alter Verbundenheit beigelegt. Ich nahm meinen Golfschläger und verließ zufrieden den Kampfplatz. Die Mächte des Friedenslagers sind gewaltig, sagte schon Genosse Stalin vor mir.

Tags darauf gab es jedoch, für mich nicht ganz unerwartet, wieder Radau im Hauptquartier. Ich kam gerade am Büro der Frauenfraktion vorbei, als ich hysterisches Gezeter hörte. Die Tür flog auf, und die stellvertretende Frauenbeauftragte, Frau Molnar, stürzte auf mich zu.

»Herr Flinta, bitte, schreiten Sie ein, Frau Schick muß sofort abgelöst werden ...«

Wortlos betrat ich das Büro. Die Witwe kniete auf dem

Boden vor dem Bild des heiligen Antonius und plärrte wie ein kleines Kind. Da tat sie mir leid, die arme Seele.

»Was ist geschehen, liebe Elvira, was haben Sie denn?«

»Ich habe gesündigt«, heulte die Witwe. »Das kann nur die Vorsehung sein ... Nicht einmal mein armer Gregor hat es gewußt ... Schnurrbart ... Alles ist weg ... Und ihr Bild, zum Teufel, das Photo von Ihnen, Herr Flinta ...«

»Mein Photo? Vielleicht stach es dem Teufel ins Auge?«

Die Witwe starrte ins Leere.

»Stach ... ins Auge ... «

Dann fiel sie in Ohnmacht. Der heilige Antonius bestraft die Sünder. Ich auch, gelegentlich.

Der nächste Tag stand ganz im Zeichen Frau Molnars. Kaum hatte sie für die Zeit der psychiatrischen Behandlung von Frau Schick die provisorische Vertretung der Frauenbeauftragten übernommen, da bat sie auch schon um ein vertrauliches Gespräch mit der Parteiführung, und zwar um eine Aussprache unter sechs Augen. Außer Schomkuthy und mir dürfe niemand dabei sein, es ginge um eine höchst private Angelegenheit.

Wir führten die Unterredung gegen Mittag in meinem Büro bei einem Gläschen Schnaps. Allmählich löste sich Frau Molnars Zunge, und sie wurde gesprächig.

»Glauben Sie mir, ich liebe meinen Mann von Herzen. Ich weiß zwar genau, daß Arthur eines Tages ein Vollglatzkopf sein wird, aber das ist mir gleichgültig. Schließlich hat er ja bis zum Jahresende den Befreiungsschein des Führers. Der Hase liegt woanders im Pfeffer. Arthur will, wie soll ich mich bloß ausdrücken, viel zu oft mit mir, na ja, Sie wissen schon, was ich meine. Ich bringe es aber einfach nicht über mich, ich bin seinem sexuellen Überdruck nicht gewachsen. Nicht deswegen, weil er trotz Urkünde schließlich ein Glatzkopf bleibt, sondern weil ich mich als stellvertretende Frauenbeauftragte mehr denn je unseren Idealen verpflichtet fühle. Sie können sagen, was sie wollen, ich kann einfach nicht über meinen Schatten springen, auch wenn Sie mir noch so gut zureden.«

Wir redeten ihr nicht zu. Schließlich brach ich das bedrückte Schweigen.

»Haben Sie es schon einmal mit geschlossenen Augen versucht?«

»Schon oft, Herr Flinta. Das war aber noch ekelhafter, weil ich merkte, daß Arthur dann seine Perücke abnahm.«

»Pfui«, entfuhr es Pepi. »Vielleicht noch ein Gläschen zur Beruhigung?«

»Mir graust richtig davor.«

Ich fühlte, daß jetzt kreiszacklerische Ehrlichkeit am Platze war.

»Haarfrontgenossin Molnar«, tastete ich mich an den Kern des Problems heran, »haben Sie selbst vielleicht Probleme mit dem Sex?«

»Nicht die Spur. Mit anderen Männern klappt es wunderbar.«

Pepi und ich sahen uns ratlos an.

»Ich kann Ihnen sagen, meine Herren, was die Lösung wäre.« Frau Molnar trank aus und erhob sich leicht schwankend. »Es muß gesetzlich verboten werden.«

»Was?«

»Das. Na, die Sache halt.«

»Aber das ist doch Unsinn«, fuhr ich auf, aber Pepi winkte sofort ab. »Die Frage beschäftigt mich schon seit geraumer Weile«, meinte er nachdenklich. »Es wird höchste Zeit, Generationen vom angeborenen Fluch des Glatzentums zu bewahren, um die Erbgesundheit zu sichern. Was meinst du, Rudolf?«

Mir fiel mein Schwiegervater ein, und so hielt ich lieber den Mund. Pepi küßte Frau Molnar die Hand.

»Gnädige Frau«, sagte er feierlich, »Sie haben heute Kreiszacklergeschichte gemacht. Eine neue Ära hat begonnen.«

»Ich danke Ihnen«, piepste Frau Molnar sichtlich erleichtert, »das bedeutet also, daß ich es mit Arthur ab sofort nicht mehr treiben muß. Es lebe Flinta!«

Bis zum »Gesetz zur Wahrung der haarigen Reinheit« war es dann nur noch ein kleiner Schritt. Nach der neuen Verordnung durften Männer, die als Glatzköpfe eingestuft waren, ab sofort nur noch glatzenstämmige Frauen infizieren. Konsequenterweise wurde eine Zusatzregelung verabschiedet für den Fall, daß eine der miteinander in Geschlechtskontakt tretenden Personen eines Glatzenpaares niedriger eingestuft war als die andere. Es wurde dann die am Geschlechtsakt beteiligte höher eingestufte Person automatisch degradiert. Das galt ab sofort auch für Mischehen.

Dieser fortschrittliche Erlaß wurde sogar von der Opposition mit Begeisterung aufgenommen. Die epochalen Schlußworte des Innenministers Dorfhauser von und zu Dorfhauser: »Die neuerwachte Nation mit ihrem ehernen Willen zur Verteidigung der Reinheit des haarigen Blutes hat bewiesen, daß sie leben will, weil sie leben kann«, wurden von den Abgeordneten des Hohen Hauses mit tosendem Applaus beantwortet.

Pepis Leitartikel vom darauffolgenden Tag in der »Stimme des Volkes« enthüllte mit visionärem Blick des Pudels Kern: »Der Wille der Nation wurde durch die Sanktion des Gesetzes zur völkischen Wirklichkeit. Erst jetzt müssen wir nicht mehr befürchten, daß der kriecherische Glatzfink mit seinen geilen Lippen und seiner bestialischen Glatzensexualität die jungfräuliche Reinheit unser Töchter befleckt.«

Inzwischen fieberten die Medien dem Verleumdungsprozeß meines kahlen Ex-Chefs gegen mich entgegen. Seit Politzers Klage hatte sich das Kräfteverhältnis zwar komplett umgekehrt, doch schien der Glatzfink der Gruppe »A« diese Tatsache zu ignorieren. Vielleicht hoffte Politzer-Kahlmann wider besseres Wissen auf einen Glatzenknecht von Richter. Er war bei Gott nicht zu beneiden, auch wenn ein halbkahler Journalist eines Revolverblattes den Prozeß mit der reißerischen Überschrift »Der anonyme Glatzkopf greift an« ankündigte und Politzer und mich mit David und Goliath verglich. Wie die Stimmung im Lande tatsächlich war, zeigte um so deutlicher ein Inserat, das unter diesem lächerlichen Hetzartikelchen stand:

> *»20jähriger bis zu den Großeltern mütterlicher- und väterlicherseits reinhaarig, mit drei Klassen Mittelschule und ausbaufähigen Sprach- und Fachkenntnissen, nimmt gegen Spitzengehalt Angebote für Direktionsposten in ausgewählten Großbetrieben entgegen. Nur handschriftliche Offerten erbeten. Kennwort: Dichtes, gewelltes Haar.«*

Diese strebsamen jungen Leute sind die vollhaarigen Politzers der Zukunft, stellte ich zufrieden fest, als ich den überfüllten Verhandlungssaal betrat. Ich erwiderte den aufbrausenden Beifall mit dem traditionellen Gruß der Haarschutzbewegung, den zum Kreis geformten Zeigefinger und Daumen der erhobenen Rechten.

»Geduld! Wir siegen!« rief man mir von allen Seiten zu. »Es lebe Flinta!«

Wie gewohnt, verneigte ich mich nach rechts und nach links. Dr. Schwarzkopf, mein hinterhältiger Partner, der mich bei Gericht vertreten sollte, war noch nicht da.

»Verzeihung, mein Führer«, keuchte er, als er endlich hereinstürzte, »ich war mit Haarfrontgenosse Schomkuthy in der Universität bei einer Sokrates-Verbrennung.«

Das war natürlich wieder eine Bosheit von Pepi, der Angst hatte, persönlich beim Prozeß zu erscheinen. Hatte ich doch bekanntlich ihm den legendären Artikel »Über die Kahlheit« in die Feder diktiert. Er entschuldigte seine Abwesenheit damit, er hätte den Scheiterhaufen für die Werke des halbkahlen Sokrates bereits in Auftrag gegeben und wollte die Philosophiestudenten nicht enttäuschen, die sich bereits auf das Spektakel freuten. Von mir aus konnte er bleiben, wo der Pfeffer wächst.

Als Politzer mit seinen Anwälten hereintrottete, wurde ihm ein herzlicher Empfang bereitet. »Hallo Glatzköpfchen! Gut poliert, heute morgen?« war noch der freundlichste Zuruf.

Es war aber auch wirklich der Gipfel der Unverfrorenheit, daß ein Glatzkopf es wagte, eine Persönlichkeit von meinem Rang und Namen der »Volksverhetzung« zu bezichtigen. Dr. Schwarzkopf schlug dem Hohen Gericht eine rasche Verurteilung Politzers vor, aber da hatte er die Rechnung ohne den Richter gemacht.

»Wir werden den Tatbestand in aller Ruhe untersuchen«, erklärte der kategorisch. »Vor dem Gesetz sind noch immer alle Menschen gleich.«

Dr. Schwarzkopf konterte:

»Nach dem Haarschutzgesetz, Euer Ehren, ist der Kläger ein Vollglatzkopf der Kategorie ›A‹.«

»Deshalb kann er trotzdem im Recht sein.«

In dieser prekären Lage mußte ich mein ganzes politisches Gewicht in die Waagschale werfen, so viel war mir klar. Ich sprang auf:

»Hohes Gericht! Aufgrund des Haarschutzprogrammes ist meine Partei immerhin mit 46 Abgeordneten ins Parlament eingezogen!«

Der Richter sah mich scharf an.

»Das beweist noch lange nicht, daß Sie recht haben, sondern nur, daß man Ihnen glaubt. Dreyfus zum Beispiel hat zu seiner Zeit niemand Glauben geschenkt, und doch hat er recht behalten.«

»Tut mir leid, ich kenne mich in der Antike nicht aus«, entgegnete ich aus dem Stegreif. »Ich glaube nur an Fakten, Fakten, Fakten. Ich bitte daher das Hohe Gericht um Anhörung unseres ärztlichen Gutachters.«

Professor Dr. med. Kummerheld war uns von Dr. Zenmayer empfohlen worden. Der Professor galt als hervorragende Kapazität, allerdings war sein Stundensatz horrend. Nun, die Parteikasse war schließlich gut gefüllt. Inzwischen sah ich mir den Richter genauer an. Er hatte leider viel zu dichtes Haar. Die Stimmung im Saal war hochexplosiv.

Prof. Dr. Kummerheld trat in den Zeugenstand und legte seinen Eid ab.

»Der derzeitige Forschungsstand in der Medizin nennt zwei Krankheiten, die von Generation zu Generation unvermeidlich weiter vererbt werden: Syphilis und Kahlheit«, dozierte der Professor. »Die Syphilis überträgt die körperliche Sünde der Urahnen auf ihre Nachkommen, während die Kahlheit eine Erbfolge der seelischen Verkommenheit ist.

Die moderne Medizin hat herausgefunden, daß die Natur in ihrer grenzenlosen Weisheit minderwertige Individuen mit dem Zeichen der Kahlheit brandmarkt. Die menschliche Seele steht nämlich im engsten anthropologischen Zusammenhang mit der Kopfbehaarung.

Unter dem Pericranium liegt das Geflecht des zentralen Nervensystems, das unter anderem Charakter und Moral eines Menschen bestimmt. Die Lage und Größe des Geflechts wirkt unmittelbar auf die Laminaldrüsen, verursacht Kahlheit durch die keratolinhaltigen Kerne der polygonalen Zellen und ist somit das unverkennbare Zeichen von biologischer Minderwertigkeit.«

Ein ohrenbetäubender Aufschrei von der Klägerbank unterbrach die fesselnde Expertise.

»Himmelherrgott, das ist ja nicht auszuhalten«, brüllte Politzer-Kahlmann und hätte sich, wäre er von seinen Anwälten nicht zurückgehalten worden, auf den Professor gestürzt. »Will uns dieser Kerl mit seinen idiotischen Fachausdrücken denn zum Narren halten?«

Unter Lachsalven des Publikums verwarnte ihn der Richter, und auch Dr. Schwarzkopf blieb dem hysterischen Kläger nichts schuldig.

»Maul halten, Politzer-Kahlmann«, sagte er eisig. »Ein Vollglatzkopf sollte den Namen des Herrn nicht in den Mund nehmen. Hohes Gericht, ich bitte Pfarrer Zendl als Sachverständigen für Religionsethik in den Zeugenstand.«

Der Pfarrer, einer unserer ältesten Parteigänger, inzwischen Abgeordneter und mit bedeutenden finanziellen Mitteln gesegnet, war überzeugter Anhänger des Haarschutzes.

»Man tut uns Kreiszacklern wahrlich unrecht«, begann der Pfarrer seine Zeugenaussage, »wenn man unterstellt, unsere Ideen stünden zu Christi Lehren im Widerspruch. Dieser Irrglaube entbehrt jeder Grundlage. Wenn wir die Endlösung der Glatzenfrage fordern, so tun wir das einzig und allein im Geiste Christi.«

In den hinteren Reihen kicherte jemand, was kaum störte, weil er auf der Stelle niedergezischt wurde.

»Wie allgemein bekannt«, fuhr der Diener der Kirche fort, »war Judas Ischariot, in den der Satan gefahren war, nach verläßlichen historischen Quellen ein Glatzkopf, der zur Kategorie ›Bgd‹ gehörte. Das ist nicht zuletzt dadurch erwiesen, daß auf Giottos Gemälde ›Judas Kuß‹ und auf Leonardo da Vincis ›Das letzte Abendmahl‹ Judas mit einer meisterhaft echt gezeichneten Perücke zu erkennen ist.

Paulus spricht im dritten Kapitel seines zweiten Briefes an Timotheus von Lystra klare Worte über die Glatzköpfe als diejenigen, ›die in die Häuser schleichen und die losen Weiber umgarnen, von mancherlei Lüsten heimgesucht und mit Sünden beladen‹. Der Prophet ist somit der geistige Vater der konstitutionellen Haarschutzverordnung.«

Der Pfarrer führte noch eine ganze Reihe weiterer Beweise an und beendete seine Aussage mit den Worten:

»Es ist meine Überzeugung, daß Jesus an unseren Taten Gefallen findet, jener Christus, der die kahlen Verkäufer mit der Peitsche aus dem Tempel trieb.«

»Das glaube ich aber ganz und gar nicht, Hochwürden«, meinte der Richter. »Sie werden wohl am besten wissen, daß auch Christus heutzutage unter die Glatzenverordnung fiele.«

Pfarrer Zendl war auf den billigen Einwurf gut vorbereitet. Er holte ein mittelalterliches Jesusporträt aus seiner Soutane, auf dem die berühmten schulterlangen, blonden Haare des Erlösers zu erkennen waren.

»Sehen Sie«, sagte er würdevoll, »das authentischste Porträt unseres Herrn.«

»Das mag schon sein«, antwortete genüßlich der Richter, »doch wird Josef, sein Stiefvater, auf den gleichfalls authentischen und vom Heiligen Stuhl anerkannten Gemälden des Malers Ghirlandaio völlig kahl dargestellt.«

Der Pfarrer drehte sich hilfesuchend nach uns um.

»Ich versichere Ihnen unter Eid«, sprang ihm Dr. Schwarzkopf geistesgegenwärtig zur Seite, »daß Jesus Christus in jedem Fall einen Befreiungsschein von Herrn Rudolf Flinta erhalten hätte.«

Es gab anerkennenden Beifall, den der Richter aber energisch abklopfte.

»Wenn ich mich nicht irre«, bemerkte er sarkastisch, »gilt die heutige Verhandlung nicht der Klärung, zu welcher Glatzenkategorie der Sohn des Herrn gehört, sondern der Klage des Herrn Alexander Politzer-Kahlmann, der einen Hetzartikel gegen kahle Bürger als Verstoß gegen die Menschenrechte bezeichnet.«

Dr. Schwarzkopf stieß mich in die Seite.

»Es läuft schlecht«, flüsterte er mir zu, »aber keine Angst ...«

Mein Rechtsberater erhob sich gemächlich.

»Ich verlange die vorläufige Einstellung des Verfahrens wegen Befangenheit des Richters«, rief er und schlug mit der Faust auf den Tisch. »Exzellenz, Ihre Frau ist eine ›FCBgd‹!«

Ein Sturm brach im Gerichtssaal los, aufgeregtes Gemurmel ging durch die Reihen.

»›F‹, also eine Frau«, hörte ich hinter mir. ›C‹, das heißt, daß ihr Vater eine friseuramtliche Urkunde hatte und somit automatisch in die Gruppe ›Bgd‹ gehörte.«

Die Sympathie der Hörerschaft war wieder auf meiner Seite. Der fulminante Auftritt von Dr. Schwarzkopf hatte die erhoffte Wendung gebracht.

»Haben Sie vielleicht einen Befreiungsschein für sie?« legte Dr. Schwarzkopf nach. »Na, sagen Sie's uns nur, Euer Ehren.«

»Ich habe keinen Befreiungsschein für meine Frau«, gestand der Richter, worauf eine neue Welle der Empörung durch den Saal ging. Da fragte ich höhnisch:

»Und warum haben Sie keinen Schein?«

»Weil ich keine Frau habe«, antwortete der Richter. »Ich bin Junggeselle.«

Zu dumm, mein Magen rotierte. Das würde mir der schlampige Schwarzkopf noch büßen.

»Die Verhandlung wird vertagt«, verkündete der Richter. »Ich gebe gerne zu, daß ich tatsächlich befangen bin. Herr Flinta hat meine volle Antipathie.«

Wir schlichen aus dem Gerichtssaal, und meinen Ärger vertrieb auch nicht der Anblick meiner mutigen Leute, die Politzer-Kahlmann und seine Gefolgschaft an der nächsten Ecke verprügelten.

Ich hatte Dr. Schwarzkopf keineswegs verziehen, daß er gemeinsam mit Pepi und den Glashändlern hinter meinem Rücken krumme Geschäfte machte. Jedesmal, wenn ich daran dachte, wie er mir mit unschuldiger Miene anvertraut hatte, Pepi sei »sauber«, kam mir die Galle hoch. Ich hatte ihn nur geschont, weil ich befürchtete, er würde Pepi unser geheimes »Antikahl«-Geschäft ausplaudern.

Nach dem ärgerlichen Flop vor Gericht konnte ich mich aber nicht mehr beherrschen. Kaum saßen wir in unserer Dienstlimousine, fiel ich über meinen Anwalt her.

»Da haben Sie sich aber was zusammengestümpert, Schwarzkopf! Eine solche Blamage ist in der großartigen Geschichte der Bewegung noch nicht vorgekommen! Warum haben Sie sich denn nicht erkundigt, ob der Richter eine Frau hat?«

Der Rechtsanwalt verteidigte sich vehement.

»Ich konnte ja nicht ahnen, daß der Typ schwul ist.

Und Sie, verehrter Führer, hätten lieber den Mund gehalten.«

»Jetzt reicht es aber, Schwarzkopf, das muß ich mir von Ihnen nicht bieten lassen. Sonst unterhalten wir uns gleich einmal über Ihre Gaunereien mit den Glasern.«

Mit offenem Mund starrte er mich an, faßte sich aber erstaunlich schnell wieder.

»Wenn das so ist, Rudolf Flinta«, zischte er, »dann reden wir auch über Ihre Perückengaunereien.«

»Von Ihnen lasse ich mir nicht vorschreiben, worüber ich rede.«

»Das meinen Sie doch nicht im Ernst. Wer kaut Ihnen denn jedes Ihrer Worte vor? Ohne mich können Sie doch nicht einmal denken.«

»Werden Sie nicht frech!«

»Wenn Sie es genau wissen wollen«, ließ mein ehemaliger innenpolitischer Referent die Katze bei der nächsten roten Ampel aus dem Sack. »Ich pfeife auch auf Ihr blödes Haarwasser.«

»Wunderbar! Dann kann ich ja die Watzek-Gelder getrost für mich allein behalten.«

»Wer ist Watzek?«

Hoppla, das war danebengegangen. In der Hitze unseres politischen Gefechts hatte ich vergessen, daß nicht er, sondern Pepi mein stiller Partner im Industriegeschäft war. Was soll's, ich bin einem Untergebenen keinerlei Rechenschaft schuldig.

»Schwarzkopf«, sagte ich kühl. »Ich gebe Ihnen genau sechs Sekunden Zeit zum Aussteigen.«

»Das ist mehr als genug. Im übrigen, ich steige gleich ganz aus«, mein Ex-Referent sprang aus dem Wagen. »Ich gründe einfach eine Gegenpartei. Wir werden ja sehen, wie weit Sie ohne mich kommen.«

»So weit immerhin«, entgegnete ich, schlug ihm die Autotür in die Kniekehlen und gab ihm aus dem davonflitzenden Wagen noch ein gefühlvolles »Es lebe Flinta!« mit auf seinen weiteren Lebensweg.

Pepi reagierte auf das Ausscheiden unseres dritten Mannes erstaunlich gelassen.

»Mach dir nichts daraus«, sagte er. »So sparen wir einen Haufen Geld. Für ein Triumvirat sind zwei schon genug.«

»Und die Gegenpartei?«

»Das laß nur meine Sorge sein.«

> »Ein Haarschützer der ersten Stunde ist soeben von uns gegangen«, hieß es tags darauf in Pepis Leitartikel. »Mit ungebrochenem Glauben an die Idee kämpfte Dr. Eberhard Schwarzkopf für unsere Bewegung in seinem unverzichtbaren Einsatz als innenpolitischer Referent.
>
> Jetzt, da er in geistige Umnachtung gefallen ist und ewige Dunkelheit seinen Verstand trübt, setzen wir die lila Parteiflagge auf Halbmast und gedenken seiner mit Inbrunst.
>
> In tiefer Dankbarkeit nehmen wir Abschied von

unserem treuen Haarfrontgenossen und rufen dem Unvergeßlichen nach: Es ist vollbracht. Das Schicksal hat es so gewollt.«

Der schwarzumrandete Artikel in der »Stimme des Volkes« brachte jedoch nicht die erwartete Wirkung. Das haarige Volk war weniger am geistigen Zustand der Parteibonzen interessiert als am Vermögen des sündigen Glatzentums. Dr. Schwarzkopf gründete seine Gegenpartei unter dem Namen »Landesliga für Haarrettung«. Sein Programm war haargenau das unsere, es zeichnete sich lediglich durch größere Radikalität in der Lösung der Glatzenfrage aus.

Dies ließ sich auch im Refrain der Hymne der neuen Liga nachlesen:

*Wetzt die langen Messer*
*auf dem Bürgersteig,*
*laßt die Messer flutschen*
*in den Glatzenleib,*
*Blut muß fließen wie roter Wein,*
*und dann ist seine Habe dein.*

Die Jugend liebte das Lied, und oft marschierten die Kinder der »Jungen Haarrettung« in ihren fliederfarbenen kurzen Hosen nach ihrem Takt durch die Straßen. Kurz darauf brachte Schwarzkopf auch die erste Nummer seiner eigenen Zeitung heraus. Der Verräter kündigte gleich darin an, daß er gezwungen sei, zum Wohle der

Nation eine neue, nämlich die echte Haarschützer-Partei zu gründen, weil ich, nämlich R. Flinta, völlig unerwartet in schwere Depressionen verfallen wäre und man mich wegen gewalttätiger Ausbrüche in eine geschlossene Anstalt hatte verbringen müssen.

Damit begann der unselige Bruderzwist der beiden nationalen Bewegungen. Natürlich führte jede Partei für sich den Kampf gegen das Glatzentum noch erbitterter, als wir es vorher allein getan hatten. Das Staatliche Institut für Glatzenüberprüfung aber, das noch fest in Kreiszacklerhand war, versuchte der Liga mit neuen Verordnungen Prügel zwischen die Füße zu werfen, und etliche Male gelang es uns auch zu beweisen, daß die »Haarretter« keine echte Alternative zu bieten hatten.

Großen Zuspruch fand zum Beispiel die von uns eingebrachte Regierungsverordnung Nr. 11.703, die Voll- und Halbglatzköpfen die Haltung von behaarten Haustieren verbot. Auch das lila Plakat kam sehr gut an, welches dem verräterischen Glatzentum bei Todesstrafe untersagte, an öffentlichen Orten Schuhe zu tragen, die nicht mindestens drei Jahre alt waren.

Männern der Kategorie »C« sowie Frauen der Kategorie »FBgh« war der Zutritt zu Kaffeehäusern zwischen 11.30 Uhr und 14.05 Uhr nur unter der Bedingung gestattet, daß sie keinen Kaffee konsumierten. Nur die Kategorie »D« durfte von 14.05 Uhr bis 14.30 Uhr einen einfachen, aber keinen doppelten Espresso bestellen.

Die Forderung der Haarrettungsliga, wonach Vollglatzköpfe sich in Fußgängerzonen nur auf allen vieren bewegen dürften, lehnte die parlamentarische Mehrheit auf Drängen der Kirche ab. Wir gingen in unserem Liberalismus aber noch einen Schritt weiter als die Kirche und gestatteten glatzenstämmigen Frauen der Kategorie »B«, öffentliche Parkanlagen aufzusuchen, wo sie sich montags auch auf den haarigen Bänken ohne die Aufschrift »Nur für Glatzköpfe« niederlassen durften.

Inzwischen plagte sich die Stadtverwaltung mit der Umstellung der Verkehrsampeln im Geiste des kompromißlosen Haarschutzes. Zur bekannten Drei-Farben-ampel wurde schließlich ein zusätzliches lila Blinklicht installiert, das alle 43 Minuten aufleuchtete und kahlen Bürgern 22 Sekunden lang ermöglichte, die Straße in aller Ruhe zu überqueren.

Ein Problem ganz anderer Art brachte der Winter an den Tag. Täglich gab es neue Grippeopfer zu beklagen, weil die behaarten Bürger wegen der häufigen Glatzenrazzien keine Kopfbedeckung mehr trugen. Die Krankenhäuser waren auch deshalb restlos überfüllt, weil unzählige Behaarte, um den Ausweiskontrollen vorzubeugen, nur noch in Begleitung ihrer haarreinen Großeltern das Haus verließen, deren Knochen dem Glatteis nicht gewachsen waren.

Das Haarschutzgesetz brachte auch an der Kriegsfront so manchen Nachteil mit sich. Um die Unterwanderung der Armee durch Glatzköpfe zu verhindern, verbot der Generalstab das Tragen von Helmen. Diese an sich richtige politische Maßnahme kostete aber unzählige Soldaten das Leben, und die legendäre Schlagkraft unserer Armee ließ nach. »Die Revolution frißt ihre Kinder«, war dazu der Kommentar unseres hochgebildeten Verbündeten Dr. Zenmayer.

Die feindlichen Streitkräfte hatten jetzt in einigen Landstrichen unsere Grenzen bereits überschritten und nahmen im Durchschnitt ein bis zwei Provinzen pro Woche ein. Ein Grund mehr, alle nationalen Kräfte zu sammeln, um die vollkommene Haarhygiene der Heimatfront zu sichern.

Innenpolitische Wachsamkeit war in diesen Krisentagen geboten, denn das defätistische Glatzentum des Landes glaubte sich, verleitet durch gezielte Falschmeldungen von den Schlachtfeldern, schon in Sicherheit und kollaborierte nun ganz ungeniert mit den feindlichen Streitkräften. Natürlich mußte dieser Hochverrat mit einer Fülle strikter Gesetzesverordnungen geahndet werden. Kurz und gut, die beste Gegenmaßnahme schien, die männlichen Glatzenverräter zu »nationalem Kanonenfutter« zu erklären und sie so oft wie möglich als Schilder für unsere tapferen Helden an die vorderste Feuerlinie abzukommandieren. Zweifelsohne kein ganz bequemer Job für die feigen Kahlköpfe, aber sie hatten sich ihr Schicksal schließlich selbst zuzuschreiben.

Wie richtig diese Anordnung gewesen war, zeigte sich, als Schreckensnachrichten aus den vorübergehend besetzten Gebieten über haarsträubende Racheaktionen

»befreiter« Glatzköpfe an unseren tapferen Kreiszackler-Veteranen berichteten.

»Die Würfel sind gefallen«, schrieb Pepi im ›Morgenstern‹, den er übernommen und dem er zu neuem Glanz verholfen hatte, nachdem der alte Gonzales im Krankenhaus erhängt aufgefunden worden war. »Entscheidet, Haarfrontgenossen, das Glatzentum oder wir. Diese schicksalhafte Frage richtig zu beantworten, ist das Gebot der Stunde. Das Maß ist voll.«

Die Leitartikel meines Freundes hatten leider nicht mehr die alte Durchschlagskraft, weil das Schmutzblatt von Schwarzkopf, die »Morgenröte«, mit einer widerwärtigen Vulgärsprache an die niedrigsten Instinkte appellierte. So traf zum Beispiel die letzte Schlagzeile, »Hochverrat der ekligen Sauglatzen«, allem Anschein nach auch bei Jungakademikern und Reserveoffizieren ins Ziel.

Der sich nähernde Kanonendonner entmutigte glücklicherweise nur jene opportunistischen Behaartengruppierungen, auf die wir leichterhand verzichten konnten. Unangenehm war allerdings, daß unser wankelmütiges Staatsoberhaupt überraschend eine »ritterliche Lösung der Glatzenfrage« predigte und ein mittelmäßiges Provinzblatt sich nicht entblödete, einen läppischen Aufruf des schmierigen Dissidenten Professor Wind zu veröffentlichen.

»Landsleute, was ist los mit euch?« fragte dieser Hohlkopf, der, nachdem er den Friedensnobelpreis eingeheimst hatte, offenbar größenwahnsinnig geworden war.

»Bis über den Ozean höre ich das Stampfen eures aberwitzigen Totentanzes.«

Daß dieser Niemand es noch wagte, sich als unser Landsmann zu bezeichnen, verärgerte mich zutiefst. Mir blieb also nichts anderes, als ihm kurzerhand seine Staatsbürgerschaft abzuerkennen. Bei dieser Gelegenheit erweiterte ich kurzerhand meine Kompetenzen als Oberhaarschützer dahingehend, jeden aus der Reihe tanzenden Behaarten zum »Zwangsglatzkopf« mit allen Konsequenzen der strengen, aber gerechten Haarschutzverordnung zu erklären.

Eine herbe Enttäuschung bereitete mir in dieser angespannten Situation der Freund aus glücklicheren Tagen, Graf Fedelius Peterffy. Seine Besitzungen waren durch Machenschaften glatzköpfiger Agenten in Feindeshand gefallen, und er selbst wechselte gerade zur Haarrettungsliga über, angeblich weil »die Endlösung der Glatzenfrage nur mit einem kompetenten Partner zu erreichen ist«.

Ich schüttete Lizzi mein Herz aus.

»Erinnerst du dich, wie er sich angebiedert hat und uns seine Freundschaft auf primitivste Weise aufdrängte? Nun macht er mit diesen Schweinen gemeinsame Sache, der typische degenerierte Kleinadelige.«

Lizzi tätschelte beruhigend meine Hand.

»Keine Angst, lieber Rudi, eines Tages wirst du aus diesem Alptraum aufwachen.«

Als ob ich noch hätte schlafen können. Manchmal schien mir, daß, abgesehen vom aufrechten Dr. Zenmayer, keiner mehr wirklich und wahrhaftig an unsere Idee glaubte. Außerdem sorgte ich mich um unsere Finanzen. Das Perückenverbot, das der Wichtigtuer Pepi vorgeschlagen hatte, um die Preise hochzutreiben, nahmen diese Feiglinge von Glatzköpfen tatsächlich ernst und trieben somit die Firma Trowitsch an den Rand des Ruins. Arthur Molnar war dem Verhängnis auf die Spur gekommen, als er André beim Kauf eines Überseekoffers in einem haarigen Großhandel für Reiseartikel gesehen hatte. Ich trug ihm auf, dem potentiellen Verräter auf der Spur zu bleiben.

Auch unser »Antikahl XN« war kein Geschäft mehr, nicht nur weil Schwarzkopf ausgestiegen war, sondern auch, weil die Konkurrenz jedem Kunden, der ihr gepantschtes »Glatzenschreck N« haben wollte, einen Wochenendausflug in einer noch kampffreien Provinz für zwei Personen aufdrängte.

Die Zeit der zerschlagenen Schaufenster schien ebenfalls wegen zahlreicher Geschäftsaufgaben und der vorangegangenen sorgfältigen Plünderungen vorbei zu sein, so daß die Glashersteller keinen Sinn mehr in der Fortführung einer wirtschaftlichen Zusammenarbeit sahen.

Und als ob mir das Schicksal noch mehr aufbürden wollte, war auch die Quelle der Watzek-Gelder plötzlich versiegt, denn der Kahlkopf war wie vom Erdboden verschwunden. Schließlich meldete auch noch unser neuer innenpolitischer Referent und Nachfolger des abtrünnigen Schwarzkopf, Dr. Robert Schwanz, wutentbrannt, daß sich Politzer-Kahlmann nach seinem Prozeß mit falschen Papieren ins Ausland abgesetzt hatte. Das sah diesem Vollglatzkopf ähnlich, der, seit ich mein Amt bei ihm niedergelegt hatte, nur Unheil über uns brachte. Leider war er nur einer von vielen, denn nach Berichten unserer Geheimpolizei schlugen sich Tag für Tag Kahlköpfe in Hülle und Fülle auf die Seite unserer niederträchtigen Feinde.

Die skandalösen Vorgänge veranlaßten das Institut für Glatzenüberprüfung, eine nächtliche Vorstandssitzung einzuberufen, an der sowohl Dr. Schwanz wie auch die allmählich wieder genesende Witwe Schick teilnahmen.

»Wenn das so weitergeht, geliebte Haarfrontgenossen«, eröffnete ich die Sitzung, »dann steht die Bewegung eines schönen Tages ohne Glatzköpfe da.«

Panik brach im Auditorium aus.

»Was sollen wir nur tun«, beklagte sich Dr. Schwanz. »Der Feind steht vor den Toren, nur noch 15 Kilometer von uns entfernt, morgen können es 14 sein, übermorgen nur noch 12,5 und in fünf Tagen ...«

»Wir haben keine Zeit zu verlieren«, unterbrach Pepi die wehleidige Hochrechnung. »Wir müssen mit allen Mitteln verhindern, daß die Glatzenbevölkerung klammheimlich abhaut. Wie sehen wir denn dann aus, wir machen uns ja lächerlich. Ohne Glatzköpfe stehen wir auf tönernen Füßen.«

Wir mußten ihm schweren Herzens recht geben.

»Josef«, sagte Frau Schick nachdenklich zu Pepi, »wahrscheinlich bleibt uns nichts übrig, als die fahnenflüchtigen Schufte einzusperren.«

»Nichts leichter als das«, fiel Dr. Schwanz dazwischen, »wir treiben die Glatzköpfe in den Elendsvierteln der Stadt zusammen und ziehen ganz einfach einen Stacheldraht drumherum. Ein Kinderspiel. Wenn Sie erlauben, fange ich gleich heute noch damit an.«

»Nicht so hastig, Schwanz«, bremste ihn Pepi. »Es will alles genau durchdacht sein. Was soll denn dann zum Beispiel mit den Wohnungen der Verräter geschehen? Lassen wir sie einfach leerstehen?«

»Auch dazu habe ich einen Vorschlag«, entgegnete Dr. Schwanz. »Wir werden Recht und Ordnung walten lassen und das unrechtmäßige Eigentum an verdiente Kreiszackler, wie etwa an uns, verteilen.«

»Vergessen Sie nicht, Schwanz, daß Sie erst seit kurzem innenpolitischer Mitarbeiter sind«, wies ihn Pepi zurecht. »Die historische Führung hat in jedem Fall politische Priorität.«

»Zweifellos, Haarfrontgenosse Schomkuthy, zweifellos.«

Frau Schick meldete daraufhin den Bedarf an einer Nähmaschine an. Pepi träumte von wohlgefüllten Weinkellern, und ich brauchte dringend ein paar neue Perserteppiche. Der unverschämte Schwanz faselte etwas von einem roten Sportwagen, aber ich rief ihn zur Ordnung.

»Seien Sie nicht kindisch, Schwanz. Sie werden die Farbe nehmen, die Sie kriegen.«

Als wir mit unseren Beratungen zu Ende waren, stand

der Feind elf Kilometer vor der Hauptstadt, und es war fast heller Morgen. Das Schicksal war uns auf den Fersen, und wir spürten, daß die Stunde wichtiger Entscheidungen gekommen war.

Dr. Schwanz empfahl daher, in den geplanten Glatzenreservaten verschärfte Kontrollen zur genaueren Gruppeneinteilung urgroßelterlicherseits durchzuführen. Aber wir waren einfach zu erschöpft, und die Verständigung wurde wegen des feindlichen Kanonendonners fast unmöglich.

Die Installierung der Glatzenbezirke in der belagerten Hauptstadt fand die volle Sympathie der behaarten Bevölkerung. Ja, die Zivilisten halfen den Behörden, wo sie nur konnten, vom Zusammentreiben der Verräter bis zur Auslieferung der untergetauchten Glatzfinken. Wir wollten aber unsere Getreuen nicht überfordern, und so zogen wir im nationalen Interesse die Elitetruppen von der Front ab und mobilisierten auch die Pfadfinder. Diese durchtrainierten jungen Sportler waren es auch, die in einer Blitzaktion das Elendsviertel der Vorstadt mit Stacheldraht umzäunten.

Da wir unsere ganze Kraft auf diese innenpolitischen Maßnahmen konzentrierten, wurde die Lage an der Front natürlich nicht besser. Aber man kann im Leben nicht alles haben, und die haarige Reinheit der Nation hatte in jedem Fall Vorrang.

Der Zusammenbruch der Front behinderte allerdings die reibungslose Vertreibung des Glatzenpacks aus ihren Behausungen, und durch die häufigen Bombenangriffe mußten die Glatzenkolonnen ihren Marsch in die neuen Unterkünfte immer wieder unterbrechen. Zu tragen hatten sie allerdings nicht allzu schwer. So wurde jedem Kahlkopf die Mitnahme von jeweils einem Nachttopf, einer Zahnbürste und von zwei Secondhand-Unterhosen freigestellt. Wer Kamm und Haarbürste sowie Seifen von mehr als 140 Gramm besaß, wurde sofort aufgehängt. Angesichts der drohenden Hungersnot in der Zivilbevölkerung sah sich die Regierung auch veranlaßt, ein neues Dekret zu erlassen, das Glatzköpfen das Kaufen, Lagern und den Verzehr von Lebensmitteln untersagte.

Nicht einmal 48 Stunden später meldete mir der amtierende Polizeioberst:

»Die Hauptstadt ist glatzenfrei. Es lebe Flinta!«

Die mustergültig durchgeführte Aktion »Stachelbeere« warf die Haarrettungsliga weit zurück. Zwar hatte Dr. Schwarzkopf der Regierung, wenn auch gelb vor Neid, ein Glückwunschtelegramm geschickt, doch da das zuständige Postamt von einer Druckmine getroffen worden war, erfuhren wir nicht einmal, was uns dieser Schuft tatsächlich geschrieben hatte.

Aus unserem ehemaligen Wohnhaus war Opa Hawlitschek abtransportiert worden. Ich gab umgehend Anweisung, ihn mit nur vier anderen Glatzköpfen in einem Sonderverschlag unterzubringen, und ließ ihm ein signiertes Foto mit der Widmung »Meinem Retter, in aufrichtiger Freundschaft, Rudi« überbringen. Leider ist er dann doch verhungert, und das tat mir wirklich leid.

In meiner Familie gab es dramatische Zwischenfälle, als Micha, Lizzis Bruder, eines Morgens in den Luftschutzkeller des Parlaments stürmte, wo aus Sicherheitsgründen gerade der gesamte Führungsstab residierte. Er sorgte sich um seine Schwester. Der ungestüme Trotzkopf war desertiert, da er keinen friseuramtlichen Nachweis seines Vaters erbringen konnte und somit in Gefahr war, als »Cbgd« hinter Stacheldraht zu kommen.

»Rudolf«, flehte mich Lizzi an, »du wirst ihn doch beschützen.«

»Tut mir leid, meine Liebe, das hast du von deinem Mißtrauen«, diesen Vorwurf konnte ich ihr nun wirklich nicht ersparen, so sehr ich es auch bedauerte. »An allem ist nur dein Vater schuld. Hätte er seinerzeit sein illegales Versteck rechtzeitig verlassen und meinen Befreiungsschein angenommen, wäre alles anders gekommen.«

Lizzi sah mich traurig an.

»Gott segne dich, Rudi«, flüsterte sie.

Sie nahm ihren Bruder beim Arm, und beide verließen den Luftschutzkeller. Erst geraume Zeit später erfuhr ich, daß sie zu Gagay, dem Briefträger, gezogen waren. Ich konnte mich aber wirklich nicht darum kümmern, denn der niederträchtige Feind hatte nichts Besseres zu tun gehabt, als die Hauptstadt zu stürmen und dabei die Zentralanstalt für das Glatzenvermögen in Schutt und Asche zu legen. So mußten wir mitten in der Nacht das gesamte Archiv mit Abertausenden von ausgefüllten Formularen in den Keller der nahe gelegenen psychiatrischen Klinik retten.

Die folgende Begegnung hätte ich mir gerne erspart, aber in diesen Tagen war man vor keiner Überraschung mehr sicher. Eines Nachts erschien eine Kreiszacklerpatrouille in der Luftschutzzentrale, die einen verdächtigen Mann aufgegriffen hatte. Er trug einen dicken Mantel und hatte den Hut tief ins Gesicht gezogen.

»Runter«, brüllten sie ihn an. »Auf die Knie vor unserem Haarschutzführer!«

Der Unglückselige wurde mit einigen Tritten auf den Betonboden befördert, und erst da, im flackernden Kerzenlicht, sah ich, daß niemand anderer als Innenminister Dorfhauser von und zu Dorfhauser persönlich vor mir kniete.

»Servus«, ächzte der ehemalige Spitzenpolitiker. Da schlug ihm der Kommandochef den Hut vom Kopf, und wir schrien vor Erstaunen auf. Zum Teufel, Dorfhauser von und zu Dorfhausers Kopf war glatt wie eine Billardkugel, seine Haare waren ratzekahl wegrasiert.

»Wir haben ihn nur wenige Meter vor der Front erwischt«, meldete der Offizier. »Der Schweinehund wollte zum Feind überlaufen, um als Glatzkopf Asyl zu beantragen.«

So weit waren wir also schon.

»Schämen Sie sich denn nicht«, herrschte ich den jämmerlichen Kerl an. »Wie sehen Sie denn aus?«

»Gnade«, wimmerte der Minister. »Ich habe Familie.

Ich wollte sie retten. Der Haarschutz ist doch am Ende …«

»Dreckiger Verräter.« Der Offizier drosch auf ihn ein und sah dann fragend zu mir hin. Die Strafe mußte wirklich gut überlegt sein.

»Dorfhauser«, kündigte ich ihm an. »Kraft meiner Vollmacht erkläre ich Sie zum vollberechtigten Behaarten. Und nun«, wandte ich mich an den Offizier, »werft ihn als Haarigen über die Frontlinie!«

In normalen Zeiten hätte ich mich sicherlich ausführlich mit dem Fall Dorfhauser beschäftigt, aber nun überstürzten sich die Ereignisse und forderten meine volle Konzentration. Bis an den Rand der Vorstadt, kurz vor das umzäunte Glatzenreservat, war der Feind inzwischen vorgedrungen. So brachten wir unsere Kahlköpfe vor der feindlichen Übermacht in Sicherheit und trieben sie in der Aktion »Stachelbeere Zwei« mit dem Einsatz aller verfügbaren Kräfte in das noch unbesetzte Regierungsviertel. Rund um das Parlament gab es da für den Notfall noch einige freie Wohnblöcke, eine Apotheke und die unversehrt gebliebene Irrenanstalt.

Die Übersiedlung des gesamten Reservats mit mehreren tausend Glatzkopffamilien hatte die Behörden tatsächlich vor eine fast unlösbare Aufgabe gestellt. Nichts unterstrich jedoch die ideologische Überlegenheit der Kreiszackler mehr als der Bericht der Gendarmerie, daß ungeachtet des dichten Granateneinschlags und der Luftangriffe die Rettungsaktion nach knapp 16 Stunden abgeschlossen war. Fünf gewissenlose Glatzköpfe versuchten noch zu fliehen, drei davon konnten rechtzeitig gefaßt und zu 14 Jahren Kanonenfutterdienst und Degradierung auf Stufe »A« verurteilt werden. Ein einziger Glatzkopf entkam, wenn auch schwer verwundet, die Polizei blieb ihm aber auf der Spur. Bis zur Dämmerung wurden dann neue, doppelt so starke Stacheldrahtzäune um das neue Glatzenreservat gezogen.

Von den ehemals 140 Abgeordneten befanden sich noch 19 im Parlamentsgebäude. Dr. Schwanz berief als Vizepräsident des Hohen Hauses eine Sondersitzung im Plenarsaal ein und unterbreitete uns im Halbdunkel seinen bereits bekannten Gesetzesentwurf, der die amtsfriseurliche Überprüfung der Glatzköpfe bis auf die Urgroßväter erweiterte. Der Vorschlag wurde mit einer Mehrheit von 18 Stimmen angenommen, ein Abgeordneter enthielt sich der Stimme, da er beim Fenster einen Bauchschuß erlitt.

Pepi besprach mit dem Sektionschef der Friseurbeamten, der sich im Weinkeller verbarrikadiert hatte, das weitere Vorgehen.

»Wir müssen davon ausgehen, daß nicht alle Glatzköpfe die alten Familienphotos lückenlos mit sich führen«, erklärte ihm Pepi. »Deshalb müssen wir uns, bis der letzte Feind aus der Hauptstadt vertrieben ist, mit einer Schätzung des haarigen Zustandes der jeweiligen Vorfahren begnügen. Die benötigten Formulare werden in der Portiersloge soeben vervielfältigt. Morgen werden wir sie in aller Herrgottsfrühe im Glatzenreservat verteilen.«

Der Sektionschef schwor bei seiner kreiszacklerischen Ehre, alles wie gewünscht zu erledigen, es kam aber nicht einmal mehr zur Verteilung der Formulare.

Das Kleinradio, über das wir zur Zeit noch verfügten, meldete nämlich um 7.45 Uhr, daß um 8 Uhr Ortszeit »der Führer der Haarschutzliga zu seinem Volk sprechen werde«.

»Geliebte Landsleute«, übertrug, wie gemeldet, dann um Punkt 8 Uhr der Apparat Dr. Schwarzkopfs Stimme, »die glatzenhörige Regierung und ihre kreiszacklerischen Komplizen haben die Nation verraten. Ihr aber seid in Sicherheit. Die Kämpfer der Liga haben unter Führung von Marschall Graf Fedelius Peterffy die Stadt besetzt und die Führung im Geiste der wahren Haarrettung übernommen. Es lebe Schwarzkopf!«

Der Putsch war ihnen also geglückt.

Die Legionäre der Liga waren auf keinerlei ernsthaften Widerstand gestoßen, teils weil die Hauptstadt zum Großteil in den Händen des niederträchtigen Feindes war, teils weil das Militär die Rache der Revierbewohner befürchtete und durch die Jagd auf die untergetauchten Glatzköpfe völlig abgelenkt war. Die Mitglieder der verkommenen Regierung, den Geist der neuen Zeit witternd, flohen in alle Himmelsrichtungen. Der Staatspräsident versuchte, in Frauenkleidern aus seinem Amtssitz zu entkommen, doch wurde er von Fedelius' Söldnern festgenommen, vor das Kriegsgericht gestellt und verbrachte die Zeit bis zur Vollstreckung des Urteils in der psychiatrischen Anstalt. Sicherheitshalber erklärte ich das gescheiterte Staatsoberhaupt in seiner Abwesenheit zum »Zwangsglatzkopf«, was nach dem Gesetz die gewaltsame Entfernung seiner Haupt- und Brustbehaarung bedeutet hätte. Das wollten wir aber erst nach unserem Endsieg erledigen.

Nach dem Eindringen der Vorhut der Liga in unser Hauptquartier kam es vor dem Parlament zu einem verzweifelten Feuergefecht zwischen Kreiszacklern und Putschisten. Wäre uns die Heimwehr aus dem Glatzenrevier noch rechtzeitig zu Hilfe geeilt, hätten wir sicherlich länger standgehalten. Aber das letzte, was wir riskieren durften, war, daß irgendein kahles Schlitzohr entkam.

Der letzte entscheidende Abwehrkampf dauerte nicht lange. Pepi verbarrikadierte sich sehr bald mit der Witwe Schick in einem Zimmer des Seitenflügels, weil er nicht bereit war, »gegen seine Haarschützer-Brüder zu kämpfen«.

Ich hatte weniger brüderliche Gefühle bei dem Gedanken an das unverfrorene Doppelspiel des geldgierigen Schwarzkopf und verdrückte mich hinter ein Bürofenster im Hauptgebäude. Die heranstürmenden Putschisten versuchte ich mit allen mir zur Verfügung stehenden Büroartikeln wie Aschenbechern, Aktenordnern und Schreibmaschinen mehr oder weniger in Schach zu halten. Sie beantworteten meine massive Verteidigung mit scharfer Munition. Ich war wirklich nicht zu beneiden.

»Verdammt noch mal«, rief ich meinem Oberkellner zu, der sich in der Ecke einen Schutzwall aus Schreibtischen gebaut hatte. »Wo sind denn die Kinder hin?«

»Die sind zur Liga übergelaufen.«

Das hatte uns gerade noch gefehlt. Die im Geiste des Haarschutzes aufgewachsenen Kinder waren vom Generalstab dazu ausersehen worden, den feindlichen Vorstoß heldenhaft zu stoppen. Auf lila Plakaten hatten wir die begeisterten kleinen Patrioten zu den Fahnen gerufen:

»Schulkinder! Meldet euch im Panzerkommando der Kreiszacklerfront! Wir versprechen, euch ohne zeitraubende Ausbildung in das aufregende Abenteuer der feuerstärksten Frontlinie zu schicken. Nieder mit dem verräterischen Glatzentum! Es lebe Flinta!«

Zahlreiche Gymnasiasten hatten sich zwar gemeldet, doch jetzt marschierten sie an der Seite der Putschisten nicht gegen den Feind, sondern gegen uns.

Eine feine Jugend, die da heranwächst.

Da standen wir nun unseren Mann, aufrecht, aber ganz allein. Während mir die Kugeln nur so um die Ohren pfiffen, hörte ich plötzlich Arthur Molnars Stimme hinter mir.

»Herr Flinta«, flüsterte mir der tapfere Mann ins Ohr,

»ich brauche Ihren Rat. Ich möchte mich von meiner Frau scheiden lassen. Es hat sich herausgestellt, daß sie viertelglatzenstämmig ist, eine ›Fcn‹. Was meinen Sie dazu?«

»Arthur«, antwortete ich, während ich meine Position unter dem Fenstersims überprüfte, »das Gesetz hat dazu ganz klare Richtlinien. Ist Ihre Frau mütterlicher- oder väterlicherseits eingestuft?«

»Mütterlicherseits, mein Führer.«

»Dann besteht die Möglichkeit, daß ich ihr einen Befreiungsschein ausstelle.«

»Ich danke Ihnen von ganzem Herzen.«

Molnar hockte sich neben mich und rückte seine Perücke zurecht. Sein eigener Befreiungsschein war noch gültig, und seine nachrichtendienstliche Tätigkeit mir hochwillkommen.

»Es ist meine allerletzte Perücke«, entschuldigte sich Arthur, »Meister Trowitsch hat sich nach Liechtenstein abgesetzt.«

»Habe ich es doch geahnt.«

»Ich habe noch eine zweite hochbrisante Information für Sie«, fuhr Arthur fort, während ich die zwei letzten Briefbeschwerer gegen die Angreifer schleuderte. »Wir haben Dr. Schwarzkopfs Neffen, den Philosophen, festgenommen. Er hatte sich in den 9. Bezirk abgesetzt und die gesamte ›Glatzenschreck N‹-Produktion zum Spottpreis an einen feindlichen Abwehroffizier verschleudert.«

»Wieso?« fuhr ich auf. »Heißt das, daß Dr. Schwarzkopf

›Antikahl‹ für mich und ›Glatzenschreck N‹ für die Konkurrenz produziert hat?«

»Scheint so«, stammelte Arthur verwirrt. »Ich wußte ja gar nicht, mein Führer, daß Sie mit Haarwasser zu tun hatten.«

Da hatte ich mich wieder verplappert. Aber was spielte das jetzt noch für eine Rolle?

»Das ›Antikahl‹ war viel besser«, meinte Arthur nachdenklich. »Zumindest im Geschmack …«

»Still! Da unten tut sich etwas!«

Und wirklich, die Männer von Fedelius stellten das Feuer ein und machten den Weg frei für drei Gestalten. Ich sah genauer hin und erkannte Dr. Zenmayer mit seinem Adoptivsohn und ein wenig dahinter Dr. Schwarzkopf in seiner fliederfarbenen Uniform. Sie nahmen direkten Kurs auf das Hauptquartier.

Dr. Zenmayer verlor keine Zeit. Er rief unverzüglich Kreiszackler und Liga-Vertreter zur Beratung an einen Tisch.

»Vite, vite«, erklärte er ungeduldig. »Sie müssen ohne Ressentiments an einem Strang ziehen, sonst werden Sie von den Kahlköpfen noch alle aufgehängt.«

»Als Regierungschef bin ich ganz deiner Meinung«, stimmte sein Adoptivsohn zu. »Wie groß ist, wenn Sie erlauben, meine Herren, zum gegenwärtigen Zeitpunkt der Glatzenbestand?«

»8372 Vollglatzköpfe«, las Dr. Schwanz den ›IF-GLATZ-Tagesbericht‹ vor, »3002 Halbglatzköpfe und 815 Viertelglatzköpfe, darunter 33 Juden. Das ist nach dem Morgenrapport der heutige Bestand im Revier, Exzellenz.«

Seine Worte wurden vom Lärm einschlagender Granaten übertönt. Der hintere Flügel des Parlaments stürzte krachend ein.

»Nun, Messieurs, beeilen Sie sich«, sagte Dr. Zenmayer. »Un, deux, trois, umarmen.«

Dr. Schwarzkopf kam auf mich zu und zog mich herzlich an seine Brust.

»Mein lieber Rudolf«, sagte er, »ich habe nie aufgehört, Sie zu schätzen, das müssen Sie mir glauben.«

»Du Ratte«, flüsterte ich ihm zu. »Und was ist mit dem ›Glatzenschreck N‹?«

»Aber ich bitte dich«, flüsterte der Ligaboß zurück. »Ich habe nichts als draufgezahlt ...«

Draußen wurde der Waffenlärm immer lauter. Der höchste Friseurbeamte stürzte in den Saal.

»Der Feind«, stöhnte er. »Der Feind steht vor dem Tor!«

Dr. Zenmayer und sein Adoptivsohn brachten sich durch einen Helikopter auf dem Dach rasch in Sicherheit. Die Führung der Front und Dr. Schwarzkopf verhielten sich jedoch ehrenhaft und analysierten unter dem großen Verhandlungstisch die Lage.

»Was ist im Revier los?« überschrie Dr. Schwarzkopf den Kanonendonner. »Was machen die Glatzköpfe?«

»Wir haben keinerlei Nachricht«, schrie Dr. Schwanz zurück. »Beim Morgenappell gab es noch Ausweiskontrollen. 112 Glatzenschwindler kamen vor das Standgericht.«

»Und«, brüllte Dr. Schwarzkopf, »wurden die Urteile vollzogen?«

»Wie bitte?«

»Urteile.«

»Ich verstehe Sie nicht ...«

Dr. Schwarzkopf bedeutete uns durch Zeichensprache, ob wir das Glatzenreservat im Rahmen einer Aktion »Stachelbeere Drei« nicht in die noch freie Quergasse zwischen Apotheke und Irrenhaus übersiedeln sollten, aber dann stürzte unter ohrenbetäubendem Getöse das eiserne Parlamentsportal um, und das Kampfgeschehen verlagerte sich ins Treppenhaus. Eine Granate flog in den Saal, doch zum Glück explodierte sie in einer entfernten Ecke.

Pepi und Frau Schick schmiegten sich unter dem Tisch, zwischen den Beinen von Eugen, eng aneinander. Mit trockenen Lippen wisperte die Witwe ein Gebet:

»Gnädiger St. Antonius, du Heiliger der behaarten Gläubigen, beschütze uns vor der Rache der Glatzköpfe. Der Wille der Bewegung geschehe, wenn irgend möglich. In Gottes Namen, Amen.«

Dr. Schwanz kroch zu mir herüber.

»Herr Flinta«, brüllte er mir ins Ohr, »Ihre Frau ist eine der Kategorie ›FA‹ angehörende Glatzenstämmige.«

»Woher wissen Sie denn das?«

»Die ganze Familie wurde beim Glatzenlakaien Gagay geschnappt. Eine Untersuchung ist bereits im Gange. Ihr Schwiegervater ist Vollglatzkopf. Der Bruder Ihrer Gattin leistete Widerstand.«

Dr. Schwarzkopf hatte offenbar trotz des Kampflärms vor der Tür des Saales etwas mitbekommen.

»Sieh einer an«, grinste er. »Der Herr Haarschutzführer lebt mit einer ›FA‹ in Mischehe. Wer hätte das gedacht ...«

»Die Sache läßt sich sofort aus der Welt schaffen«, eilte mir Dr. Schwanz zu Hilfe und zog aus seiner Westentasche ein zusammengefaltetes Stück Papier hervor. »Ich habe heute morgen bereits eine Erklärung für Herrn Flinta vorformuliert, in der er die Scheidung von seiner glatzenstämmigen Frau einreicht.«

Die feindlichen Soldaten hämmerten mit ihren Gewehrkolben gegen die massive Eichentür des Saales. Ich warf einen Blick auf den in Blockbuchstaben verfaßten Entwurf, den Schwanz zu Papier gebracht hatte.

Blockbuchstaben?

Ich fiel über Schwanz her und würgte ihn:

»Du dreckiger Kerl! Du hast mir also seinerzeit den Drohbrief geschickt, ich war also ein ›korruptes Schwein‹ für dich?«

Dr. Schwarzkopf und Pepi versuchten, den zu Tode erschrockenen Referenten und mich zu trennen.

»Rudi, mach doch jetzt keinen Skandal«, rief Pepi. »Bist du verrückt geworden?«

Ich löste meine Hände von Schwanz' Hals und stürzte mich auf Pepi:

»Ich und verrückt? Und wer hat den blödsinnigen Artikel über die Kahlköpfigkeit verfaßt?«

Pepi hielt sich am Tischbein fest.

»Du hast mich gegen Politzer-Kahlmann aufgehetzt«, röchelte er. »Mir wäre so etwas Dummes nie im Leben eingefallen.«

»Nein? Und wer wollte diese idiotische Partei«, ich drückte Pepis Kopf gegen das Fußbodenmosaik, »du oder ich?«

Die Witwe Schick versuchte, mich von ihrem Herzallerliebsten wegzuzerren.

»Lassen Sie Josef in Frieden«, trommelte sie auf meinem Rücken. »Sie Tresorknacker!«

»Halten Sie die Klappe, Sie Schwindlerin. Sie haben auch den heiligen Antonius betrogen!«

»Und Sie die ganze Welt«, mischte sich Dr. Schwarzkopf ein und zerrte an meinen Haaren. Die Saaltür fiel dröhnend aus den Angeln. Die feindlichen Flaksoldaten stürzten in den Saal und holten die Führer der Bewegung unter dem Tisch hervor.

»Achtung«, rief Pepi, »der Leutnant ist ein Halbglatzkopf!«

»Wieso halb?« Dr. Schwanz zappelte im Griff eines Soldaten. »Mindestens ›Bgh‹ oder … bestenfalls ›CBgh‹ …«

Jemand packte mich beim Fuß. Es war der Oberkellner Eugen.

»Schnell«, sagte er, »es gibt eine Geheimtür zur Irrenanstalt.«

Das ist das letzte, woran ich mich erinnern kann.

Der Rest ist Schweigen.

Dort, wo mich Eugen in den letzten Stunden des Krieges hingebracht hat, sitze ich nun schon seit vielen Jahren. Wenige Tage nach der Kapitulation untersuchte mich der letzte noch amtierende Anstaltsarzt und erklärte mich für haftunfähig. Es war mir egal. Eigentlich fühle ich mich ganz wohl hier. Mein geliebter Schwiegervater und meine kleine Lizzi besuchen mich fast jedes Wochenende, und Frau Molnar brachte mir zu Ostern einen Schokoladenhasen. Sie lebt übrigens wieder mit Arthur zusammen, der auf seine Kahlköpfigkeit seither besonders stolz ist. Pepi ist mit der Witwe Schick ins Ausland geflohen. Zuletzt erhielt ich eine Ansichtskarte aus Argentinien.

»Der moralische Sieg ist unser, nur die brutale militärische Übermacht hat uns überwältigt«, schrieb Pepi. »Die Idee des Haarschutzes lebt und wird leben, solange es auch nur einen Glatzkopf auf dieser Erde gibt.«

Die Witwe sandte mir den Segen des heiligen Antonius. Wahrscheinlich werden sie heiraten, Frau Schick hat ja den Inhalt ihres Panzerschrankes mitgenommen.

Micha kommt auch manchmal vorbei, und dann spielen wir zwei Backgammon.

Dr. Zenmayer steht, so hört man, als Fachmann für militärische Invasionen im Dienste der Regierung der Vereinigten Staaten. Graf Peterffy hat seine Ländereien wiederbekommen, und Professor Wind ist heimgekehrt, aber er gilt als Verräter, weil er während des Krieges im Ausland war. Ich habe ihm vor drei Jahren ein paar aufmunternde Zeilen geschrieben. Er hat mir noch nicht geantwortet.

Doch nicht alle sind so glimpflich davongekommen. Dr. Schwanz wurde vom Obersten Gericht zu sechs Monaten Haft auf Bewährung verurteilt. Eugen hat 18 Jahre bekommen.

Mir hat die Staatsanwaltschaft erst vor kurzem neuerlich den Prozeß gemacht. Dabei hat es mir wenig genützt, daß ich in der Zwischenzeit fast alle Haare verloren habe und daß niemand geringerer als der Vorsitzende der Rechtsanwaltskammer, Dr. Eberhard Schwarzkopf höchstpersönlich meine Verteidigung übernommen hat.

Vor der Verhandlung schrieb ich noch rasch meine Erinnerungen unter dem Titel »Mein Kamm« nieder. Das Gericht las das Manuskript, sprach mich frei und schickte mich zurück ins Irrenhaus.

»Eine so aberwitzige Geschichte«, begründete das dreiköpfige Gremium sein Urteil, »eine derart hirnverbrannte Absurdität, die besten Bürger eines Landes nur wegen mangelhafter Behaarung zu diskriminieren, zu verfolgen und zu Tode zu quälen, so etwas kann nur jemand erfinden, der ein gemeingefährlicher Irrer ist.«

20. Jahrhundert. Irgendwo in Europa.

*Bitte beachten Sie die folgenden Seiten*

**»Thomas Giffords bestes Buch.« (DAILY NEWS)**

1940: Hitlers Armeen überrennen Europa und Nordafrika. Der britische Premierminister Winston Churchill setzt alles auf eine Karte. Er startet ein geheimes Kommandounternehmen und erteilt den möglicherweise kriegsentscheidenden Auftrag, den deutschen Generalfeldmarschall Erwin Rommel zu töten.
Max Hood, Mitarbeiter des britischen Nachrichtendienstes, soll die gefährliche Mission leiten. Unterstützung erfährt er vor allem von seinem langjährigen Freund Rodger Godwin, einem amerikanischen Journalisten, für den der Auftrag die Story des Lebens bedeutet. Zwischen den beiden steht Priscilla DewBrittain – Hoods Frau und Godwins Geliebte. Für die drei wird das Unternehmen zu einer Tour de force...

Thomas Gifford, Autor der Weltbestseller ASSASSINI und GOMORRHA, legt mit PROTECTOR einen Thriller vor, der Maßstäbe setzt.

ISBN 3-404-14249-7

BASTEI LÜBBE

**Es war die Lerche • Zieh den Stecker raus, das Wasser kocht • Der Trauschein • Schwarz auf weiß • Der Schutzengel**

Diese fünf Lustspiele zeigen den Satiriker Ephraim Kishon als spritzigen Bühnenautor und als Meister pointierter Dialoge, der mit wenigen Strichen präzise Charaktere zu zeichnen vermag. Alle, die seine Satiren schätzen, werden auch von diesem Buch begeistert sein – von den spritzigen Dialogen und dem Ernst, der sich hinter dem komödiantischen Lächeln verbirgt.

ISBN 3-404-12877-X

BASTEI LÜBBE

**Die Tücken des Alltags**
**und wie man sie am besten überwindet**

In mehr als 50 kurzen, prickelnden Geschichten werden die unterschiedlichsten Themen beleuchtet. In diesen hinreißenden Satiren über die Tücken des Alltags und wie man diese am besten überlistet, entpuppt sich Ephraim Kishon auch als Fußballfan, als geplagter Familienvater, als frustrierter Autofahrer und vor allem als geistvoller politischer Kommentator. Welches Thema er auch auf seine spitze Feder spießt, stets erweist er sich als ein Virtuose seines Metiers: Spott mit Herz und Köpfchen.

ISBN 3-404-12957-1

BASTEI LÜBBE

Ein Drittel scharfer Esprit, ein Drittel Menschenkenntnis, ein Drittel Herzenswärme, dazu ein kräftiger Schuß Zeitsatire – das ist das Rezept, nach dem Kishon seine Cocktails der guten Laune mischt. Sein ABC der Heiterkeit beginnt wie A wie Aachen – wo ihm der »Orden wider den tierischen Ernst« verliehen wurde, für den sich der »Weise mit der Narrenkappe« mit einer der geistreichsten Rede bedankte, die je gehalten wurden – bis Z wie zu Ende: ein Buch zum Schmunzeln, zum Lachen, aber auch zum Nachdenken. »Jemand, der lacht, ist nicht besiegt«, erklärt der bedeutende Satiriker aus Israel, der auch in schwierigsten Zeiten nie seinen Humor verlor.

ISBN 3-404-12936-9

BASTEI
LÜBBE